总顾问　徐显明
总主编　张　伟

刑事司法改革
与基本权利保障

主编

执行主编

参编人员

齐延平　刘洪杰　韩晗　王明敏　曹晟旻

冯俊伟　张洪亮　连雪晴

何晓斌　李军海　王天娇

中国政法大学出版社

2021 · 北京

文库编委会

总顾问
徐显明

总主编
张　伟

学术顾问（以姓氏拼音为序）

班文战　常　健　陈佑武　陈振功　樊崇义　龚刃韧　韩大元

李步云　李君如　刘海年　刘小楠　柳华文　陆志安　齐延平

曲相霏　单　纯　舒国滢　宋英辉　孙世彦　汪习根　王灿发

夏吟兰　杨宇冠　张爱宁　张晓玲　张永和

国际特邀顾问

Bård A. Andreassen（挪威奥斯陆大学挪威人权中心教授）

Barry Craig（加拿大休伦大学学院校长）

Bert Berkley Lockwood（美国辛辛那提大学教授）

Brian Edwin Burdekin AO（瑞典罗尔·瓦伦堡人权与人道法
研究所客座教授）

Florence Benoît－Rohmer（法国斯特拉斯堡大学教授）

Gudmundur Alfredsson（中国政法大学人权研究院特聘教授）

执行编委
张　翀

"人权文库" 总序

　　"人权"是个充满理想主义而又争议不断的概念，"人权"实践的历史堪称跌宕起伏、波澜壮阔。但不可否认的是，当今世界，无论是发达国家还是发展中国家，人权都已经成为最为重要的公共话语之一，对人权各个维度的研究成果也蔚为大观，认真对待人权成为了现代社会的普遍共识，尊重和保障人权成为了治国理政的重要原则。正如习近平总书记所强调的："中国人民实现中华民族伟大复兴中国梦的过程，本质上就是实现社会公平正义和不断推动人权事业发展的进程。"

　　——人权之梦，是实现民族伟大复兴中国梦的应有之义。改革开放40 年以来，中国政府采取了一系列切实有效的措施，促进人权事业的进步，走出了一条具有中国特色的人权发展道路。在沿着这条道路砥砺前行的过程中，中国人权实践取得了举世瞩目的成就，既让广大人民群众体会到了实实在在的获得感，也向国际社会奉献了天下大同人权发展的"中国方案"。

　　——人权之梦，是我们对人之为人的尊严和价值的觉悟和追求。过去几年来，中国政府加快推进依法治国的重大战略部署，将"人权得到切实尊重和保障"确立为全面建成小康社会的重要目标，建立和完善保障人权的社会主义法律体系。《民法总则》《慈善法》《反家庭暴力法》《刑事诉讼法》《民事诉讼法》等一系列法律陆续出台或得到修订，中国特色人权发展道路的顶层设计被不断丰富和完善。

　　——人权之梦，是人类历史发展的必然趋势和时代精神的集中体现。1948 年《世界人权宣言》颁布以后，人权事业的普及、发展进入了新的历史阶段。1993 年第二次世界人权大会通过的《维也纳宣言和行动纲领》，更是庄严宣称："所有人的一切人权和基本自由……的普遍性不容置疑。"我国于 1991 年发表了第一份人权白皮书《中国的人权状况》，其序言里指出："享有充分的人权，是长期以来人类追求的理想。"2004 年"国家尊重和保障人权"被写入《宪法》。2007 年，人权又被写入《中国共产党章程》。自 2009 年以来，中国先后制定并实施了三期国家人权行动计划，持续加大人权保障力度。

今年适逢我国改革开放 40 周年和《世界人权宣言》颁布 70 周年，中国政法大学人权研究院决定着手策划出版"人权文库"丛书。文库着眼国内外人权领域，全面汇集新近涌现的优秀著作，囊括专著、译著、文集、案例集等多个系列，力求凝聚东西方智慧，打造成为既具有时代特色，又具备国际视野的大型人权丛书，为构建我国人权话语体系提供高品质的理论资源。这套丛书的筹备和出版得到了中宣部的大力支持，并有赖其他七家国家人权教育基地和国内学界多位专家学者的积极参与，同时还要感谢中国政法大学出版社的倾力相助。

此刻正值一年中收获的季节，文库的第一本著作即将面世，"九万里风鹏正举"，我们期待并且相信"人权文库"将会硕果累累，"人权之梦"终将照入现实。

是为序。

文库编委会　谨识
2018 年 9 月

前　言

　　"刑事司法改革与基本权利保障"课题伴随中国新一轮司法体制改革而启动。课题成果几易其稿，今天方得成型，其原因在于本课题启动以来的一段时间，正是中国司法改革进入新一轮多点突破、革故鼎新的时期，改革之成败与得失尚需要时间和实践的检验；这一段时间也是中国乃至整个世界人权理论发展和人权实践探索面临场景深度重塑、议题急剧转型的时段，转型之方向与范式尚不明朗。但无论世界秩序为应对传统与非传统挑战如何重构，人类文明经受大数据时代挑战如何变迁，人人能够在公平正义环境中充分享有人的尊严和人的权利梦想之光只会愈加璀璨夺目。

　　人们对建立现代司法制度以保障人权的期盼从未像今天这样广泛、热切、急迫。在当前这一历史时期，中国人民美好生活需要日益广泛，不仅对物质文化生活提出了更高要求，而且在民主、法治、公平、正义、安全、环境等方面的要求日益增长。一切美好生活需要归根到底都可以概括为人权需要，而其实现都有赖于一个值得民众信赖、依靠的公正司法体系的建立。这一体系虽然不是实现高水平人权、实现社会公平正义的充分必要条件，但却是最基本、最底线的必要条件之一。

　　人人充分享有人权是公平正义社会的最终标尺，而司法是维护社会公平正义的最后防线。司法不公、司法不法、司法腐败时有发生的地方，一定是人权风险重重的地方；司法公信力尚未确立的地方，一定是公平正义感匮乏的地方；司法权威不彰的地方，也一定是以言代法、以权压法、逐利违法、徇私枉法常态化的地方。组织科学化、运行高效化、履职专业化、保障现代化的中国特色社会主义司法制度体系之构建

1

和完善，不仅关系党和国家治理能力和治理体系的现代化，更是与每一个公民的生活息息相关。

我国现代司法制度的发展是与中国社会政治经济文化变迁盘根错节、交织交错的。在某些特定的历史节点上，在党和国家一系列重要战略规划部署中，司法体制改革都是浓墨重彩的篇章。我们不能否认，在重情性轻理性、重实体轻形式、重结果轻程序的中国社会中，现代司法意识、精神、文化在数十年间取得的进步是相当惊人的。但是我们发现，其波及、影响的时空范围仍然是相当有限的，其稳定性、持久性仍然是不容乐观的。

围绕公正司法和人权保障的宗旨、目标、路径、步骤的研究，可以说是学术界热情从未衰减的一大热点，全面而系统的著述可谓是汗牛充栋了。本课题组在接到任务后，有意放弃了从概念到理论、从宏观到微观、从系统到逻辑完美自洽的常规研究追求，而是选择了以现实问题为导向、以人权保障为视角、以实证调研为路径、以理论分析为基础、以对策可行为目标的研究策略，自觉地从中国国情出发、从现实中凝练真问题，从中和理性立场进行中外比较，偏重技术理性提出可行性对策，研究问题时力戒空对空概念推演，在中外比较上力戒进行武断的非此即彼取舍，更力戒纠缠于宏大的政改、司改论争。课题组先期向学术界学有专长的学者和工作在司法实务界一线的专家型法官、检察官、律师征集了各自认为最为紧要、最具有解决可行性、最能收获切实效果的问题清单，然后召开了多次课题组论证会，对征集上来的问题进行归集归纳、梳理整理、提炼凝练，本着"不求面面俱到，但求问题为真"的原则，最终选定了警察即时强制权规范行使、刑事侦查技术措施规范化、非法证据排除规则、刑事司法公开、未成年人刑事诉讼程序重构等具有制度性、体制性、全局性的改革问题，深研其与基本权利保障的关系；进而从基本权利主体角度，选取了律师、被羁押人、涉罪未成年人、公诉案件被害人、服刑人员等在刑事司法中较为脆弱的主体，围绕其基本权利保障中存在的薄弱环节、问题发生的原因、权利保障规则完善等问题进行了剖析和论证。十个专题的编排顺序大致遵循了刑事诉讼程序的先后逻辑，并把制度性、体制性的五个专题置前，把五类主体的权利专题放后。课题撰写大纲形成后，又根据总课题开题论证会上首席专家和诸位参会专家的意见和建议进行了进一步优化，然后分工撰写而成。

本书有幸入选中国政法大学人权研究院"人权文库"出版计划并获得出版资金支持。希望本书的出版，能够为深化相关研究作出些许贡献，并为我国司法体制改革、法治建设和人权事业发展提供一定的智力支持。

齐延平

2021 年 3 月 6 日

目 录

第一章　警察即时强制权规范行使与基本权利保障[*]

　　为了更好地防卫社会，预防或者制止正在发生或即将发生的违法犯罪行为、危险状态或者不利后果，或者为了保全证据，确保案件查处工作的顺利进行，法律通常会赋予警察以即时强制权，即根据现场情况对行政相对人的人身、自由、财产等给予一定的强制性限制。这是一种具体行政行为，可以包括盘查、留置、即时搜查、扣押、传唤等行政强制措施。由于这种强制权具有即时性，需要临场决定，而且限制公民的人身、自由、财产等基本权利，如果不规范行使，则很有可能侵犯公民基本权利、引起社会对于警察公正执法的质疑。

一、警察即时强制权不规范行使的原因分析

　　2016 年 5 月 21 日在深圳市宝安区西乡街道流塘村大门口，两名女孩在外逛街，无缘无故被警察检查身份证，在没有任何合理怀疑的情形下，被强制传唤到派出所接受讯问。事后，据深圳市公安局宝安分局官方通报称，根据公安机关实施停止执行职务的规定，已对该民警作出停止执行职务的处分。[1] 普通公民在离自己住处不远的地方逛街，在没有任何"合理怀疑"的前提下就被警察盘查，在没有任何违法犯罪事实和证据的情况下就被带往派出所继续盘查、留置，引发舆论哗然。其

　　* 刘军（1972—），男，山东大学（威海）法学院，教授、博士生导师。
　　〔1〕 参见"深圳女孩逛街遭强制传唤 警方：已道歉并获理解"，载腾讯新闻网：http://news.qq.com/a/20160611/001162.htm，2016 年 10 月 30 日。

关键不在于是否真的存在违法甚至犯罪行为，而在于警察即时强制权行使的规范化问题。没有人会认为我们不需要警察的保护，世界各国也都规定了警察的行政强制权，其对于打击违法犯罪的确起到了举足轻重的作用，但是，警察的执法行为必须具有目的正当性、实质合理性和程序规范性。以违法的方式执法损害的不仅仅是个别公民的权利，而且会极大地损害政府的公信力，不断地侵蚀我党的执政基础，因此，有必要以高度严肃的态度来看待警察行政强制权的规范化行使的问题。

更重要的是，我们不能停留在谴责违法警察的层面上，而应当思考如何"全方位扎紧制度的笼子"，防止权力走向人民的对立面，以履行职务的名义行不法之事。择要而言，警察即时强制权不规范行使的主要原因包括以下三个方面：

（一）缺乏外部监督

警察行政强制权不规范行使的直接原因是缺乏外部监督、行为不具有可检视性。所谓的行政强制权，是指包括盘查、留置、强制医疗等行政强制措施和警告、罚款、拘留、收容教育等行政处罚在内的行政强制权力。相比较刑事侦查权受到刑事诉讼法的约束和来自检察机关、法院的权力制衡而言，我国的警察行政强制权由于具有自主、强大和封闭的特点，很难受到外部的监督和制约，公民权利一旦受到侵犯则更难得到及时的法律救济。而行政强制权中的行政强制措施尤其是即时行政强制权，相比较行政处罚而言，由于极少受到其他权力部门的制约，不但缺少外部监督，内部监督也十分乏力，而且行政强制措施临场处置色彩浓厚，无需前置审批程序，警察自由裁量空间过大，缺乏基本的可检视性，成为当前公民权利最容易受到侵犯的部分。

（二）法律规定模糊

警察即时强制权不规范行使的根本原因是法律规定模糊、程序粗糙、不具有可操作性。对于警察行使即时强制权，在我国虽然有一些法律法规和操作规程的规定，如《中华人民共和国人民警察法》（以下简称《警察法》）《城市人民警察巡逻规定》《公安机关适用继续盘问规定》等，但是，也存在启动盘查、留置、传唤的规定过于模糊、缺少适用程序、没有救济手段等缺陷。比如，《警察法》第9条规定对"有违法犯罪嫌疑的人员"经出示证件可以当场进行盘问、检查，但是对于判断"违法犯罪嫌疑"的标准却无只字片语，盘查的程序也语焉不详，才会出现"我怀疑你是个男的，你上女厕所干吗?"如此滑稽的理由启动盘查[1]，这一方面说明警察即时强制权启动的随意，另一方面也暴露了法律规定的缺失。因此，有必要对于警察即时强制权启动的实质条件和程序规定进行补充立法，增强警察即时强制权规范行使的可操作性，增加公民权受到侵犯时的救济条款。

目前世界各国对于警察即时强制权的规范已经从强调程序合法性转而走向强调兼具程序合法性与实质合理性，而且通过比例性原则从实体上对于警察的行政行为提出程度上的合理性标准，要求警察行政行为也要根据职责要求和执法目的拿捏分寸，以尽量温和、对公民权利影响尽量小的方式与方法临场处置，否则，即使程序合法，也可能会因为采取了明显不合理或者过激的手段而受到投诉或者被提起行政诉讼。立法应当对于警察即使强制权乃至整个行政权提出比例性要求，防止警察行政权对于公民权利的过度侵扰。

（三）部门利益驱动

警察即时强制权不规范行使的深层次原因是利益驱动。虽然《警察法》第37条规定了国家保障人民警察的经费，按照事权划分的原则，分别列入中央和地方的财政预算。但是，基层公安经费紧张却是不争的事实，不排除公安机关个别单位、个别干警为了更多地从财政拿到返还的罚没款或者增加年度预算而进行选择性执法，对于有利可图的案件特别上心，动力十足，而对于日常的人民群众反映强烈但却没有经济利益的案件置若罔闻。当警察也在"玩经济"，大搞"利益"衡量、选择性执法的时候，再详细的法律规定也只会是废纸一张。滥用职权与玩忽职守都是对权力的僭越，而选择性执法则同时在这两个方面违背了法律对于权力的授权初衷。

---

〔1〕　参见"深圳女孩逛街遭强制传唤 警方：已道歉并获理解"，载腾讯新闻网：http://news.qq.com/a/20160611/001162.htm, 2016年10月30日。

二、德国法中的比例原则对于警察即时强制权的规范

那么有没有确定的标准对于警察即时强制权进行规范呢？英美法系和大陆法系虽然法律传统迥异，但是都殊途同归地发展出了"比例性"原则作为规范行政权的"黄金规则"。下文以德国和美国为例对比例性原则进行阐释。

在德国，准确地界定警察在国家行政运行中的任务与角色、防止警察权之恣意妄为，避免"警察国家"的影响贻害公民，一直是警察法学重要的研究课题。在法治主义理念的统治下，警察权被限制在"危险预防"（Gefahrenvorsorge）的范围内，即对于已经发生或者即将发生的危险在制止（Repression）的范围内可以采取警察活动，只有在保护重大法益的情形下，才例外规定警察于危险发生之前的领域（Vorfeld der Gefahr）也可以采取危险预防（Prävention）措施，包括行政上的危险预防（Gefahrenabwehr）以及犯罪预防（vorbeugende Bekämpfung von Straftaten），[1]其目的是防止警察权的滥用和自我授权，易言之，警察的职责在于危险预防，包括行政上的活动和刑事上的措施都是为了预防危险，并且被限制在危险预防的范围内，因此，社会福利并不在警察的职责范围，而且，如果危险并不紧急也不需要采取严格的预防措施，"只有在必要时（notwendig），国家才有理由限制个体自由，如此才能保障所有人的自由与安全"。[2]警察的职责在于预防危险和打击犯罪，包括行政和刑事两个部分，但是，只有在必要的时候，为了国家安全与公共秩序等公共利益，才能对公民权利进行一定程度的限制或调整，以便预防和及早发现犯罪、有效打击和惩罚犯罪。这便是对公民权利进行限制或调整的正当性基础。个体总是生活在社会群体之中，个体的权利也存在与其他个体发生冲突的可能性，并且负有尊重他人权利的义务，为了维护共同生活之社会的背景，更好地行使个体权利，有必要对于个

---

〔1〕 Martin H. W. Möllers, *Wörterbuch der Polizei*, 2. Auflage, C. H. Beck Müchen 2010, S. 767（Gefahrenvorsorge）.

〔2〕 Carl Gottlieb Svarez, *Vorträge über Recht und Staat*, Hrsg. von Hermann Conrad und Gerd Kleinheyer, Westdeutscher Verlag · Köln und Opladen 1960, S. 486.

体权利寓于其中但是又不能为个体所独享的社会公益进行保护，因此，除非为了公益保护之目的，并且采取的措施与保护目的相契合，否则不得限制公民权利。这便是警察权启动的实质标准。

法治国的基本思想是保障公民权利，无论是立法、行政还是司法，在干预公民权利之时，应当同时具备形式合法性与实质正当性，并非只要经过合法程序所产生的结果就是正当的，还应当经过目的正当性和比例性原则的检测。相比较而言，行政对于公民权利的干涉更多，也更加难以防范，因此，不仅要求任何涉及公民基本权利的行政行为都应当事先得到法律授权（法律保留原则），制定具有明确性、预见可能性与可信赖性的具体的法律进行规范（法的安定性），而且手段与目的之间应当符合比例性原则，确保公民免受行政权的"突袭"和"侵扰"。这其中，比例性原则被公认为是防止行政权扩张和滥用的最有效的、具备可操作性的标准。"合比例的思想首先在警察法领域发展成为具有规范性原则性格的比例原则，可以说是理所当然的，因为所谓'国家权力对人民权利的侵害'无疑是相当清楚且具体地表现在警察法的相关措施中的。因此，在德国，比例原则首先适用于包括行政处分与强制执行在内的警察法领域，而后逐渐发展成行政法领域中的普遍适用的原则。"[1]正是比例原则为行政行为确立了刚性标准，提供了审查的标杆。

比例原则（Grundsatz der Verhaltnismassigkeit），又被称作"过度禁止"原则（Übermaßverbot），渊源于19世纪德国的警察法学和行政法学，思想渊源可以追溯到1215年英国《自由大宪章（Magna Charta Libertatum）》中关于犯罪与刑罚衡平的规定，1895年德国奥托·迈耶（Otto Mayer）首次将必要性原则称为比例原则，认为"被允许的强制不能重于所欲达到的目的"，二次世界大战后随着《德意志联邦共和国基本法（Grundgesetz für die Bundesrepublik Deutschland）》（以下简称《德国基本法》）的制定，经由联邦宪法法院的解释，后来逐渐发展成为一项

----

〔1〕 参见蔡宗珍："公法上之比例原则初论——以德国法的发展为中心"，载《政大法学评论》1999年第62期。

重要的宪法原则。[1] 1958 年德国联邦宪法法院关于"药房案"的判决（Apotheken-Urteil）[2]，成就了经典的"三阶理论"（Drei-Stufentheorie），亦称为"构成原则"（Teilgrundsatze），也可以说是比例原则的规范结构，即手段的妥当性或适应性（Geeignetheit）、必要性（Erforderlichkeit）和狭义的比例原则（Verhältnismäßigkeit），三者在法院对于个案的判断和思维方法上有着递进的层次和逐级强化的作用，亦即构成齐曼里（U. Zimmerli）所说的"层次秩序"（Rangordnung），经由三个阶段的顺序判断为行政行为划定边界。我国学者蔡宗珍认为，当国家行使公权力而与公民基本权利发生冲突时，就必须依据某种审查标准来判断上述公权力的行使是否符合宪法精神、是否合理，于是便有了比例原则，作为保护基本权利而"加诸国家之上的分寸要求"。[3] 因此，比例性原则需要根据三个阶段分别进行检视，以审查行政行为是否符合比例性原则的要求。所谓的"妥当性"（适应性、适合性；Geeignetheit），是指所采取的手段能够达到其所追求的公益目的。当行政机关存在"自由裁量"空间时，如何选择适合实现公益目的的途径和手段，便成为具体行政行为之前的先行行为，并受到比例性原则的检讨，不能达到公益目的的、以追求公益目的为幌子甚至与公益目的背道而驰的手段则不能符合妥当性的要求。"妥当性"的翻译更能够凸显行政裁量的谨慎、对于公民权利的尊重和对于法律的敬畏，因此比单纯地直译为"适应性"更能反映该阶段的本来内涵。所谓的"必要性"（Erforderlichkeit）则要求行政机关在众多同样能够达成其所追求公益目的之手段中，必须选择对公民权利侵害最小的一种。因此，所谓的"必要"其实是最小侵害的同义词，是从对公民权利的侵害无可避免而言，选择最轻的、最温和的、不利影响最小的手段。"大炮打蚊子""杀鸡用牛刀"等俗语所表达的就是典型违反必要性原则的生活事例。如果行政行为"不计后果"则无法达

---

[1] Ruperecht v. Krauss, Der Grundsatz der Verhältnismäßigkeit, Hamburg 1955, pp. 1~2.

[2] BVerfGE 7, 377-Apotheken-Urteil.

[3] 参见蔡宗珍："公法上之比例原则初论——以德国法的发展为中心"，载《政大法学评论》1999 年第 62 期。

成社会福利最大化之最终目的，因此，要求行政行为所欲达成的公益目的应当大于所损害的公民权利，此即第三阶段的"狭义的比例性原则"（Verhältnismäßkeit；Proportionalität）的涵义，也有学者据此称之为"法益相称性"，[1]因为该原则主要针对法益之间的关系而言，更能体现该原则的特征。第三阶段的判断实质是"法益衡量"，只不过在公法领域"法益衡量"的对象为行政行为所追求的"公益"和所损害的"私益"，而且二者之间不能悬殊太大，否则即使符合妥当性和必要性的要求，行政行为也会因为不相称而被判定不合理，德国联邦宪法法院经常使用"可合理忍受"（Zumutbarkeit）的概念从权利受到影响的公民侧面论证狭义的比例原则，亦即，公民在多大程度上能够容忍行政行为在追求公益目的时对于公民权利的损害，或者说，在多大程度上这种侵扰可以被认为是合理的。从这个意义上可以说，公民权的范围就是对行政权尤其是警察权的限制。总而言之，唯有经过妥当性、必要性和相称性三个阶段的、顺序的判断才能在整体上说明行政行为是合理的，如果经过前一阶段的判断已经得出不合理的结论，其实并无必要再进行下一阶段的判断。

比例性原则适用针对的必须是具有自由裁量空间的行政行为，如果是强制性的行政行为，不存在行政机关自由裁量的可能性，则无需适用比例性原则进行审查。[2]就警察即时强制权而言，无疑属于存在自由裁量空间的行政行为，而且其特殊性在于根本无法事前就启动盘查、留置、搜查等强制行为进行细则规范，甚至只能依靠警察的经验对是否存在犯罪行为和公共危险作出判断，只能依靠警察根据现场情况即时作出决定，而且也不能要求警察行使即时强制权必须事前取得司法令状，这不但是不必要的而且也是不恰当的，否则只会导致贻误控制犯罪的最佳时机，造成公民人身危害、财产损失甚至公共危险，因此只能通过授予

---

〔1〕　参见蔡宗珍："公法上之比例原则初论——以德国法的发展为中心"，载《政大法学评论》1999 年第 62 期。

〔2〕　当然这里面仍然存在着立法是否符合比例性原则的问题，并成为违宪审查的标准，现时的比例性原则已经成长为一项宪法原则。

警察以即时强制权根据现场情况进行自由裁量。当然，自由裁量并非完全是"自由"的，而是需要依据比例性原则做出临场处置。

如果依照比例性原则对于本章开篇提到的案例进行审查，该警察对于两名女孩的盘查与留置不但违法甚至可能会构成犯罪。首先，行为目的根本违背法律的授权，不是基于维护社会安全等公益的目的，并非为了"危险预防"，而是出于当事人态度不好想"治治"她，根据当事警察"今天就是你自己犯贱"的用语可知警察并没有发现当事人存在任何的违法犯罪行为，当事人很可能是不情愿或者不合作，而且警察明知自己没有"危险预防"的必要。当事人态度如何不好不得而知，但是，警察的即时强制行为完全不具有目的正当性却是昭然若揭。其次，行为不符合比例原则。即使警察当时的盘查行为符合目的正当性，也仍然需要符合妥当性、必要性和法益相称性的要求，问题在于当时正在散步的女孩完全没有表现出行为的危险性，更没有任何的证据可以合理怀疑这两个女孩具有危险性，启动盘查的竟然是"我怀疑你是个男的，你上女厕所干吗"这样"莫须有"的理由，不但不具有妥当性，无法达到"预防危险"之目的，也不具有必要性，因为盘查不是最后手段，而应当继续观察发现是否存在危险行为，即使进行了盘查发现并没有违法犯罪嫌疑时也应当允许当事人即时离开，然而，当事警察不但没有允许当事人离开，反而将即时强制行为升级为留置并将其带至派出所，更是严重地违反法益相称性。此案中警察的言行不但暴露了权力的傲慢和对于公民权利的蔑视，更重要的是揭示了在我国警察执法中比例性原则的制度缺位和警察权力不受制约的严峻现实。[1]其实，该案中因为缺少目的正当性，从一开始警察的即时强制行为就已经错了，后续的行为只是加剧了这种错误而已，因此实际案件如果提起行政诉讼则根本无需再经过比例性原则的审查。

在德国，比例性原则是对"人的尊严不可侵犯"和"国家权力尊

---

〔1〕 参见"深圳女孩逛街遭强制传唤 警方：已道歉并获理解"，载腾讯新闻网：http://news.qq.com/a/20160611/001162.htm，2016 年 10 月 30 日。

重和保护人的尊严"[1]之义务的体认和庄严承诺，不仅是衡量行政行为是否恰当的实质性规范，还是宪法法院进行违宪审查的实体性标准，是一条宪法性原则，在涉及基本权限制的范围内对立法进行合宪性审查。其实质是调和社会公益与个体权利之矛盾与冲突，最大限度地扩大社会公益，同时将对于个体自由与权利的妨碍限制在最低限度，可以说，公权力（包括立法、司法和行政行为）对人权的"干预程度"在很大程度上也体现了社会的进步程度和活力大小。

三、美国"特里诉俄亥俄州案"所确立的警察即时强制权标准

虽然英美法系更加注重正当程序，通过法定程序防范行政机关对于公民权利的侵害，然而在具体的案件审判中也会以"比例性"原则对行政行为的必要性进行审查。只不过相比较德国的"比例原则"提供的是一种"套餐"而言，英美法系采取的是"单点"型的个案审查的模式，在违宪审查中尤其如此，[2]易言之，在英美法系中也存在"比例原则"，甚至说，法治国家下都会要求以比例原则对公共权力进行约束。

谈到美国警察的即时强制权不得不谈的就是"特里诉俄亥俄州案"（Terry v. Ohio），[3]该案的争议焦点不在于警察行为的抽象合理性问题，而在于"搜查与逮捕"过程中发现的不利于上诉人证据的可采性问题，但是该判例"就警察的日常执法活动和个人的'街头'经历而言，在最高法院关于宪法第四修正案的判例中，没有任何一个判例具有比它更大的实践影响"，[4]不但因为该判例厘清了许多混乱思想和观点，更重要的是确定了警察即时强制权的启动标准和执行的必要性原则。择其要，该判例确定了以下规则：

（一）警察即时强制权与宪法第四修正案

警察即时强制权也应当受到宪法第四修正案的约束。在该判例中，

---

[1]　Gerichtsverfassungsgesetz（GVG），§1.

[2]　参见许宗力："基本权的保障与限制（下）"，载《月旦法学教室》2003年第14期。

[3]　392 U. S. 1（1968），Terry v. Ohio, on line at：https：//www. law. cornell. edu/supremecourt/text/392/1.

[4]　[美]约书亚·德雷斯勒、艾伦·C. 迈克尔斯：《美国刑事诉讼法精解》（第1卷·刑事侦查），吴宏耀译，北京大学出版社2009年版，第281页。

法院区分了为了寻找武器的"拍身搜查"——亦称"特里搜查"（"frisk" of the outer clothing for weapons）——与全面搜查（full-blown search）、调查性的"截停"（investigatory "stop"）与逮捕（arrest）的区别，但是认为以上这些警察行为都属于宪法第四修正案涵摄的范围，[1]刻意区分并且将"拍身搜查"与"截停"排除在宪法第四修正案范围之外的说辞是"咬文嚼字"，[2]"除非法律有明确和毫无疑义的规定，人人享有不受他人限制和干涉的人身自由，没有任何权利比这项权利更加神圣或者被普通法更加细致地保护"，"只要一人怀有'合理隐私期待'，他便享有不受政府无理侵扰的权利"。[3]判例还驳斥了那种认为"截停"与"拍身搜查"（"stop" and a "frisk"）只不过引起了当事人些微的不方便和微不足道的屈辱（"minor inconvenience and petty indignity"）、为了高效执法根据警察的怀疑可以被恰当实施的观点，认为"这是对公民人格尊严的严重侵犯，可能造成巨大屈辱并引起强烈愤恨，因此不能如此轻松地一笔带过"。[4]联想《德国基本法》在第1条就规定了"人格尊严不可侵犯"，那种以损害人格尊严为代价而执法的观点实在是因小失大，着实不可取。

（二）比例性（必要性）原则

警察即时强制权应当遵守比例性（必要性）原则。法庭在判决中认为，警察应当尽可能地在事前取得搜查和逮捕的司法令状，但是现在处理的是需要警官在巡逻中根据现场观察临场处置的事宜，这些行为在历史上不是、在实践中也不能够被纳入司法令状程序中，相反，是需要在宪法第四修正案关于禁止不合理搜查和逮捕一般条款的行为。[5]随后，法庭比较了需要考虑的"政府利益"之一，即有效地预防犯罪和侦查犯罪，以及减少在执法过程中所受到的安全威胁与个人不可侵犯的尊严之间的平衡问题，认为不能无视执法人员保护自身安全的需要，也

---

〔1〕　392 U. S. 1 (1968)，p. 8.
〔2〕　392 U. S. 1 (1968)，p. 16.
〔3〕　392 U. S. 1 (1968)，p. 9.
〔4〕　392 U. S. 1 (1968)，p. 17.
〔5〕　392 U. S. 1 (1968)，p. 20.

不能无视因缺少逮捕理由而遭受暴力侵害的无辜者的期待，必须认真评估警察在此时被授权进行武器搜查时个人权利因此而受到侵扰的实质性程度，并对这些因素进行合理平衡。最后，法庭认为逮捕中附带的搜查（a search incident to an arrest）和有限的武器搜查（a limited search for weapons）在搜查的目的、属性和范围上存在差异，因此，必须将后者限制在搜查武器以防止伤及警察以及附近其他人必要的限度内。[1]因此，警察在截停与盘问等调查过程中需要迅速地作出如何保护其自身和其他人免受可能危险的决定，并采取有限的行动来实现这一目的。法庭最后认定，警察执法记录证明警官当时的行为是温和（tempered）的。[2]

可见，法院在判决书中通过论证对公益与私益进行平衡或者说"法益衡量"，同时注重警察在执法中的安全需要，允许没有司法令状的"拍身搜查"，但是目的只能是搜查武器，并限制在防止警察和其他人受到伤害的必要限度之内，为此，即时强制权需要被限制在与此目的相匹配的"有限行动"中，否则（由此）获得的证据可能会在将来的庭审中被排除。虽然法庭并未明确提出比例性原则，也没有类似德国如此明确的比例性原则的规范构成，但是，仍然论证了目的正当性、达到目的之手段的必要性和相称性。因此，"特里诉俄亥俄州案"为警察行使即时强制权确立了比例性（必要性）原则，这仍然是当前美国警察执法过程中必须遵循的原则。

（三）合理怀疑

启动盘查等即时强制权的标准是"合理怀疑"。警察启动"截停"并进行"拍身搜查"的标准是，有理由相信其所面对的是一个持枪的危险分子，而不论这是否能够成为将其逮捕的理由，警察不必绝对确定被搜查者携带武器，只要是一个合理谨慎的人足以相信其人身安全或者其他人的安全处在危险之中即可。[3]为了论证警察采取即时强制权的必要性，法院还引用了美国联邦调查局（FBI）"美国1966年度统一犯罪

---

〔1〕　392 U. S. 1（1968），pp. 21～26.

〔2〕　392 U. S. 1（1968），p. 28.

〔3〕　392 U. S. 1（1968），p. 27.

报告"的内容：1966 年全国有 57 名执法人员在值勤中死亡，自 1960 年以来的 7 年内死亡人数达到 335 人。1966 年有 23851 起针对警察的袭击事件，其中 9113 起造成警员受伤。1966 年死亡的 57 名警官中有 55 人死于枪伤，其中 41 人被容易秘密携带的手枪所伤，剩下的两起死亡案件中犯罪人使用的是匕首。[1]因此，为了保障警察和其他人的安全，有必要赋予警察进行"截停"和"拍身搜查"的权力。

由于"拍身搜查"不同于"逮捕中的附带搜查"，因此无需以防止犯罪证据毁灭或消失作为搜查的正当性理由，此种情形下唯一的正当化理由是为了保护警察以及附近其他人的安全，也正因为这个理由，搜查行为必须合理地被限制在发现枪支、刀具、棍棒以及其他潜在的可能被用于攻击警察的工具。[2]该案中的警官严格限制其行为在探查是否有武器以及对武器威胁进行解除的最小必要性的限度之内（minimally necessary），同时也没有进行有关犯罪证据方面的普通搜查，因此，"拍身搜查"所起获的枪支等证据不能进行非法证据排除。最后，法庭得出肯定结论：这种搜查是合理的，符合宪法第四修正案的规定，任何被搜出的武器可以被恰当地作为指证该犯罪行为的证据。[3]相比较普通搜查而言，美国联邦最高法院通过"特里诉俄亥俄州案"实质上放松了对于警察行政权的控制，这也是权衡公益与私益的结果，但同时又进行了目的和手段上的限制，可以说找到了恰当的平衡点。

与德国的比例性原则作为限制行政行为的通用标准而言，美国联邦最高法院在"特里诉俄亥俄州案"中针对警察的即时强制权，即"截停"和"拍身搜查"进行了有针对性的论证，并最终确立了具有操作性的规则，包括即时强制行为的目的、属性、启动标准和可采取的措施以及必要性标准等，与德国的比例性原则具有同工异曲之妙。可以说，"法治国下的比例原则是为了保护公民而加诸国家之上的分寸要求"。[4]

---

〔1〕　392 U. S. 1（1968），n. 21.

〔2〕　392 U. S. 1（1968），p. 29.

〔3〕　392 U. S. 1（1968），p. 31.

〔4〕　M. Oberle, *Der Grundsatz der Verhältnismäßigkeit des polizeilichen Eingriffs*, Zürich 1952, S. 41.

四、规范警察即时强制权的法律对策

关于警察权，理论上存在着一个由"统治""管理"向"服务""治理"[1]转变的过程。警察本身意味着对于秩序、安全、安宁和自由的维护，没有强制权将难以胜任这些任务，但是，如果执法宗旨不明，警察的强制权将很容易迷失方向。因此，应当倡导警察权继续朝向"治理"的转变。不能把执法与服务对立起来，警察执法本质上是在公民参与下对于法律的执行，而不是把警察置于公民的对立面；公民的参与表现在立法、司法、执法的全过程，这是社会治理的基本要求。因此，对于警察即时强制权的规范也应当从此着手，即行使警察即时强制权要基于治理的理念、符合权力设定目的。

（一）严格启动与执行的实质性条件

警察即时强制权本质上还是行政权，属于行政调查权的一种，不但应当符合行政法的基本精神，而且最终还可能会涉及宪法问题，即关于行政权与公民权的关系问题，因此，目前亟待解决的就是引入比例性原则，[2]为警察执法设立"度"上的标准。

在"深圳女孩案"中，宝安公安分局局长周兆翔表示，设卡盘查没有错，"但是上车之后及到派出所之后不文明的行为是绝对不能原谅的"。[3]对于设卡盘查的根据是什么我们不得而知，但是否到了必须对所有的人都进行盘查的严重程度却要引起特别的关注。并不是只要是公安机关内部决定、在任何情形下都可以对所有的人任意进行盘查的。启动盘查、留置等即时性强制措施必须符合实质性条件，即"违法犯罪嫌疑"，而且是达到"合理怀疑"的程度，即一般的理性人有事实根据地认为行为人存在违法犯罪嫌疑。禁止仅凭主观臆测、行为人个人因素[4]而

---

〔1〕　参见顾建光："从公共服务到公共治理"，载《上海交通大学学报（哲学社会科学版）》2007年第3期。

〔2〕　我国行政法理论上对于比例性原则也多有介绍，但是至今尚未成为警察法上的指导理论，而且因为违宪审查制度的缺位，行政权与公民权的关系问题至今难有统一的机制进行解决。

〔3〕　参见"深圳女孩逛街遭强制传唤　民警道歉：当孩子对待"，载腾讯新闻网：http://news.qq.com/a/20160610/025134.htm，2016年10月30日。

〔4〕　如仅仅因为当事人的衣着、外貌、民族、性别、肤色或者曾经受过处罚等而启动盘查。

启动盘查，严禁毫无根据地启动盘查；经简单询问如果没有进一步的事实证据，在核实身份后应当立即放行，禁止故意拖延、变相限制人身自由。警察即时强制权的行使应当符合"比例原则"，即综合评判嫌疑程度、危险程度、周围环境等采取符合比例的、必要的阻拦和检查行动，不得明显超过比例采取强制措施和有形强制力，如无必要不得搜查，不得以羞辱的语言或者方式对当事人进行盘查，警察执法不但应当合法而且应当合理，目的与手段合乎比例。如果发现行政相对人携带武器或者管制刀具等威胁警察自身安全或者群众安全的情形，可以进行符合武器搜查强度要求的人身搜查，以解除武器威胁。可以区分重罪、轻罪还是轻微违法，根据不同的违法性质而采取不同的即时强制措施，原则上除非必要不得采取更为强烈的强制措施。[1]

当然，不符合强制权启动的实质性条件，并不影响警察与当事人的"攀谈"或者在"当事人同意"下，进行一些适当的调查活动；[2]但是，如果当事人反对则应当无条件地允许其离开。"任意调查"的概念是对法律保留原则的变通，当事人仅在道义上而并非法律上存有协助调查的义务，因此不能采取强力迫使公民接受调查，但是其启动和执行也需要符合比例性原则，并符合正当性目的。前文"深圳女孩案"，即使在允许接近、进行适当盘查的时候，充其量也只能属于"任意调查"，如果当事人反对或者不配合，除非发现新的证据和事实应当即刻允许当事人离开，这是公民的权利，公民可以保留自己的权利而不配合，此时绝不能因为（当事人）态度不好而升级强制措施，从而逾越即时强制权的底线。即时强制权启动的实质性条件不但是权力的界限，而且是权利的保障，更是事后救济和追究法律责任的根据。

另外，对于设卡盘查的条件应当立法予以明确：除非情况紧急或者

---

〔1〕 2016 年 12 月 1 日公安部在网站上公开征求关于《警察法》（修订草案稿）的意见，http://www.mps.gov.cn/n2254536/n4904355/c5561673/content.html，新增五种情形拟允许使用武器，但是，更加重要的是应当在《警察法》中明确规定比例性原则作为一般条款，以明确的标准规范警察执法活动。

〔2〕 这里涉及盘查究竟是"任意调查"还是"强制调查"的争论，但即使盘查属于强制调查，也不妨碍警察对当事人的接近以及与当事人之间的"攀谈"。

事态重大、为防止重大损害的发生，事先经过法定程序审批外，不得设卡盘查。即使设卡盘查也应当符合强制权启动的实质性条件、符合行政权行使的比例原则、符合权力行使的目的，而且审批文件中必须明确设卡盘查的时间和范围等，并由着装警察设卡盘查。

（二）完善启动的程序性条件

域外国家和地区大多通过令状制度、通过司法权对警察行政强制权进行监督和控制，尤其是对于限制和剥夺人身自由的强制措施需要进行事前审查，以获得采取强制措施的令状，这极大地保护了公民权利，防止警察权力的滥用，也是"法律先于权力、程序优于权力"的根本体现。在我国，警察行政强制权的行使均是内部审批，缺乏外部监督和权力制约，这也是当前侵犯公民权利比较集中、群众意见反映强烈的部分。因此，强烈建议对警察行政强制权进行司法约束。在我国，目前可以通过向检察官获取令状的方式，对警察的行政强制权进行规范，例如，对于设卡盘查要求事先取得检察机关的批准；对于继续盘问需要在12小时之内向检察机关报批、接受检察监督等，可以考虑根据所涉及公民权利的种类、发生的场所、紧急程度等进行立法。

令状主义以有效防止警察权力滥用、更好地保护公民权利为旨归，却是以降低警察执法效率和社会防卫能力为代价的，在自由、安全和秩序的各种法律所保护的价值上，也会存在保护的优先性问题，因此令状主义通常会有例外的规定。对于严重影响社会治安的暴力犯罪、社会骚乱、毒品犯罪、有组织犯罪、恐怖主义活动犯罪等在启动、调查等程序方面可以适当放松，例如，情况紧急或者在巡逻、走访中发现违法犯罪活动需要及时处置的，可以在事后取得令状，或者事后立即接受检察等。

当然，警察即时强制权启动的程序性要求还来自公安机关的内部审批，在当前法律法规规定盘查、留置、搜查、扣押、传唤等审批权限的前提下，补充规定即时强制权的行使应当在尽可能早的情况下向指挥中心报告，进行登记和备案；在情况不紧急的情况下，还应当事先向指挥中心报备，以便取得指挥中心的指导、配合或增援，同时也是一种内部监督。

（三）可检视性要求

警察即时强制权由于其临场处置性的特点，在实践中出现了很多的问题，缺乏可供检视的监督是重要原因。在当前数字化时代，警察活动经常被外界的各种视频、音频所记录，因此，警察在执法的过程中也应当主动记录、保留和提供可检视性的文件，这一点不但对于执法活动非常重要，而且也是主动接受监督的重要途径：一是提供证据，有效地保护警察执行法律；二是接受监督，提高警察执法的公信力。可检视性要求不是为了让当事警察自证清白，而是一种职责要求，是执法义务，证明执法的合法性与合理性，同时也是对案件进行处理的证据之一。可检视性的文件包括文字记录、视频或者音频记录、出警报告、审批文件等。2016 年 6 月 14 日公安部印发了《公安机关现场执法视音频记录工作规定》，可检视性得到了极大的提高，但是由于属于部门规章，仍然存在如何接受监督的问题。对此，可以立法规定检察机关在何种情形下介入警察执法调查，如何调取现场执法视、音频等，以保证调查结果的公正性和可信度。

建立统一的警察执法投诉中心，对于所有的投诉都要记录在案，并转交相关部门进行核查，反馈处理结果。对各种投诉进行详细的数据统计分析，以便总结警察执法可能存在的问题，对重点部门、重点领域、重点地区、多发行为进行重点督查，有针对性地进行整改。

（四）法律救济

"无救济则无权利"，关于警察即时强制权的各种规范性文件，最大的问题在于没有规定救济条款，即，如果当事人认为自己的合法权利受到了侵害如何诉请司法保护的问题。由于我国实行违法与犯罪截然分开的体系，因此，在国外属于违警罪和轻罪的大部分违法行为，在我国都是作为治安处罚的对象进行管理和裁决的。这直接造就了我国极具特色的违法犯罪处理机制：其一，大量的违法行为直接由公安机关进行内部裁决和复议，除了行政诉讼之外，很难受到司法的审查和救济，外部监督极度缺乏；其二，公安机关兼具治安警察与司法警察的职责，在违法与犯罪案件的发现、侦办和处理过程中经常有意混同、便宜行事，侦查手段偏爱行政强制措施也就不足为奇了。有鉴于此，从长远来看，区分治安警察与司法警察，设立治安法庭并将治安案件的处罚权移交司法，是限制警察权、救济公民权利、维持警察执法之社会公信力的不二法门。这也与以审判为中心的司法改革精神相契合，经由中立第三方审核的处罚至少实现了程序正义。

（五）法治教育

最后，加强以法治思想为核心的培训教育，完善责任追究机制，不断提高警察执法水平。再好的法律也需要人来执行，法治思想淡薄、特权思想严重、部门利益纠葛等都是严重影响执法规范化和执法公信力的重要因素。因此，除了进行法治思想教育之外，还需强化责任追究机制。警察即时强制权的不规范化行使问题，有的出于对法律条文的理解上，有的则出于对法律条文的曲解上，前者是执法的水平问题，可以通过教育培训不断提高，后者则是违法执法的问题，需要通过纪律处分、追究法律责任等予以惩戒、以儆效尤，直至开除公职以纯洁警察队伍。唯有从正反两个方面加强对执法民警的教育与管控，才有可能不断提高警察执法水平、维护公民权利。在此，还可以采取"负面清单"的方式，由公安机关以规范性文件的方式分类、分层、分领域地列举违法执勤的方式和表现，这不但是极好的教育方式，更可以有针对性地对警察执法进行规范。

法治国家，行政法的制定与执行、行政行为的出发点与落脚点皆以公益为目的，然而公益并非独立于私益的权利或者利益，[1]行政权作为公益的代理人其行政行为的最终目的仍然是维护公民权利与利益，这不仅涉及"法律保留"或者法律授权的问题，还涉及行政行为之目的正当性以及进退取舍之尺度。

---

[1]　参见刘军："为什么是法益侵害说一元论？——以法益的生成与理论机能为视角"，载《甘肃政法学院学报》2011年第3期。

第二章 刑侦措施的法律控制与基本权利保障[*]

如今的刑事侦查高度依赖"技侦""网侦""图侦"[1]，已经替代"情报""技术""资料"成长为刑事侦查新的三大支柱。2012 年《中华人民共和国刑事诉讼法》（以下简称《刑事诉讼法》）的修改标志着技术侦查彻底地从幕后走到了前台，秘密潜行的"法外之法"也终于进入公众的视野并成为被公开谈论的"技术"问题。然而，技术侦查并非使用"技术"进行侦查而已，而是通过合法地进入个人私密空间而搜集犯罪证据、获得侦查线索、抓捕犯罪人的一种侦查活动。"在执法需求与个人隐私之间找到适当的平衡点变得越来越困难。"[2]如何在保障犯罪侦查效率的前提下，划定技术侦查的界限、保护公民的基本权利、防止私人生活被过度搅扰，便成为刑事司法亟待解决的难题。

一、刑事技术侦查措施的立法缘由

犯罪与侦查通过技术而"魔道相长"，为了对付那些新出现的犯罪类型和犯罪方法，侦查机关不得不借助秘密手段和技术方法，虽然提高了犯罪侦查效率和社会控制能力，但是，正如有学者所指出的那样，如

---

[*] 刘军（1972—），男，山东大学（威海）法学院，教授、博士生导师。

[1] 所谓的图侦即图像侦查，即公安通过侦查视频图像，查找犯罪嫌疑人的一种侦查技术。

[2] ［美］马丁·马库斯："监控的正当程序"，赵琳琳译，载陈光中等主编：《比较与借鉴：从各国经验看中国刑事诉讼法改革路径——比较刑事诉讼国际研讨会文集》，中国政法大学出版社 2007 年版，第 301 页。

果不从公民权利保护的角度，约束和控制这些技术侦查措施的使用，"警察也就没有动力依道德办事，个人隐私权和自治权将被实质性地削弱，最终可能会使社会丧失对法律本身的尊重"，[1]对公民权利的蔑视和践踏，最终将伤及整个社会，因此，立法在授权警察技术侦查的同时，还应当平衡保护公民权利。

技术侦查与侦查技术不同，二者均为偏正词组，但是主从恰好相反。侦查技术的中心词是"技术"，与其他技术的区别在于是为了侦查或者在侦查中使用的技术，在此，任何先进的科学技术都有可能被用来为侦查服务，现场勘查、痕迹检验、技术鉴定、DNA 检验等都是侦查技术。而技术侦查的中心词是"侦查"，即区别于传统的侦查活动的其他侦查方式，强调的是采取"特殊技术"所进行的侦查，其特殊之处就在于可能侵犯公民权利，通常需要秘密进行，因此，通常也被称作"刑事侦察"或者"侦察手段"，以区别于刑事诉讼法意义上侦查机关公开进行的调查活动和强制措施。1993 年的《中华人民共和国国家安全法》和 2012 年的《警察法》使用的都是"技术侦察"，在 2012 年《刑事诉讼法》中才正式使用"技术侦查"的表述。一字之差，主要表现在其手段性和秘密性的差异上，侦查强调程序、形式和公开性；而侦察强调目的、结果和秘密性。在此，"侦察"往往是指目的虽然明确，但是情况不明、目标不清、尚无计划的查明敌情的活动，[2]而"手段"是指为达到目的而采取的具体方法，有时也指不正当的方法，[3]所以"刑事侦察"和"侦察手段"术语的使用从一个侧面揭示了技术侦查在法律上的尴尬地位，表露了技术侦查在实践中的使用状态，秘密而潜行、广泛且失范。因此，规制技术侦查的方式就是通过立法予以明确规定，通过司法予以权力监督。

---

〔1〕　［英］麦高伟、杰弗里·威尔逊：《英国刑事司法程序》，刘立霞等译，法律出版社 2003 年版，第 53 页。

〔2〕　参见中国社会科学院语言研究所词典编辑室编：《现代汉语词典》，商务印书馆 2005 年版，第 1729 页。

〔3〕　参见中国社会科学院语言研究所词典编辑室编：《现代汉语词典》，商务印书馆 2005 年版，第 1254 页。

技术侦查具有技术性与秘密性，但是如果这种技术性和秘密性并未涉入他人的私人生活，那也只是侦查活动本身所允许采取的方式，毕竟刑事侦查需要科学技术的强力支持，侦查活动虽然是公开的但是可以采取不让嫌疑人知晓的方式秘密行动，更何况还有卧底警探和隐蔽侦查的方式和手段，这些侦查活动有的具有技术性、有的具有秘密性，但是都不能称之为技术侦查。技术侦查的关键特征在于，为了寻找犯罪证据和犯罪线索而使用技术手段、秘密地侵入他人的私人生活领域，或者说，技术侦查具有侵犯他人隐私权的可能性。被技术侦查的当事人在毫不知情的情形下，个人隐私细节便被获知，在隐私生活毫无保证的前提下，人们必定生活在惴惴不安之中。有人会说，所有的侦查活动都会限制或者约束他人的一定的权利，如人身自由权、财产权、住宅权等，技术侦查只不过也是限制一定权利的侦查措施而已，但是，技术侦查的特别之处在于采取技术手段、秘密地入侵他人保有私人生活的隐私权——是人之所以为人的最低限度的人权，是人有尊严地生活的最基本的权利。大量采取技术侦查或者技术侦查不受约束的可怕之处在于公众普遍的无安全感、缺乏尊严和担惊受怕，时常猜疑自己是否受到监控，即使在自己家中也无法自由自在地生活，公众之间、公众与政府之间缺乏最基本的信任，日常交流三缄其口，不但对于公共领域是灭顶之灾，而且私人生活也被彻底打乱。在实行秘密警察恐怖统治的国家，不是没有法律和制度，不是没有法官与程序，不是没有权力之间的相互制约，而是缺乏对公民权利的最基本的尊重！因此，切不可将技术侦查与其他侦查措施混为一谈，而且，唯有从保障公民权利的角度进行探讨，才能把握技术侦查的本质，在法治的框架下授权并约束技术侦查权规范行使。

2012年《刑事诉讼法》的修订终于将技术侦查纳入了法治的轨道，对于技术侦查可以使用的案件范围、技术侦查措施的审批、种类、使用对象、执行等都作了规定，并赋予采取技术侦查措施所获得的材料以诉讼证据的地位，可以在法庭上进行质证或者在"必要的时候"由审判人员在庭外对证据进行核实。如此一来，不但极大地提高了侦查机关破获案件、抓获犯罪人的技术能力，而且一改过度依赖口供获取证据的侦查方式，可以有效地防止刑讯逼供的发生。原来躲在隐蔽处"只做不说"的技术侦查如今也可以堂而皇之，由技术侦查所获得的材料也无需再经过"证据转化"便可"登堂入室"，便利性是一方面，获得法律的正式授权的确是一大进步。然而，立法原意并非仅仅是授权而已，更重要的是要进行法律的规范与监督，为技术侦查戴上"嚼箸"，以便更加规范化地使用技术侦查，在获得技术支撑、侦查便利、实践效果的同时，更好地保障被告人以及社会上普通公众的合法权利。

二、国外技术侦查措施的法律控制

刑事技术侦查具有技术性、秘密性和隐私侵入性，而且，由于其秘密性，当事人事先无法得知被采取技术侦查措施，当然也就无法享有知情权和沉默权，法律救济也无从谈起，因此，从公民权利的角度，通过法律救济途径对技术侦查进行约束的制度架构无法起到应有的作用，而且秘密性也使得警察在技术侦查执法过程中的道德约束性降低、主动进行自我约束的可能性减弱，因此，世界各国立法与司法实践主要集中在事前对于技术侦查的权力约束之上。

第一，对技术侦查的程序控制。无论是英美法系还是大陆法系都注重对于技术侦查的程序性控制，通过事前审批的方式防止权力滥用和过度使用技术侦查措施侵犯公民权利，但是二者审批方式上又存在很大的不同，其中美国采取的是司法令状的模式，即由侦查机关向治安法官申请搜查令才能采取技术侦查措施，否则在后续的司法审查中可能会被判定为非法搜查而遭到非法证据排除。

美国对于技术侦查措施采取司法令状的模式，《美国联邦刑事诉讼规则》（Federal Rules Of Criminal Procedure）Rule 41 对于搜查与扣押规定了严格的程序，其中也包括了对于跟踪设备的批准程序。[1]美国法典（United States Code，U. S. C.）对于技术侦查措施也分类进行了详细的规定，以截获通讯记录为例，美国法典 Chapter 206 规定，除非法律另有例外规定，任何人在未取得治安法官发布的司法令状前提下不得安装

---

〔1〕　Federal Rules Of Criminal Procedure，On line at：https：//judiciary. house. gov/wp-content/uploads/2016/02/Criminal2015. pdf.

或者使用"通讯踪迹记录仪"[1]（pen register or a trap and trace device）。被授权安装和使用跟踪记录仪装置的政府机构必须使用恰当的技术既确保记录或者解码在通讯中拨入和拨出的讯号以便进行跟踪，同时避免记录通讯内容。[2]执法或调查机构必须确保安装和使用记录仪装置只能被用于该案件的侦查；法院决定的内容应当依照执法或调查机构的申请，尽量具体到适用对象、犯罪嫌疑人、通讯属性、所采取措施可以获得相关信息的声明以及所使用的技术手段、协助机构等；采取措施的期限不得超过 60 天，延期申请需要重新审查且期限不得超过 60 天；执法或调查机构以及其他协助机构不得泄露安装和使用记录仪装置等信息，直到法院作出新的决定。[3]当然，也存在例外情况的变通执行问题：如果发生下列紧急情况：发生死亡或者重大人身伤害的紧急危险、共谋行为涉及有组织犯罪、国家安全或者利益迫切威胁、正在进行的攻击受保护计算机并且可能被判处 1 年以上有期徒刑的行为；且有理由相信法官会批准采取技术措施，执法或调查机构可以在 48 小时内安装或使用跟踪记录仪等装置。[4]

对于"通讯监听"（the interception of wire，oral or electronic communications），美国法典的规定也更加严格，包括在任何电子、机械或者其他装置上进行的有线、无线、电子的或者口头通讯的任何听觉的或者其他类型的内容。[5]根据不同案件类型，应当分别由不同级别的检察官批准提出、相应级别的法官审批、相应的执法或者调查机关（如联邦调查局或者地方警察机关等）具体实施，并且规定了更加严格的审批程序。[6]

---

　　[1]　根据美国法典的概念界定，"pen register"是指一种特殊的、用以记录或者解码有线或者无线装置所拨号码、路由、网址以及信号等但不包括通讯内容的设备或者程序，非指服务商或者客户用以记账的设备或者程序；"trap and trace device"与此类似，但是记录或者解码的是拨入、访问或发信号给特定设备的信息。参见 18 U. S. C. §3127 (3)(4)。

　　[2]　18 U. S. C. §3121 (a) (d).

　　[3]　18 U. S. C. §3123.

　　[4]　18 U. S. C. §3125.

　　[5]　18 U. S. C. §2510.

　　[6]　18 U. S. C. § §2516～2518.

为了更好地打击恐怖主义犯罪，2001 年 10 月 24 日美国国会通过了著名的《爱国者法案》（Uniting and Strengthening America by Providing Appropriate Tools Required to Intercept and Obstruct TerrorismAct of 2001；USA PATRIOT ACT），[1]允许执法机关使用在调查有组织犯罪和毒品犯罪中业已存在的技术手段，如监听、监视、秘密侦查、搜集商业数据、应被害人请求监视其电脑以查获入侵者等；而且放宽了司法令状的适用范围，允许法官跨司法管辖区发布搜查令，极大便利了警察机关跨区采取技术侦查手段，放松了对于适用技术侦查的区域限制。虽然如此，由于《爱国者法案》将犯罪类型严格限制在对于恐怖主义犯罪的侦查和惩罚上，因此，对于技术侦查措施的程序控制解绑有限，美国对于技术侦查措施的程序性控制仍然非常严格。

英国依循其传统采取行政审查的模式控制技术侦查措施，1997 年《警察法》（Police Act 1997）第 93 条第 5 款规定，警察机关的高级警官，如郡警察局局长、大都市警察局的警监或者副警监，国家犯罪情报局局长、严重及有组织犯罪调查局局长、海关署任命的官员等，有权批准本辖区警官提出的对于私人住宅和无线通信进行监听的申请，[2]情况紧急时也可以由相应官员的副职做出决定。[3]2000 年的《侦查权规制法》（Regulation of Investigatory Powers Act 2000）由国务大臣发布"电子监听令状"（Interception Warrant）才能通过公共邮政设施或者电信通信系统进行拦截、获取和侦听。[4]英国虽然基于传统并未采取司法令状而采取行政审查的模式，但是，采取技术侦查措施审批级别一般较高，甚至需要国务大臣才能发布监听令状，一定程度上也弥补了技术侦查行政审批的缺陷，同时兼顾了采取技术侦查措施的决定以及执行的效率。

在德国，《刑事诉讼法》（Strafprozeßordnung）规定可以采取的技术侦查措施包括电脑数据搜寻（§98a - c）、通信监控（§100a,

[1]　https：//epic. org/privacy/terrorism/hr3162. pdf

[2]　Police Act 1997，§93. On line at：http：//www. legislation. gov. uk/ukpga/1997/50/contents.

[3]　Police Act 1997，§94（2）.

[4]　Regulation of Investigatory Powers Act 2000，§5（1）. On line at：http：//www. legislation. gov. uk/ukpga/2000/23/contents.

b)、住所监听（§100c－e）、住所外监听（§100f）、提取通信数据（§100g）、隐蔽拍照录像（§100h）和移动终端数据获取（§100i）等，下面以通信监控为例说明德国立法状况。在程序控制方面德国刑事诉讼法规定了严格的审批手续，采取技术侦查需要事先取得司法令状，但是，基于侦查需要允许检察官在紧急的时候临时采取技术侦查措施，不过需要事后及时获得法官的许可，否则将失去法律效力。《刑事诉讼法》第§100b规定，对于通信监控（§100a）的审批只能依据检察官提出的申请并由法官作出决定。在延迟会有危险时也可以由检察官作出决定，但是必须在3个工作日内取得法官的确认，否则失效。通信监视决定最高不超过3个月，每次延期不超过3个月。作出延期决定时法官应当重新审查需要查明的事实（die gewonnenen Ermittlungsergebnisse）是否还继续存在。[1]决定应当采取书面形式，尽可能地注明技术侦查措施所针对当事人的姓名和住址；需要监控的电话号码或者其他接口或终端的识别标识，只要有确切事实证明该终端并未同时分配给其他人使用；所采取技术侦查措施的种类、范围、持续时间，并注明结束的具体时间点。[2]如果作出决定的前提条件不再存在，因此而获得授权的技术侦查措施应当立即停止。侦查措施停止执行后，应当告知作出决定的法院。[3]亦即，采取技术侦查措施不仅需要考虑必要性、比例性，而且技术侦查措施只能针对具体的个人，不但不能进行大范围的监听和监视，而且监视和监听只能针对所涉及的具体的当事人，不能影响其他人的正常生活与工作，否则也会构成侵权。

对于住所监听，德国《刑事诉讼法》规定了更为严格的程序，以监听审批和期限为例，住所监听只能依据检察官的申请由地方法院的审判庭作出决定，延迟有危险时可以由审判长作出决定，但是需要在3日内获得该审判庭的确认，否则失效。监听决定最长期限为1个月，每次延期不超过1个月，如果监听期限已经达到6个月，再延长则只能由州

---

〔1〕 Strafprozeßordnung（StPO），§100b（1）.

〔2〕 Strafprozeßordnung（StPO），§100b（2）.

〔3〕 Strafprozeßordnung（StPO），§100b（4）.

高等法院作出决定。[1]毕竟住所是公民私人生活最核心的领域，也是保有心灵安宁的场合，因此有必要从审批组织、级别、期限、临时审批等各个方面都作出更加严格的规定，以更好地保护公民私生活免受公共权力的入侵。

在法国，技术侦查措施由预审法官审批。《法国刑事诉讼法典》（France Code of Criminal Procedure）第 81 条规定，预审法官可以依照法律规定进行一切他认为有助于查明案件事实的侦查活动，其中也包括技术侦查措施。1991 年 7 月 10 日法国通过了第 91 - 464 号法律规定了监听通讯的技术侦查措施[2]：在重罪或者轻罪案件中，如果可能判处的刑罚为 2 年及以上的监禁刑，为了侦查犯罪的需要预审法官可以决定侦听、录制或者记录通讯内容；此项措施由预审法官授权并监督执行。侦听决定书应当采取书面形式，此项决定不具有司法裁判性质，不得上诉（§100）。根据§100 规定，所作决定必须包括所有能够识别侦听对象的信息、所犯罪行和采取侦听措施的理由、侦听期限等（§100 - 1）。采取侦听措施的期限最长为 4 个月，再次延长应当符合相同的条件、方式和期限并重新作出决定（§100 - 2）。法国刑事诉讼法对于侦听对象也有一定的限制，需要事先告知。预审法官必须事先通知国民议会主席才能在通向议员的电讯线路上监听。预审法官必须事先通知律师公会会长，才能在通向律师办公室或者其住所的电讯线路上监听。违反本条规定的程序，截留的信息视为无效。[3]由于法国预审法官职位"跨界"的特殊性，本身属于法官，具有司法裁判的性质，但是又实质性地起着领导和指挥侦查活动的作用，因此也存在一定程度的决定与执行混同的弊端，当然，法国预审法官的独立性也促使其在侦查犯罪的过程中不受外界影响，从而对于侦查重大犯罪十分有利。

从上可以看出，第一，各国均注重对于刑事技术侦查的程序控制，

---

〔1〕　Strafprozeßordnung（StPO），§100d（1）.

〔2〕　France Code of Criminal Procedure，§100 ~ §100 - 7. On line at：http：//www. legislationline. org/documents/section/criminal-codes/country/30；Code de procédure pénale，On line at：https：//www. legifrance. gouv. fr/affichCode. do？cidTexte = LEGITEXT000006071154.

〔3〕　France Code of Criminal Procedure，§100 - 7.

并根据权力分立原则规定了严格的审批程序。除了英国采取行政审批模式之外，其他各国均采取司法令状的模式，其中美国和德国是典型的司法令状模式，虽然二者分属不同法系，但是都依据宪法对非法证据进行排除，从而实质增强了司法机关对于技术侦查的控制力度，扩大了刑事诉讼法对于公民权利的保护。法国虽然采取的是预审法官审批制度，对于技术侦查由预审法官授权并监督执行，但是具体执行仍然由司法警察承担，因此，也属于司法令状的模式，至少是准司法模式[1]。英国虽然采取行政审批模式，但是审批权限较高，在一定程度上平衡了技术侦查在效率与权利上的冲突。

第二，对技术侦查的实体控制。对于技术侦查的司法控制不仅仅表现在程序上，也包括实体条件上的限制，即规定启动技术侦查的实质性条件。警检机关在提出采取技术侦查措施的申请时应当进行正当性论证，详细列明案情以及采取技术侦查措施的目的正当性、比例性、必要性或者最后手段性，审批机关在进行令状颁发时也应当按照法律规定的条件或者判例指示的标准进行实质性审查。例如，英国《警察法》规定启动技术侦查的条件是，对于阻止和侦查严重犯罪有实质价值因而有必要采取该具体行动，而且无法合理地通过其他侦查措施获得。[2]而《侦查权规制法》规定内务大臣发布"监听令状"的目的只能是保护国家安全、阻止或者侦查严重犯罪、保卫英国的经济福祉，或者执行生效的国际刑事互助协议且具有阻止或者侦查严重犯罪目的[3]，而且是为了达成上述目的所必需的、行为与目的是相称的[4]，才可以发布令状。亦即，必须是为了保护重大法益且符合必要性原则和比例性原则才能发布"监听令状"。《法国刑事诉讼法典》也规定了"可能判处的刑罚为2年及以上的监禁刑""为了侦查犯罪的需要"等实体性的限制性条件，相比较其他国家而言，由于预审法官的自由裁量权较大，因此，实体控

---

[1]　法国的预审法官在这一方面颇具有检察机关的意味，或者行使一定的检察机关的职责，因此定位存在一定的模糊，职能存在一定的"跨界"。

[2]　Police Act 1997, §93 (2).

[3]　Regulation of Investigatory Powers Act 2000, §5 (3).

[4]　Regulation of Investigatory Powers Act 2000, §5 (2).

制相对较弱。

德国刑事诉讼法规定了具体的实体控制措施，如德国《刑事诉讼法》§100a 详细规定了对通讯进行监听、监视和记录的启动条件，§100a 条第 1 款关于"通讯监视"规定，"只有在满足下列条件时才可以不经当事人知晓而进行通讯监视并记录：①有确切犯罪事实足以怀疑某人实行或者参加了第 2 款规定之严重犯罪，虽然未遂但是可罚，或者预备实施该犯罪；②该犯罪行为在个案中亦属严重；③以其他方式不能或者很难查明案情或者侦查嫌疑人住所"。[1]同时第 2、3、4 款详细列举了"严重犯罪"（die schweren Straftaten）的具体罪名、针对对象以及是否属于"私人生活之核心领域"（der Kernbereich privater Lebensgestaltung）等条件。类似的规定也体现在住所监听、住所外监听、提取通讯数据等技术侦查措施的启动和实施条件中。概而言之，必须符合以下条件：一是为了保护重大法益。二是符合比例原则。侦查措施必须是针对"严重犯罪"，有根据地认为采取侦查措施有利于查清案情、侦查犯罪人。三是符合必要性或者最后手段性的要求。采取其他侦查措施和方式不成比例地困难或者不可能。而且德国《刑事诉讼法》明确规定了从德国宪法和联邦法院判例中确定的"私人生活之核心领域"的理念，作为排除采取技术侦查措施的底线性条款，如§100a（4）规定，有事实证明采取第 1 款侦查措施仅能够获得私人生活核心领域的信息，不得批准实施该措施。通过第 1 款侦查措施所获信息不得使用、所作记录即时删除，并将该情况记入档案。[2]"私人生活之核心领域"概念体现了德国立法与司法实践中广泛使用的"法益衡量"的思想[3]，在司法裁量中需要具体考虑所保护法益与采取技术侦查措施之间的关系，而且采取侦查措施的具体地点、时间、监听对象、是否存在第三人、监听对象与现场其他人之间的关系以及可能的谈话内容等都会影响是否属于

---

〔1〕　参见德国《刑事诉讼法》，Strafprozeßordnung（StPO），§100a.

〔2〕　§100c（4）（5）也有类似规定。

〔3〕　不仅在司法裁量过程中而且在立法授权之时都需要考虑法律所保护的法益与损害或者限制法益的比例问题，从而能够保证社会福利的最大化。

"私人生活之核心领域"的判断，并影响到是否批准采取技术侦查措施以及后续的处理措施，易言之，"私人生活之核心领域"是作为一项宪法性权利而被保留，并作为"人类自由最后不可侵犯的领域"（ein letzer unantastbarer Bereich menschlicher Freiheit）[1]而被保护。

美国正式确定警察采取窃听等技术侦查措施需要适用搜查令是在1967 年的卡茨（Katz v. United States）案，[2]大法官约翰·马歇尔·哈伦（John Marshal Harlan）在判决书中赞同法院关于"宪法第四修正案保护的是人而不是住所"的观点，但是认定什么是值得保护的需要两个条件：首先当事人表达了其对于隐私的真实的主观期待（an actual［subjective］expectation of privacy），其次社会也已经准备好将这种期待确认为合理的（reasonable）。[3]以此来分析卡茨案，被告人走进玻璃密封的公共电话亭并关上门，通过支付费用而打电话的行为，表达了其并不想让人知晓其通话内容的主观期待。而且，电话亭属于临时占有的私人空间，虽然这个设施能够在其他时间为其他人所使用。因此，当事人表达了其自由不受侵犯的期待并被社会承认为是合理的。[4]这便是"合理隐私期待"理论的由来，哈伦大法官的表述后来被广泛引用和讨论，[5]在日后的判决中屡被引用。卡茨案的重大意义在于将搜查的司法审查从对物理空间的保护扩大到对隐私权的保护，非法搜查不仅仅再局限于对于住所的搜查，从而实质扩大了宪法第四修正案的保护范围，并将技术侦查措施纳入司法审查之中，凡是未能事先取得搜查令状而采取技术侦查措施侵犯他人隐私权的行为都是非法搜查，并且由于非法侦查行为侵犯隐私权，所获证据都将在法庭上被排除。在这个意义上，对于

---

〔1〕 BVerfGE 6，32（32）.

〔2〕 Katz v. United States，389 U. S. 347（1967）. On line at：https：//supreme. justia. com/cases/federal/us/389/347/case. html.

〔3〕 大法官哈伦将其表述为：There is a twofold requirement，first that a person have exhibited an actual（subjective）expectation of privacy and，second，that the expectation be one that society is prepared to recognize as "reasonable"。参见 Katz v. United States，389 U. S. 361（1967）。

〔4〕 Katz v. United States，389 U. S. 361（1967）.

〔5〕 Peter Winn，"Katz and the Origins of the 'Reasonable Expectation ofPrivacy' Test"，*McGeorge Law Review*，Vol. 40（2009），pp. 1 ~ 12.

技术侦查措施的控制美国采取的是司法令状加司法审查的模式。

是否属于"合理隐私期待"应当从主观和客观两个方面进行判断。从主观方面，当事人采取了一定的措施表达了其存在隐私的个人主观愿望和期待，在这个层面是否属于隐私因人而异、因事而异，需要具体判断。如果仅仅是进入电话亭但是并没有关门，则无法被认定为主观期待隐私，如果警察"恰好"经过而听到谈话内容，则不属于窃听；再比如，在半公开的公共电话亭打电话也不能被认为属于主观期待隐私，或者说，在一定程度上行为人放弃或者忽略了对于自己隐私的保护。当然，法律并不保护所有的主观期待的个人隐私，一种主观期待隐私是否受法律保护，还需要从客观方面予以分析，即该主观期待隐私还需要被社会承认为是合理的，或者说，绝大多数的人都认为这种隐私期待是理性的、适度的和值得法律保护的，从而主观期待的隐私也便具有了客观性，成为合理的隐私期待。"合理隐私期待"成为美国司法判断是否属于非法搜查的实质性标准。事后法庭上的非法证据排除，也主要是针对非法采取技术措施而获得的证据予以排除，实际上是对事前审批或者司法令状的法律救济。

三、我国技术侦查措施的立法缺陷

美国社会学家格雷·马克斯（Gary T. Marx）认为 19 世纪新出现的监视手段与新技术的出现、社会组织的变迁紧密关联，犯罪控制也因此跨过了关键的临界点而广泛使用各种秘密侦查和技术手段。技术的改进增强了社会控制的威力，国家和私营机构强大的信息收集能力将传统的隐私概念撕成了碎片。[1]秘密侦查与技术手段的应用与新型犯罪类型和犯罪方法的出现有关，如白领犯罪、有组织犯罪、恐怖主义犯罪、电信诈骗、网络犯罪等，它们不但自身的反侦察能力在不断增强，而且大量使用高科技手段，对侦查机关在搜集犯罪证据的能力上和形式上都提出了更高的要求，因此，一方面控制犯罪的需要导致技术侦查手段的更新，技术侦查手段的使用也必然会影响到公民权利保留，甚至会损害最

---

〔1〕 Gary T. Marx, *Udercover: Police Surveillance in America*, University of California Press (1988), p. 3.

基本的、最核心的公民权利。因此，有必要从权利保障的角度对技术侦查进行审视。相比较外国立法实践，我国的刑事技术侦查措施的立法还存在诸多的问题，有的甚至是系统性的缺陷：

（一）概念界定不清

技术侦查，是指侦查机关为了侦查犯罪而采取的特殊侦查方法，包括电子监听、电子监控、秘密拍照与录像、密搜密取、邮件检查等专门的、秘密的技术手段。2012 年《刑事诉讼法》"技术侦查措施"一节中的规定，分别包括了狭义的技术侦查（第 148~150 条）、隐匿身份侦查和控制下交付（第 151 条）三种类型的侦查，而隐匿身份侦查和控制下交付并非真正的"技术侦查"方法，属于一种"搭便车"式的立法。立法便宜性上，三者都具有隐蔽性，与公开实施的侦查措施区别较大，放在一起立法便于法律监督；缺陷是模糊了技术侦查的内涵和外延，遮蔽了其行动的"技术性"，掩盖了技术侦查侵入公民隐私空间的本质，使得真正的"技术侦查"隐身于背景之中，逃出公众的视野之外，不利于外部监督。

当然，德国刑事诉讼法也将技术侦查手段、秘密侦查与扣押、搜查等侦查措施都规定在第 8 章，但是原因却有所不同。德国《刑事诉讼法》从 1877 年颁布以来历经修改，技术侦查（§100a–j）和秘密侦查（§110a–c）手段都是不同时期修改法律新增的条款，是在大的框架没有变化的情况下的权宜之计，属于立法技术问题；而我国 2012 年《刑事诉讼法》修改则属于大改，篇章结构、条款增减都发生了较大变化，因此，应当理顺各种概念和逻辑关系，至少使章节题目能够涵盖标题下所有的条款，不但有利于侦查机关正确执法，也有利于权力监督和权利保障。

（二）启动标准模糊

2012 年《刑事诉讼法》规定了侦查犯罪和逮捕在逃的犯罪嫌疑人、被告人两类动用技术侦查措施的情形，前者是"根据侦查犯罪的需要，经过严格的批准手续"，后者是"经过批准，可以采取追捕所必需的技术侦查措施"。但是，对于什么是"侦查犯罪的需要"、什么是"严格的批准手续"等都语焉不详；2013 年实施的《公安机关办理刑事案件程序规定》和《人民检察院刑事诉讼规则（试行）》除了对《刑事诉讼法》规定的具体犯罪进行了列举之外，[1]对此也没有更加具体的规定，均规定为"根据侦查犯罪的需要"。立法者认为技术侦查具有技术性和秘密性，相关部门会从严掌握，因此刑事诉讼法更多的是法律授权，相关部门可以根据法律授权另行制定实施细则，但实际情况是，各部门制定的实施细则仅仅是照搬了刑事诉讼法的原则性规定，并没有动力制定更加严格的技术侦查启动标准自我约束。相比较其他国家关于技术侦查的目的正当性、比例性和必要性等启动标准的规定来看，还需要进一步完善。另外，立法者也并未考虑权力部门之间的相互监督问题，进而言之，并未去除技术侦查的秘密性，内部审批、暗箱操作的疑虑仍然无法被有效地消除。

（三）审批权限不明

我国《刑事诉讼法》并没有规定技术侦查的审批机关，而《人民检察院刑事诉讼规则（试行）》第 265 条规定"按照有关规定报请批准"，目前仅有《公安机关办理刑事案件程序规定》第 256 条第 1 款规定："需要采取技术侦查措施的，应当制作呈请采取技术侦查措施报告书，报设区的市一级以上公安机关负责人批准，制作采取技术侦查措施决定书。"因此，即使检察机关对于自侦案件有采取技术侦查的审批权，也只能交由公安机关执行，由公安机关再报请设区的市一级以上的公安机关负责人批准实施，[2]亦即，实质上真正的审批机关是公安机关，检察机关自侦案件反而有赖于公安机关的审批和具体执行。这是经过不同法律法规的逻辑关系所做的推理结论，而《刑事诉讼法》没有明确规定审批机关是这次立法的不足之一。

按照以上逻辑推理，公安机关是采取技术侦查措施实际上的审批机

---

[1]　《公安机关办理刑事案件程序规定》第 254 条和《人民检察院刑事诉讼规则（试行）》第 263、264 条对于采取技术侦查措施的案件类型都进行了列举，这是值得肯定的，但其实更应该在《刑事诉讼法》中直接规定允许采取技术侦查措施的案件类型，而部门规章只在该范围内制定量的标准即可。

[2]　参见《公安机关办理刑事案件程序规定》第 256 条第 1 款。

关，因此，我国的技术侦查采取的是行政审批的模式，但即使检察机关有权对自侦案件采取技术侦查措施作出审批和决定，也仍然是行政审批的模式，仍然是侦查机关的内部审批。这种行政审批的模式，加之技术侦查的审批级别较低，不利于技术侦查的外部监督，不利于公民权利的保障。

（四）审执模式合一

行政审批以及决定与执行的合二为一，其可怕之处在于，可以进行"拉网式"的秘密侦查和无特定目标的广泛监控，事先也可以没有审批手续，等到有了结果以后可以再寻求补办，甚至伪造审批手续和监控记录。缺乏外部监督的技术侦查将会成为权力滥用的"重灾区"，更重要的是被监控者并不知道自己已经被秘密侦查，权利受到侵犯并不自知，权利维护更是无从谈起。一旦权利受到侵犯，不但隐私暴露无遗，而且正常的工作也会受到干扰，一些小的差错甚至可能成为把柄，容易被人恶意利用。因此，采取行政内部审批的方式、审执合一是技术侦查立法当前最大的问题之所在。

公民权利因为侦查机关采取技术侦查措施而受到侵害，但是无法得到法律救济并不是什么新闻，美国的"无证监听案"原告败诉，主要原因在于事实上原告无法提供个人受到监视的证据，政府可以运用国家秘密特权拒绝提供相关证据。[1]在我国，更没有任何一起采取技术侦查的刑事案件受到审查，也没有任何一位公民对此提出权利受到侵害而申请法律保护或者国家赔偿的诉讼案件，因为普通民众根本无法知道自己的权利受到了侵害，法律救济也就无从谈起。

（五）缺乏程序控制

技术侦查措施容易导致权力滥用、侵犯公民权利，因此各国立法不但要求采取技术侦查措施需要事先取得司法令状、事中监督执行、事后报告结果或者交回司法令状，而且采取年终报告的制度，如，美国在每年的财政年度之后由负责审批的法官和负责执行的检察官分别将审批和

---

〔1〕 参见孙煜华："何谓'严格的批准手续'——对我国《刑事诉讼法》技术侦查条款的合宪性解读"，载《环球法律评论》2013 年第 4 期。

执行的技术侦查措施的各种信息上报联邦法院行政办公室,由行政办公室负责人汇总后于每年的 6 月向国会报告,以便从总体上了解采取技术侦查措施的总量、案件类型、犯罪嫌疑人情形,以便对采取技术侦查措施的实施效果和整体情况等进行评估。因此,西方国家对于技术侦查措施采取的是"全景式"的监控,在一定程度上弥补了技术侦查措施秘密性的缺陷,在保证侦查实效的前提下,对于公民权利也是一种有效的保护方式,防止技术侦查权力的滥用和对于公民私生活的过度介入。

我国的刑事技术侦查在制度上还需要进一步完善。目前来看审批机关由部门规章来规定确实有失法律的严肃性,而且技术侦查措施采取行政审批、缺乏司法监督也容易导致"公器私用"。警察权力本身就具有扩张性和侵略性,层层设堵尚难以周全,更何况是具有秘密性和高科技特征的技术侦查措施,因此,唯有从保障公民权利的视角进行观察才能发现其立法缺陷并提出完善意见,否则立法所专注的就只能是授权而已。

四、规范刑事技术侦查措施的法律对策

技术侦查受到广泛批评主要在于其秘密性,不但手段上具有秘密性而且自我审批、封闭执行、不受外部监督,公民的隐私权、住宅安宁权和通信自由权等极易受到侵犯,更重要的是,权利受到侵犯竟然毫不知情,更遑论对于自身权利的维护。因此,对于技术侦查应当加强司法控制,尤其需要加强事前监控,通过法律制度的构建防范技术侦查权的滥用,保障公民合法权利。

(一)实行双重审批制度

实行双重审批制度,加强技术侦查的程序性控制。加强对刑事技术侦查的司法控制与监督,通过事前审批、执行监督、事后检察的方式对技术侦查实施全程监控,其中,尤为重要的是事前审批。鉴于技术侦查的秘密性,强烈建议实行双重审批制度,即司法与行政的双重审批制。世界各国和地区(英国除外)对于技术侦查均采取司法令状的模式,[1]

---

〔1〕 参见胡铭:"英法德荷意技术侦查的程序性控制",载《环球法律评论》2013 年第4 期。

这也被公认为防止技术侦查权滥用的最有效的方法。长远来看，司法令状应当由法官或者预审法官签发，与我国目前司法制度相契合的替代性方案，可以立法授权设区的市一级检察机关签发，或者考虑设立独立检察官或者特别检察官制度，如此便于检察机关同时采取事中监督和事后检察的方式对技术侦查实行全方位法律监督。除此之外，技术侦查还需要专门机关具体执行，因此，应当以法律的形式明确授权侦查机关在获得司法令状的前提下具体执行的批准层级，目前来看设区的市一级公安机关负责人签发执行命令是恰当的，但是应当呈报上一级公安机关备案，具体执行只能由地市一级公安机关下设的专门的技侦部门负责实施。检察机关自侦案件技术侦查司法令状的签发，还应当报上一级检察机关备案，并交由同级公安机关签发执行命令具体执行。对于签发或者执行审批存在异议的，可以分别向上一级检察机关或者公安机关提出复议，上一级检察机关或者公安机关的决定必须执行。执行机关的执行情况和结果应当报送审批机关。实行双重审批制度有利于检察机关与公安机关之间的权力平衡与制约，确保技术侦查措施"只干好事、不干坏事"。

之所以实行双重审批，关键原因在于技术侦查的秘密性导致公民寻求司法救济的可能性几乎为零，为慎重起见，在程序上显得更加重视保障公民权利，增强司法公信力，强烈建议实行双重审批制度。当然，有鉴于侦查活动存在紧急情形，可以规定侦查机关在情况紧急时，如危害国家安全、有组织犯罪、恐怖主义犯罪、黑社会性质犯罪、重大毒品犯罪或者存在死亡或者重大人身伤害的迫切危险，可能被判处 3 年以上有期徒刑的犯罪行为时，侦查机关可以单凭内部审批在 48 小时内紧急采取技术侦查措施，如果事后无法取得司法令状，紧急采取的技术侦查措施立即失效并撤销。这种制度设计能够有效地平衡打击犯罪与保障权利之间的价值追求。

（二）实质性审查

明确实体评价标准，加强技术侦查的实质性审查。可以设想，如果生活在一个随时可能被监听监视、毫无隐私空间的社会，其心理上是何等的恐惧和不安，而如果人人自危、惊恐猜疑、噤若寒蝉，社会发展必将动力枯竭，社会动荡也将不期而至。因此，必须明确采取技术侦查的实体性标准以供检察机关和公安机关依照法律相互监督、遵照执行。《刑事诉讼法》仅笼统地规定"根据侦查犯罪的需要"，相当于没有提供启动技术侦查的实体性标准，更无法从实体上对于批准手续是否严格进行评价。

为了更好地平衡防卫社会与保障人权之价值，在技术侦查启动标准上应当坚持"必要性原则"，即，只有在穷尽传统侦查措施仍然无法破获案件之后，才能考虑采取技术侦查措施，易言之，即使案件的范围属于《刑事诉讼法》第150条以及《公安机关办理刑事案件程序规定》第254条和《人民检察院刑事诉讼规则（试行）》第263、264条的规定，仍然需要符合必要性原则，启动技术侦查措施永远属于最后的选项。另外，在决定技术侦查的具体措施、监控范围、执行期限、是否延期等细节中应当坚持"比例性原则"，综合评判案件性质、犯罪危害、犯罪嫌疑人的危险程度等作出最终决定，包括对于技术手段类型的采用等，能够使用较低限度侵犯公民权利的手段则不使用较高的手段，如仅仅跟踪信号即可，则无需窃听谈话内容。侦查机关在呈报审批的材料中应当具体列明采取技术侦查措施的必要性和比例性论证，批准机关则主要依据该实体性标准决定是否批准采取技术侦查措施。当然，采取技术侦查措施还应当符合正当性目的，与侦查犯罪之间具有相关性，不得监听和记录仅具隐私内容的信息。另外，侦查机关在技术侦查的具体执行中也应当坚持目的正当性、必要性原则和比例性原则，对于没有必要继续采取技术侦查措施的案件应当及时解除或者撤销，对于仅仅涉及隐私的信息应当及时删除，并将删除记录的行为记录在案。

（三）划定技术侦查界限

划定技术侦查界限，确保技术侦查措施的规范行使。并非所有使用侦查技术的活动都是技术侦查措施，绝大部分的侦查技术仍然属于公开的侦查活动，例如检验或者鉴定技术，而只有那些使用"侵入"私人生活领域的技术的侦查才能是技术侦查，才需要获得授权，因此，只有划定技术侦查的界限，才能确保侦查机关在法律授权的范围内充分行使侦查权，打击犯罪保护人民，最大限度地维护社会秩序和生活安宁。我国《刑事诉讼法》没有具体列明技术侦查措施的种类，可能是出于技术保密的考虑，也可能是由于技术侦查措施还会不断更新，为避免频繁修改立法而最终放弃。为规范技术侦查的规范行使，应当在实施细则或者申请程序中详细列举技术侦查措施种类、批准程序、实施主体、实施过程、所获材料的处理等，当然，也可以单独列举违法采取技术侦查措施的表现，或者以禁止性规定的方式规定不得从事的行为。对此，可以借鉴美国的"合理隐私期待"或者德国的"私人生活之核心领域"理论作为划定技术侦查界限的标准。

申言之，如果警察所采取的技术手段可能侵犯"合理隐私期待"，那么就需要事先取得司法令状，否则在庭审阶段可能会因为被认定为非法收集的证据而遭到排除，而勿论搜集证据的技术侦查究竟为何种手段。[1]也正是因为技术侦查可能会侵犯公民隐私权，因此，只能针对确定存在犯罪嫌疑的人采取技术侦查措施，禁止"拉网式"的搜查或者监听，由此所获得的证据也不能在法庭上作为定罪量刑的证据。易言之，采取技术侦查还应当具备"相关性"，必须要有证据显示犯罪嫌疑人从事了犯罪活动才能针对该犯罪人进行技术监听，以确保普通公民私人生活不受技术侦查的搅扰。

技术侦查的特殊性在于如果没有事先获得授权将会侵犯公民隐私权，而且即使获得授权也可能会探入私人生活的隐私部分，然而，法律上正式承认隐私权也还是在 2010 年实施的《中华人民共和国侵权责任法》，因此，应当着重加强以隐私权为核心的理论界说，为技术侦查提供边界。其实，当代隐私权概念内涵的不断丰富和外延的不断扩展在一定程度上与技术侦查措施的不断翻新有着密切的联系，数字化技术带给我们的是私人生活边界的"破缺"，网络空间上已经不再存在物理界限，私人生活随时都能够被他人窥探，最后只能以隐私权统领私人领域的核心概念。由此，涉及个人隐私权的技术侦查活动都需要事先获得司

---

〔1〕 网侦和图侦，如果这两种技术手段符合"合理隐私期待"标准，也有可能侵犯隐私权，实质上也属于技术侦查，也需要按照"合理隐私期待"的标准进行审批和执行。

法令状，否则所获证据尤其是言辞证据将作为非法证据被司法排除；家庭生活成员住所内的谈话不能作为证据使用，不得记录，或者需要即时删除，以保护私人生活最核心的领域，还私人生活以安宁，这也是获取司法公信力与公众信任的不二路径。

（四）非法证据排除

严格非法证据排除，加强技术侦查证据的可采性审查。法院可以通过非法证据排除规则，对于侦查机关采用技术侦查所获得的材料进行证据的真实性、关联性和合法性审查；对于针对技术侦查而言，尤其应当审查所获得证据的合法性，排除未经批准、超出权限和范围、采用未经批准的技侦手段所获取的非法证据以及仅仅涉及个人隐私的证据。我国《刑事诉讼法》第56条规定了非法言辞证据的严格排除，而对于物证和书证只有在"不能补正或者作出合理解释的"情形下才予以排除。但是，鉴于技术侦查的特殊性，如果违法行使必然会侵犯公民隐私权，事后无法补正，也不存在合理解释的空间，因此，对于通过技术侦查而非法获取的物证和书证也应当严格排除，以防止技术侦查措施的滥用，或者为了侦查破案而不择手段。

当然，这里仍然存在技术侦查"证据转化"的问题，即，虽然没有事先获得批准而采取技术侦查措施，但是技术侦查记录等并不提交法庭，而是转化为正常的刑事侦查活动采集证据。在我国，搜查令的签发也是采取行政审批的方式，因为无需司法令状，也就无需详细说明搜查的原因，因此，技术侦查"证据转化"便不可避免，单独控制技术侦查的实践效果必然十分有限。虽然可以通过事后检察的方式，由法律监督机关进行表面上的监督，针对出现的问题进行整改，但是，毕竟时过境迁、于事无补，因此，如果想要真正地对技术侦查进行司法监督以完善人权保障，还应着眼于对整个侦查活动的司法控制，克服技术侦查的系统性缺陷，易言之，司法对于侦查活动应保有整体监督与控制。

（五）年度报告或检查制度

采取年度报告或者年度检查制度。对于上一年度采取技术侦查措施的分类信息与数据分析向代议制机构报告，有利于从整体上把握技术侦查措施实施的现状、存在的问题、可能的发展方向和有效的整改措施，有利于在全国范围内统一掌握技术侦查启动的程序和实体标准，有利于公正执法和权利保障。世界上许多国家立法对此作了相关规定。

德国《刑事诉讼法》对于通讯监控和住所监听规定了"年度报告"制度，要求说明采取监听（包括通信监听与住所监听）的总体数量以及各种分类信息。以通信监控为例，地方检察长和联邦检察总长在次年6月30日之前应当就其管辖范围内依据§100a所采取的技术侦查措施向联邦司法部提交年度报告。联邦司法部将联邦范围内采取通信监听侦查措施的情况做成概览并在互联网上公开发布。[1]在互联网上发布的年度报告应当包括以下内容：依照§100a第1款采取的通信监听措施的数量；其中首次和延长监听的数量以及固定电话、手机和网络通信监听的数量；根据§100a第2款的划分标准各类犯罪行为被采取通信监听的数量。[2]

在美国，对于"通讯踪迹记录仪"的使用情况，司法部长必须向国会作年度报告，详细报告所采取措施的数量、期限、案件类型、调查数量、申请和批准人员的身份和所在地区等信息。[3]对于"通讯内容监听"的实施情况，每年1月法官对于依据《美国法典》§2518批准或者否定的监听申请都要向法院的行政办公室报告，报告内容包括申请理由、延期类型、批准或者否定的理由、监听期间、监听对象的犯罪行为和身份、批准人、监听设备属性、监听地址等；类似要求也适用于检察官，其每年3月提交报告，而且还应当报告通过监听所逮捕、审判、阻止犯罪以及认罪的数目等分类信息；每年6月法院行政办公室负责人需要向国会提供关于通讯监听的全面报告，包括有数据支持的总结并进行数据分析，法院行政办公室负责人有权要求法官和检察官上报适合报告内容和形式的数据。[4]

---

〔1〕 Strafprozeßordnung（StPO），§100b（5）.
〔2〕 Strafprozeßordnung（StPO），§100b（6）.
〔3〕 18 U. S. C. §3126.
〔4〕 18 U. S. C. §2519.

因此，我国有必要立法规定由最高人民检察院向全国人大报告技术侦查的年度实施情况，立法要求具有审批权限的检察院于每年 3 月份之前将上一年度的批准和否定的技术侦查措施申请进行汇总后报最高人民检察院，授权最高人民检察院要求有执行权限的侦查机关将上一年度具体执行的技术侦查措施汇总后报各级检察机关。最高人民检察院进行数据汇总与分析，发现审批和执行过程中出现的问题，有针对性地提出整改或者改善意见。全国人大常委会也可组织专项检查和调研活动，以便掌握技术侦查措施实际的执行情况。

第三章　非法证据排除规则完善与基本权利保障*

非法证据排除规则最早起源于英美法系国家，并迅速传播至传统大陆法系国家，德国、法国、比利时等国都存在与非法证据排除规则具有同样功能的法律制度，如德国的证据禁止制度、法国的程序无效制度。非法证据排除规则已经为《禁止酷刑和其他残忍、不人道或者有辱人格的待遇或处罚公约（Convention Against Torture and other Cruel, Inhuman or Degrading Treatment or Punishment）》《公民权利和政治权利国际公约（International Covenant on Civil and Political Rights）》《欧洲人权公约（Convention for the Protection of Human Rights and Fundamental Freedoms）》等国际人权法律文件所确认。非法证据排除规则的国际化发展，构成了我国非法证据排除规则确立和发展的宏观背景。我国 1979年《刑事诉讼法》第 32 条规定，"严禁刑讯逼供和以威胁、引诱、欺骗以及其他非法的方法收集证据"。1996 年《刑事诉讼法》修改后延续了这一规定，但并未明确规定非法证据排除规则。随后，最高人民法院、最高人民检察院发布的司法解释中规定了非法证据排除规则的雏形。1998 年《最高人民法院关于执行〈中华人民共和国刑事诉讼法〉若干问题的解释》第 61 条规定："严禁以非法的方法收集证据。凡经查证确实属于采用刑讯逼供或者威胁、引诱、欺骗等非法的方法取得的证人证言、被害人陈述、被告人供述，不能作为定案的根据。"最高人

---

* 冯俊伟，山东大学法学院教授，山东大学人权研究中心研究人员。

民检察院发布的司法解释中也有类似规定，但缺乏具体的程序规定，2010 年，最高人民法院、最高人民检察院、公安部、国家安全部、司法部发布了《关于办理刑事案件排除非法证据若干问题的规定》（以下简称《非法证据排除规定》），对非法证据排除规则的适用范围、证明责任、排除程序等作出了具体规定，极大地推进了我国刑事证据规则的立法发展，但由于立法层级不高、行政色彩浓厚，仍有较大局限性。2012 年修正后的《刑事诉讼法》吸收了《非法证据排除规定》中的相关规定，正式确立了中国式的非法证据排除规则。

从比较法角度观察，非法证据排除规则的确立，有助于遏制警察通过刑讯逼供等非法方式取证，保障犯罪嫌疑人、被告人的基本权利和其他合法权益。"如果将公民的宪法权利比喻为大树，则非法证据排除规则就是公民宪法权利这棵大树结出的花。"[1]在我国《刑事诉讼法》正式确立非法证据排除规则后，需要重视的问题是，该规则在实践中是否得到了有效运行，是否实现了遏制刑讯逼供、保障犯罪嫌疑人和被告人基本权利的制度功能。从学者的研究来看，我国非法证据排除规则的运行并不理想。[2]一些实证研究也验证了这一判断。"自 2012 年《刑事诉讼法》正式实施至 2015 年 7 月 1 日，S 省 C 市两级检察院共办理近 3 万起刑事案件，运用非法证据排除规则排除非法证据案件 39 件，非法证据排除规则适用率为0.13%。"[3]从相关研究来看，在正式确立后，我国非法证据排除规则在实践中呈现出启动难、认定难、排除难、影响定罪更难等特点，出现了一定程度的"规则失灵"现象。以遏制侦查机关非法取证、保障被追诉人基本权利为功能的非法证据排除规则在实践中未能得到有效实施，立法目的未能充分实现。因此，应当进一步完

---

〔1〕　易延友："公民宪法权利的刑事程序保护与非法证据排除规则—以美国联邦宪法第四修正案为中心展开"，载《清华法学》2011 年第 4 期。

〔2〕　参见闫召华："'名禁实允'与'虽令不行'：非法证据排除难研究"，载《法制与社会发展》2014 年第 2 期；刘磊："非法证据排除规则的中国范式：困境与出路"，载《武汉大学学报（哲学社会科学版）》2018 年第 6 期。

〔3〕　叶锐、吴庆国："非法证据排除规则适用问题实证研究——以 S 省 C 市为样本"，载《铁道警察学院学报》2015 年第 6 期。还可参见杨宇冠等："非法证据排除与庭前会议实践调研"，载《国家检察官学院学报》2014 年第 3 期。

善相关立法，促进非法证据排除规则的规范运行。

一、非法取证行为的危害

非法证据排除规则的一个重要功能，是通过剥夺非法取证行为的收益（排除非法取得的证据）来遏制警察通过刑讯逼供等方式取证。[1] 非法取证行为最典型的就是通过酷刑或刑讯逼供方式取证。根据《禁止酷刑和其他残忍、不人道或者有辱人格的待遇或处罚公约》[2] 第 1 条的"酷刑"定义，"'酷刑'是指为了向某人或第三者取得情报或供状，为了他或第三者所作或涉嫌的行为对他加以处罚，或为了恐吓或威胁他或第三者，或为了基于任何一种歧视的任何理由，蓄意使某人在肉体或精神上遭受剧烈疼痛或痛苦的任何行为，而这种疼痛或痛苦是由公职人员或以官方身份行使职权的其他人所造成或在其唆使、同意或默许下造成的"。我国司法解释中对"刑讯逼供等非法方法"的界定参考了这一条文。除此之外，非法取证方式还包括非法搜查、扣押等。2013 年《最高人民法院关于建立健全防范刑事冤假错案工作机制的意见》（以下简称《防范刑事冤假错案的意见》）第 8 条还列举了"冻、饿、晒、烤、疲劳审讯"等非法方法。总体而言，非法取证行为产生的主要危害包括：

（一）侵犯犯罪嫌疑人、被告人的基本权利

刑讯逼供等非法取证行为，是通过对犯罪嫌疑人、被告人进行肉体折磨、变相肉体折磨等方式获得供述证据的行为，这将严重侵犯犯罪嫌疑人、被告人的基本权利：一是侵犯犯罪嫌疑人、被告人的生命权、健康权、人身自由权等实体性基本权利。刑讯逼供等非法取证行为以侵犯被追诉人的宪法权利为代价，[3] 实质上是"以打击犯罪行为为名，实施新的违法或犯罪行为"，与基本权利保障的理念背道而驰。二是侵犯犯罪嫌疑人、被告人享有的无罪推定、获得公正审判等程序性基本权利。以无罪推定为例，按照无罪推定原则的要求，"任何人未被依法确认为

---

〔1〕　参见陈瑞华：《刑事证据法的理论问题》，法律出版社 2015 年版，第 162 页。

〔2〕　赵秉志主编：《酷刑遏制论》，中国人民公安大学出版社 2003 年版，第 536～537 页。

〔3〕　参见陈卫东："'佘祥林案'的程序法分析"，载《中外法学》2005 年第 5 期。

有罪以前，应当推定或假定其无罪"。[1]这也是《公民权利与政治权利国际公约》《欧洲人权公约》等国际人权法律文件中规定的犯罪嫌疑人、被告人享有的基本诉讼权利。刑讯逼供等非法取证行为，事实上形成了在未经法院正式定罪之前对犯罪嫌疑人、被告人施加惩罚的现实，违反了无罪推定原则的精神和要求。在我国非法证据排除规则确立之后，由于相关制度运行不佳，刑讯逼供等非法取证行为在司法中难以被有效确认，通过相关手段获得的证据不能得到有效排除。[2]这导致非法证据排除规则遏制警察不法取证行为的功能弱化，不能有效保障犯罪嫌疑人、被告人的基本权利。

（二）妨碍刑事司法公正的有效实现

刑事司法公正包括程序公正和实体公正，前者一般是指刑事诉讼程序应当遵循正当程序的一般要求，在诉讼中应当依法保障被追诉人的程序权利；按照学者的分析，后者的主要要求包括："①据以定罪量刑的犯罪事实应当准确地认定，做到事实清楚，证据确实充分，但法律规定降低证明标准的例外（如推定等）。②正确适用刑法，准确认定犯罪嫌疑人、被告人是否有罪及其罪名。③认定犯罪嫌疑人、被告人有罪或罪重在事实上、法律上发生疑问的，应当从有利于被追诉人方面作出处理。④按照罪刑相适应原则，依法适度判刑。⑤对于错误或处理明显不公的案件，特别是无罪错作有罪处理的案件，依法采取救济方法及时纠正、及时补偿。"[3]从上述分析可知，刑事司法公正中实体公正的核心要求之一是避免错判无辜者有罪，防范冤假错案也是我国刑事司法的底线要求。近年来，刑事司法机关发现和纠正的刑事冤案中基本都存在刑讯逼供行为。有学者对20起刑事冤案作了研究，"就本文研究的20起刑事冤案而言，刑讯逼供问题尤为严重，可以说是导致许多案件误判的

---

〔1〕　宋英辉、汤维建主编：《证据法学研究述评》，中国人民公安大学出版社2006年版，第397页。

〔2〕　参见左卫民："'热'与'冷'：非法证据排除规则适用的实证研究"，载《法商研究》2015年第3期。

〔3〕　陈光中："坚持程序公正与实体公正并重之我见——以刑事司法为视角"，载《国家检察官学院学报》2007年第2期。

最重要原因。在 20 起冤案中，有多达 19 起案件，也即 95% 的案件存在刑讯逼供，只有 1 起案件（河南的张某生强奸案）不存在刑讯逼供"。[1]在刑事冤案个案中，佘某林案中存在着殴打、折磨、威胁、疲劳讯问、非人道待遇等多种非法取证行为。[2]在赵某海案中，疲劳审讯、木棍敲头、手枪砸头等逼供手段频繁出现。[3]综上，刑讯逼供等非法取证行为是导致我国刑事冤案发生的主要因素之一，刑事冤案的发生对我国刑事司法公正产生了严重的负面影响。

（三）影响司法公信力的提升

有学者指出，"在人类社会的司法历史中，刑讯逼供是普遍存在的。即使到了现代文明社会，刑讯逼供仍然屡见不鲜"。[4]刑讯逼供等非法取证行为是一种野蛮、不文明的办案方式，其通过让犯罪嫌疑人、被告人承受肉体、精神等方面的痛苦，使其违背自己的意志与讯问者"合作"。这一方面导致犯罪嫌疑人、被告人的宪法权利、诉讼权利不能被有效保障，另一方面还将导致实践中出现大量虚假供述。《汉书·路温舒传》写到，"夫人情安则乐生，痛则思死，棰楚之下，何求而不得？"[5]非法取证行为导致虚假供述，这在一定程度上又造成了冤假错案的发生，而冤假错案的大量出现将动摇普通民众对司法的信任。因此，无论是侵犯犯罪嫌疑人、被告人的基本权利、诉讼权利，还是因虚假供述导致冤假错案的发生，刑讯逼供等非法取证行为都会对司法公信力造成不良影响。近年来，为了促进司法公正、提升司法公信力，中央要求在各个诉讼阶段积极采取措施防范冤假错案。2013 年，公安部发布的《关于进一步加强和改进刑事执法办案工作切实防止发生冤假错案的通知》、最高人民检察院发布的《关于切实履行检察职能防止和纠正

---

〔1〕 陈永生："我国刑事误判问题透视——以 20 起震惊全国的刑事冤案为样本的分析"，载《中国法学》2007 年第 3 期。

〔2〕 参见陈卫东："'佘某林案'的程序法分析"，载《中外法学》2005 年第 5 期。

〔3〕 参见孔璞："5 名警察逼供赵某海获刑"，载《新京报》2012 年 8 月 25 日，第 A01 版。

〔4〕 何家弘："美国如何遏止刑讯逼供"，载《中国法律评论》2014 年第 2 期。

〔5〕 转引自闫召华："口供何以中心：'罪从供定'传统及其文化解读"，载《法制与社会发展》2011 年第 5 期。

冤假错案的若干意见》和最高人民法院发布的《关于建立健全防范刑事冤假错案工作机制的意见》等法律文件,都要求切实维护犯罪嫌疑人和被告人的合法权益、改变"口供至上"的观念和做法、积极贯彻非法证据排除规则,这对于遏制非法取证行为,维护司法公正,提升司法公信力有重要意义。

二、非法证据排除规则的立法缺陷

2012 年《刑事诉讼法》在法律层面正式确立了非法证据排除规则,"两高"司法解释又作了进一步规定。2017 年 6 月,"两高三部"出台了《关于办理刑事案件严格排除非法证据若干问题的规定》,同年 11 月,最高人民法院出台了《人民法院办理刑事案件排除非法证据规程(试行)》,进一步完善了非法证据排除规则的适用。但从立法角度观察,我国非法证据排除规则仍存在如下不足:

(一)非法言词证据的模糊

2012 年《刑事诉讼法》第 54 条规定,"采用刑讯逼供等非法方法收集的犯罪嫌疑人、被告人供述和采用暴力、威胁等非法方法收集的证人证言、被害人陈述,应当予以排除"。这一规定有两个模糊之处:其一,何谓"刑讯逼供等非法方法",2012 年发布的《最高人民法院关于适用〈中华人民共和国刑事诉讼法〉的解释》(以下简称 2012 年《高法解释》)第 95 条第 1 款解释道:"使用肉刑或者变相肉刑,或者采用其他使被告人在肉体上或者精神上遭受剧烈疼痛或者痛苦的方法,迫使被告人违背意愿供述的,应当认定为刑事诉讼法第 54 条规定的'刑讯逼供等非法方法'。"2012 年发布的《人民检察院刑事诉讼规则(试行)》(以下简称 2012 年《高检规则》)第 65 条也作了类似规定。根据上述规定,司法解释对于"刑讯逼供等非法方法"主要关注使犯罪嫌疑人、被告人"在肉体上或者精神上遭受剧烈疼痛或者痛苦",并将其作为认定非法言词证据的关键。[1]据此,以违背犯罪嫌疑人、被告人自愿性的其他方式获取的口供是否属于非法言词证据变得模糊。其二,威

---

[1] 参见龙宗智:"我国非法口供排除的'痛苦规则'及相关问题",载《政法论坛》2013 年第 5 期。

胁、引诱、欺骗等非法方法获得的证据是否属于非法证据不明。很多学者已经注意到,2012 年《刑事诉讼法》第 50 条规定,严禁刑讯逼供和以威胁、引诱、欺骗以及其他非法方法取证,但第 54 条仅规定通过"刑讯逼供等非法方法"收集的供述应当排除,这导致对采用威胁、引诱、欺骗等方法取得的供述是否属于非法言词证据存在不同认识。[1]2013 年《防范刑事冤假错案的意见》第 8 条规定,通过"冻、饿、晒、烤、疲劳审讯等非法方法"取得的被告人供述应当排除,这一列举式规定给非法言词证据的界定带来了新的解释难题,例如,如何界定"疲劳审讯"。2017 年"两高三部"《关于办理刑事案件严格排除非法证据若干问题的规定》将以"暴力""威胁""非法限制人身自由"等方法收集的言词证据纳入排除范围,但这一规定仍未能解决非法言词证据范围模糊的问题。

(二)对非法实物证据的宽容

根据 2012 年《刑事诉讼法》第 54 条的规定,对于违反法定程序收集的物证、书证,只有违法取证行为"可能严重影响司法公正的",并且"不能补正或者作出合理解释的",才应当排除。2012 年《高法解释》第 95 条进一步解释,认定"可能严重影响司法公正","应当综合考虑收集物证、书证违反法定程序以及所造成后果的严重程度等情况"。这一立法带来三个问题:一是我国立法上的非法实物证据仅指违反法定程序收集的物证、书证,还是也包括违反法定程序收集的视听资料、电子数据等。司法实践中一般认为,只包括违反法定程序收集的物证、书证。二是由于非法取得的物证、书证必须同时满足三个条件才应当排除,导致司法实践中很少有案件排除非法物证、书证。有学者指出:"'有限的实物证据排除规则'很大程度上仅具有象征和宣示意义。"[2]三是"瑕疵证据"的扩张缩小了"非法物证、书证"的范围。2012 年

---

〔1〕 参见闵春雷:"非法证据排除规则适用问题研究",载《吉林大学社会科学学报》2014 年第 2 期;龙宗智:"我国非法口供排除的'痛苦规则'及相关问题",载《政法论坛》2013 年第 5 期。

〔2〕 熊秋红:"美国非法证据排除规则的实践及对我国的启示",载《政法论坛》2015 年第 3 期。

《刑事诉讼法》规定，对轻微违法所获的"瑕疵证据"可以进行"补正"或作出"合理解释"，以区别于针对非法证据的排除，但未对"补正"和"合理解释"作进一步规定。2012 年《高检规则》第 66 条第 3 款规定，"补正是指对取证程序上的非实质性瑕疵进行补救；合理解释是指对取证程序的瑕疵作出符合常理及逻辑的解释"。但是如何区分"非实质性瑕疵"和"实质性瑕疵"又成了需要进一步解释的问题。司法实践中，一些侦查机关、公诉机关倾向于将本属于非法证据排除范围的"非法证据"当作瑕疵证据来处理。

（三）未对"毒树之果"的排除作出规定

根据 2012 年《刑事诉讼法》第 54 条的规定，我国法律上的非法证据包括非法言词证据和非法收集的物证、书证，但不包括"毒树之果"，即不包括通过非法证据获得的衍生证据。这就意味着，通过刑讯逼供获得的供述应当排除，但是根据该供述获得的其他证据不一定排除。从比较法角度观察，各国对待"毒树之果"的态度并不一致。如英格兰、威尔士采取了较为宽容的态度，并不要求直接排除非法证据的衍生证据。而美国、比利时等国则较为严格，除非存在例外情形，原则上"毒树之果"将被直接排除，以进一步遏制警察的不法取证行为。[1] 由此可知，对于"毒树之果"应否排除，各国立法上并无统一模式，应当从本国警察取证行为的规范性、法律对公共利益的重视程度、非法证据排除规则的功能等方面进行综合考量。有学者研究发现，在我国实践中，不仅"毒树之果"不排除，"有些案件，法院居然以之后的取证程序合法倒推之前的程序合法"。[2] 这严重违背了证据法理、诉讼法理。由于我国实践中广泛存在对犯罪嫌疑人、被告人多次讯问的做法，"毒树之果"的问题在我国主要体现为"重复供述"的问题。

---

〔1〕　See M. Delmas-Marty, J. A. E. Vervaele（eds.），*The Implementation of the Corpus Juris in the Member States*，Volume 1, Antwerpen-Groningen-Oxford, Intersentia, 2001, p. 27. 参见汪海燕："论美国毒树之果原则——兼论对我国刑事证据立法的启示"，载《比较法研究》2002 年第 1 期。

〔2〕　参见易延友："非法证据排除规则的中国范式——基于 1459 个刑事案例的分析"，载《中国社会科学》2016 年第 1 期。

2017 年"两高三部"《关于办理刑事案件严格排除非法证据若干问题的规定》中明确规定了"重复性供述"的排除及其例外，但对于其他"毒树之果"应否排除未作规定。

（四）非法证据排除程序复杂

2012 年《刑事诉讼法》第 54 条第 2 款规定，"在侦查、审查起诉、审判时发现有应当排除的证据的，应当依法予以排除，不得作为起诉意见、起诉决定和判决的依据"。因此，公安机关、人民检察院、人民法院都是非法证据排除的主体，在侦查、起诉、审判等阶段都可以启动非法证据排除程序。这与美国、英国、德国等国，仅将法院作为非法证据的排除主体有所不同。在这一背景下，我国非法证据排除规则存在多元适用程序：[1] ①侦查阶段的非法证据排除。侦查机关在侦查阶段发现有非法证据的应当依法排除，犯罪嫌疑人及其辩护人也可以向检察院申请排除非法证据。②审查起诉阶段的非法证据排除。人民检察院在审查起诉中可以依申请或依职权启动非法证据排除程序，认定相关证据是否属于非法证据并作出处理。③庭前会议中的非法证据排除。在庭前会议中，法官可以对辩方提出的非法证据排除申请依法作出处理。④一审中的非法证据排除。在审判中辩方申请排除非法证据的，法庭经审查后对证据收集合法性有疑问的，应当进行调查并作出处理。⑤二审中的非法证据排除。根据 2012 年《高法解释》第 103 条的规定，当一审法院对辩方的非法证据排除申请没有审查，且以该证据作为定案根据的，二审法院应当对相关证据的合法性进行调查，并作出处理。

这种多元化的非法证据排除程序，立法初衷是实现对非法证据的全程排除，以保障犯罪嫌疑人、被告人的合法权益。但从立法上看，也带来几个问题：一是程序适用上的复杂。多元非法证据排除程序的存在带来程序适用上的复杂，不同阶段、环节的非法证据排除程序在程序主体、程序构造、程序完备程度等方面都存在差异。二是一些诉讼环节、

---

[1] 参见"两高三部"《关于办理刑事案件严格排除非法证据若干问题的规定》（法发〔2017〕15 号）；冯俊伟："比较法视野下我国非法证据排除规则的评价与反思——以 2012《刑事诉讼法》及司法解释相关条文为对象"，载《山东审判》2013 年第 6 期。

阶段的非法证据排除程序缺乏适用性。如在庭前会议中，由于案件尚未审理，即使启动了非法证据排除程序，法官在很多时候也很难对是否属于非法证据作出适当认定。[1]再如，对于二审阶段启动的非法证据排除，如果二审法院直接驳回辩方提出的证据排除申请，则无法受到上诉审审查，使当事人丧失获得二审救济的权利。三是从制度实施动力上来看，由于公安机关和检察机关缺乏充足的制度实施动力，侦查、审查起诉阶段的非法证据排除程序能否真正发挥作用也不无疑问。

（五）非法证据证明方面存在不足

根据 2012 年《刑事诉讼法》第 57 条的规定，人民检察院负有证据收集合法的证明责任。关于证据收集合法的证明方式，根据 2012 年《刑事诉讼法》第 57 条和《非法证据排除规定》第 7 条第 1 款的规定，公诉机关可以通过提交讯问笔录、讯问录音录像或提请证人出庭、侦查人员出庭等方式证明取证过程合法。2012 年《高法解释》第 101 条和 2017 年《最高人民法院关于全面推进以审判为中心的刑事诉讼制度改革的实施意见》（以下简称《实施意见》）第 25 条第 1 款还规定，人民法院在必要时可以通知侦查人员出庭说明情况，不得以侦查机关出具的说明材料代替侦查人员出庭，也不得将相关说明材料单独作为证明取证过程合法的根据。上述规定有助于促进对取证过程合法的证明，也有助于促进庭审实质化的实现。

但上述相关立法也存在不足：其一，如果依然要求公诉机关以讯问笔录、原始讯问录音录像、情况说明等来证明取证合法，非法证据排除的规定很难实效化。根据《实施意见》第 24 条第 2 款的规定，对于应当进行讯问过程录音录像的案件，如果公诉人未提供，或者提供的录音录像可能存在选择性录制、剪接、删改等情形的，现有证据不能排除以非法方法收集证据情形的，应当排除相关供述。这一规定看似严格，实则不然。按照这一规定，对于按照《刑事诉讼法》的规定应当进行讯问录音录像的案件，未录音录像也不一定导致供述被排除。其二，取证

---

〔1〕　参见李瑞登："庭前会议非法证据排除制度完善建议"，载《人民检察》2018 年第 4 期。

合法性证明到何种程度表述不一。《非法证据排除规定》第 11 条规定："对被告人审判前供述的合法性，公诉人不提供证据加以证明，或者已提供的证据不够确实、充分的，该供述不能作为定案的根据。"2012 年《刑事诉讼法》第 58 条则规定："对于经过法庭审理，确认或者不能排除存在本法第 54 条规定的以非法方法收集证据情形的，对有关证据应当予以排除。"从上述规定看，两者对取证合法的证明标准的规定存在差异。

三、非法证据排除规则的实践困境

根据 2012 年《刑事诉讼法》第 54 条第 2 款的规定："在侦查、审查起诉、审判时发现有应当排除的证据的，应当依法予以排除，不得作为起诉意见、起诉决定和判决的依据。"这意味着在我国，非法证据排除规则贯穿于侦查、审查起诉、审判三个阶段，侦查机关、检察机关和审判机关都是非法证据排除规则的适用主体，这也被视为中国非法证据排除规则的显著特色。[1]但从实践角度观察，我国非法证据排除规则的实施效果并不太理想。

（一）侦查机关基本不排除

侦查的任务包括查明犯罪嫌疑人、查清犯罪行为和收集相关证据。所有的侦查工作都是围绕上述任务来进行的。虽然立法上规定，侦查机关有排除非法证据的义务，但在实践中，侦查机关主动排除非法证据的案例很难见到。有学者解释道，"侦查阶段是证据的收集、固定阶段，侦查机关本来就缺乏排除非法证据的自觉，如果排除非法证据之后不允许重新取证，侦查机关就更不会有排除的积极性，而如果允许重新取证，排除规则吓阻违法、救济权利的功能就会大打折扣"。[2]从笔者的访谈来看，上述判断也与实践做法一致，某省会公安机关法制办的工作人员说到，如果在审核中发现有的案件中存在非法取

---

〔1〕 参见胡云腾："非法证据排除制度的鲜明特色"，载《法制日报》2012 年 6 月 27 日，第 12 版。

〔2〕 闫召华："'名禁实允'与'虽令不行'：非法证据排除难研究"，载《法制与社会发展》2014 年第 2 期。

证可能的，会要求办案人员进行补正或者重新进行取证。也有学者通过调研发现，公安机关在审查排除非法证据的过程中，并不会真正排除非法证据。一些公安机关采用了"能补就补，不行就撤"或"查漏补缺"等方式对非法证据进行"再加工"，使其能够作为合法证据使用。[1]因此，鉴于侦查机关的职责和地位，在缺乏制度实施动力和有力的外在监督的情况下，寄希望于侦查机关主动排除非法证据几乎是"不可能的任务"[2]。

（二）检察机关证据排除的二元化

在审查起诉阶段，检察机关作为公诉机关，其重要任务之一是构建证据扎实的有罪证明体系，在非法证据排除方面呈现出二元化特点。有学者对 J 省检察机关的非法证据排除情况进行了研究。2013 年 1 月～11 月 J 省检察机关受理审查批捕案件 32 312 件 43 916 人，涉及非法证据排除的案件共 50 件，占案件总量的 0.15%；受理审查起诉案件数 59 086件 81 808 人，涉及非法证据排除的共 37 件，约占起诉案件总量的0.06%。[3]从上述数据来看，检察机关在审查起诉阶段启动的非法证据排除程序较少，实践中非法证据被确认而得到排除的案件更少。有学者认为，其中的一个原因是，"在检察机关内部，对于不起诉、减少起诉内容等有利于被告人的决定要在事前经过层层审批，在事后还要受到反复检查，如果在事后的检查中发现有该诉不诉的现象，还会对承办案件的检察官是否有受贿、渎职等职务犯罪行为进行审查"[4]这使得检察官对于排除非法证据持慎重态度。另一个重要原因是，检察机关在排除相关证据后，仍面临如何取得有罪证据、如何构建有罪证明体系的问

---

〔1〕 参见周欣："公安机关非法证据排除规则实施及完善"，载《中国人民公安大学学报（社会科学版）》2014 年第 3 期。

〔2〕 参见王东海："不可能的任务：在侦查阶段排除非法证据"，载《河北公安警察职业学院学报》2012 年第 4 期。

〔3〕 参见杨宇冠等："非法证据排除与庭前会议实践调研"，载《国家检察官学院学报》2014 年第 3 期。

〔4〕 孙长永、王彪："刑事诉讼中的'审辩交易'现象研究"，载《现代法学》2013 年第 1 期。

题。[1]总体而言，实践中检察机关的非法证据排除呈现出二元化特点：一方面，人民检察院作为法律监督机关，在批捕和审查起诉中确实排除了部分非法证据，对于提高案件质量和防范冤假错案起到了积极作用；另一方面，有学者敏锐地发现，也有一些检察机关在审查起诉阶段并未真正排除非法证据，"在审查起诉阶段将非法证据排除之后，绝大多数案件因此所遗留的证据缺陷都被通过退侦、补正、重新收集证据等方式进行了补救"。[2]

（三）审判机关不情愿排除

随着我国刑事诉讼立法的完善和发展，人民法院对待非法证据的态度主要经历了基本不排除——鲜有排除——不情愿排除三个阶段。

1. 基本不排除阶段（1979 年—1997 年）

这一阶段由于缺乏明确的立法依据，法院对非法证据并不排除。1996 年《刑事诉讼法》第 43 条规定："严禁刑讯逼供和以威胁、引诱、欺骗以及其他非法的方法收集证据。"按照学者的解读，这一规定更多具有宣示性色彩，由于缺乏具体的法律后果和适用程序，在实践中并未得到有效适用。[3]

2. 鲜有排除阶段（1997 年—2010 年）

在这一阶段，立法上规定了非法证据排除规则的雏形，但很少见到法院排除非法证据的案件。具体而言，1998 年《最高人民法院关于执行〈中华人民共和国刑事诉讼法〉若干问题的解释》和 1999 年《人民检察院刑事诉讼规则》初步规定了针对非法言词证据的排除规则，但对非法证据排除的启动标准、具体程序、证明责任、证明标准等方面都未涉及，使得相关法律条文难以适用。

---

〔1〕 2012 年《高检规则》第 379 条规定："人民检察院公诉部门在审查中发现侦查人员以非法方法收集犯罪嫌疑人供述、被害人陈述、证人证言等证据材料的，应当依法排除非法证据并提出纠正意见，同时可以要求侦查机关另行指派侦查人员重新调查取证，必要时人民检察院也可以自行调查取证。"

〔2〕 参见吴洪淇："证据排除抑或证据把关：审查起诉阶段非法证据排除的实证研究"，载《法制与社会发展》2016 年第 5 期。

〔3〕 参见闫召华："'名禁实允'与'虽令不行'：非法证据排除难研究"，载《法制与社会发展》2014 年第 2 期。

在这一阶段，法院对待非法证据排除申请的做法可以分为三种：其一，对辩方的非法证据排除申请不予回应。例如在很多案件中，虽然有辩护律师向法庭提出，被告人在侦查阶段受到了刑讯逼供或其他类似对待，据此要求排除相关供述，但法庭对类似申请一般不予回应或者不作直接回应。这一做法是这一时期法院的较常见做法。其二，发现公诉机关的证据存在问题时，允许公诉机关对之进行适当补正或说明。一般是由公诉机关出具讯问笔录、证人证言、情况说明等"证明"取证合法、证据可以使用。有学者指出，"由侦控机关自证取证合法，在这样一种'自证其清'的机制下，侦控机关既可以证明自己取证行为的合法性，当然也可以掩饰其行为的不合法"。[1]其三，在个别案件中，要求辩方提出证据证明侦查机关存在非法取证行为。[2]云南杜某武案件是这一做法的典型，在该案中，一审法院不仅要求辩方提交被告人遭到刑讯逼供的证据，还要求辩方提交被告人没有实施犯罪的证据。[3]相关做法违背了证明责任分配的一般原理，该案后来被证明是重大的冤案。

3. 不情愿排除阶段（2010 年以来）

自 2010 年《非法证据排除规定》实施以来，法院一方面要适用法律规定，执行关于非法证据排除规则的规定；另一方面因"无力承担督导侦查违法的重任"，[4]法院并不愿排除重要的非法证据，实践中通过排除非法证据认定被告人无罪的案件很难见到。[5]法院的相关做法可以被概括为三种类型：

（1）可能存在非法取证行为，法院未启动非法证据排除程序。有

---

〔1〕　左卫民："'热'与'冷'：非法证据排除规则适用的实证研究"，载《法商研究》2015 年第 3 期。

〔2〕　参见李玉萍："论非法证据排除程序中的证明"，载《国家检察官学院学报》2004 年第 3 期。

〔3〕　参见陈瑞华：《程序性制裁理论》，中国法制出版社 2017 年版，第 62 页。

〔4〕　吴宏耀："非法证据排除的规则与实效——兼论我国非法证据排除规则的完善进路"，载《现代法学》2014 年第 4 期。也可参见戴长林、罗国良、刘静坤：《中国非法证据排除制度：原理·案例·适用》，法律出版社 2016 年版，第 57 页。

〔5〕　参见周山："非法证据排除：实效与改进——基于《非法证据排除规程》的试点运行"，载《证据科学》2019 年第 4 期。

学者对东南地区某法院的调研显示，审判阶段非法证据排除的启动率非常低，人民法院依据职权启动的非法证据调查的比率更低。[1]相关材料显示，在司法实践中，法官不愿意启动非法证据排除程序。究其原因，是法官基于多种考虑，对启动非法证据排除程序的裁量与控制。[2]有学者分析认为，"在司法实践中，由于调查程序启动的条件（'线索'或'材料'）本身具有一定的含糊性，许多法官更倾向于提高启动调查程序的门槛，从而导致非法证据排除规则调查程序的启动十分困难"。[3]例如，在一些个案中，法院认为辩方提交的相关线索和证据材料"不能确认"或"不足以认定"刑讯逼供等非法取证行为存在，因此不启动非法证据排除程序，这一做法明显不符合《刑事诉讼法》和相关司法解释的规定。

　　（2）法院启动了非法证据排除程序，但最终没有排除非法证据。这种情形在 2010 年之后的司法实践中较为常见。一些实证调研情况也显示，法院不排除非法证据的案件比例很高。有学者研究显示，在2013 年 1 月至 11 月期间，苏州市检察院刑事案件数量共 43 211 件，在审判阶段启动非法证据排除程序的共 12 件，排除 1 件；盐城市检察院刑事案件数量共 17 406 件，在审判阶段启动非法证据排除程序的共 37 件，排除 0 件；东台市检察院刑事案件数量共 2036 件，在审判阶段启动非法证据排除程序的共 4 件，排除 0 件；泰州市检察院刑事案件数量共11 249件，在审查起诉和审判阶段启动非法证据排除程序的共 17 件，其中 2 件在审查起诉中排除，在审判阶段没有排除的案件。[4]在近几年的实践中，法院很少排除非法证据的状况也未能有所改观。至于不排除的具体原因，一方面，由于犯罪嫌疑人、被告人在侦查中处于弱势地

---

〔1〕　参见李海良："非法证据排除规则适用情况之实证研究：以东南地区某法院为例"，载《中国刑事法杂志》2013 年第 11 期。

〔2〕　刑事程序中有很多裁量行为，参见［英］杰瑞米·侯德：《阿什沃斯刑法原理》，时延安、史蔚译，中国法制出版社 2019 年版，第 9～10 页。

〔3〕　吴洪淇："证据排除抑或证据把关：审查起诉阶段非法证据排除的实证研究"，载《法制与社会发展》2016 年第 5 期。

〔4〕　参见杨宇冠："我国非法证据排除规则实施问题研究"，载《法学杂志》2014 年第 8 期。

位，人身自由一般也受到限制，缺乏获取非法取证行为之证据或材料的能力，难以证明非法取证行为的存在。[1]另一方面是因为，司法实践中存在严格的错案追究制度，法官如果排除非法证据，使法律真实与客观真实有较大差距，可能会对其自身职业发展造成不利影响。[2]

（3）法院启动了非法证据排除程序，但最终只排除了部分证据。总体来看，这是 2010 年之后非法证据排除规则适用的新类型。在审判阶段启动非法证据排除程序，法院倾向于排除若干证据中的一份或几份，即便如此，也并不会影响到认定被告人有罪。[3]例如在"北京非法证据排除第一案"中，庭审中公诉方准备了 5 份有罪供述。辩方提出，2011 年 8 月 21 日被告人郭某遭到警察威胁，申请启动非法证据排除程序。公诉人提交了取证合法的相关证据，还让两名民警和一位证人出庭作证。法院经审查后认为，公诉人出示的证据不够确实充分，不能排除在 8 月 21 日对郭某有违法审讯的行为，因此排除了该日的供述。法院最后认定郭某犯贩卖毒品罪，判处无期徒刑。[4]在本案中，共有 5 份有罪供述，一审法院虽然排除了 2011 年 8 月 21 日的那份供述，但其他有罪供述仍可以作为证据使用。这样一来，非法证据的排除并未对本案的最终定性产生实质影响。这一做法是 2012 年《刑事诉讼法》修正后，各地非法证据"成功排除"案件的主流做法，体现了法院在非法证据排除问题上的裁判策略：一方面积极适用 2012 年《刑事诉讼法》的规定，贯彻非法证据排除规则；另一方面排除部分有罪证据，但不会对被告人定罪产生影响。法院的这一裁判做法也展现了我国非法证据排除难成因的复杂性。

---

〔1〕　参见潘金贵、蔡岱燐："非法证据排除规则适用的'三难'及破解路径"，载《铁道警察学院学报》2016 年第 3 期。

〔2〕　参见左卫民："'热'与'冷'：非法证据排除规则适用的实证研究"，载《法商研究》2015 年第 3 期。

〔3〕　参见左卫民："'热'与'冷'：非法证据排除规则适用的实证研究"，载《法商研究》2015 年第 3 期。

〔4〕　参见张媛："北京开审'非法证据排除'第一案"，载《新京报》2012 年 9 月 14 日，第 A10 版。

四、非法证据排除规则的完善建议

"法律的生命在于实践"。从 2010 年《非法证据排除规定》到最高人民法院 2017 年出台《人民法院办理刑事案件排除非法证据规程（试行）》，由于立法上的不足和司法实践中的运行偏差，我国非法证据排除规则未能充分发挥遏制刑讯逼供等非法取证行为、保障犯罪嫌疑人、被告人基本权利和其他合法权益的制度功能。参酌学界的相关研究，本文认为，我国非法证据排除规则的完善需要重视如下方面：

（一）非法证据排除应与宪法权利保障相关联

根据我国《刑事诉讼法》及相关司法解释、规范性文件的规定，我国对于非法证据的界定主要是关注"非法方法"，如"刑讯逼供等非法方法""冻、饿、晒、烤、疲劳审讯等非法方法""非法限制人身自由的方法"。但从域外立法来看，美国的非法证据排除规则源于《美国联邦宪法（Constitution of the United States）》，如违反《美国联邦宪法》第四修正案"禁止不合理的搜查、扣押"、第五修正案"不得强迫自证其罪"、第十四修正案"正当程序"获得的证据原则上应予排除。[1]在德国，证据禁止在种类上可分为证据取得禁止和证据使用禁止；证据使用禁止又可以分为"自主性证据使用禁止"和"非自主性证据使用禁止"，前者是法院从宪法保障公民基本权利发展而来的证据禁止，后者是指以严重违反法律禁止性规定的方式取证时的证据禁止。[2]其他国家非法证据排除规则的重要渊源也源于基本权利保障。我国《宪法》上规定了生命权、人身自由权、隐私权、财产权等基本权利，但在当前的立法框架下，这些基本权利与《刑事诉讼法》上的非法证据排除规则并无直接关联，刑事诉讼法上对非法证据的界定更关注"非法方法"。这就导致对非法证据的范围难以厘清，相关法律条文缺乏解释力。因此，我国的非法证据排除应逐步与宪法权利保障相关联。[3]

---

〔1〕 参见满运龙："美国非法证据排除理论与实践"，载《人民检察》2017 年第 12 期。

〔2〕 参见陈瑞华：《比较刑事诉讼法》，中国人民大学出版社 2010 年版，第 181～182 页。

〔3〕 参见熊秋红："美国非法证据排除规则的实践及对我国的启示"，载《政法论坛》2015 年第 3 期。易延友："公民宪法权利的刑事程序保护与非法证据排除规则——以美国联邦宪法第四修正案为中心展开"，载《清华法学》2011 年第 4 期。

（二）对非法言词证据的界定应当重视自愿性

如前所述，当前立法和司法解释中对于非法言词证据的界定，更多关注"刑讯逼供、暴力、威胁"等非法方法；在对"刑讯逼供等非法方法"的解释上更多关注"在肉体上或精神上遭受剧烈疼痛或痛苦"。有观点认为，应当将"剧烈疼痛或痛苦"进一步细化为："①侦查人员的行为强度是否明显超出正常人的忍受能力。②个案中犯罪嫌疑人的身体和精神状况是否足以承受审讯人员的相关行为。③个案中犯罪嫌疑人遭受的疼痛或痛苦是否足以影响其供述的自愿性。"[1]从比较法角度观察，对非法言词证据的界定存在两个路径：一是关注陈述者是否受到了酷刑、非人道待遇等非法对待；二是关注陈述者的自愿性是否得到了有效保障。[2]很多国家在实践中都综合了上述两种路径作整体考量。我国立法更关注第一种路径，对陈述者自愿性关注不够，这不当地缩小了非法言词证据的范围。[3]在未来的立法或司法解释中，应当将是否违背犯罪嫌疑人、被告人的供述自愿性作为界定非法言词证据的主要判断依据。[4]

（三）非法实物证据的范围应当扩大

根据2012年《刑事诉讼法》第54条的规定，对于违反法定程序收集的物证、书证，只有违法取证行为"可能严重影响司法公正的"，并且"不能补正或者作出合理解释的"，才应当排除。《关于办理刑事案件严格排除非法证据若干问题的规定》也作出了同样规定。学界已形成共识的是，这一规定表明，我国法律上的非法实物证据仅限于非法物证、书证，不包括违反法定程序获得的视听资料和电子数据。[5]在信息化时代，这一立法不足严重影响了非法实物证据排除规则的制度功

---

〔1〕 潘金贵、蔡岱燐："非法证据排除规则适用的'三难'及破解路径"，载《铁道警察学院学报》2016年第3期。

〔2〕 参见闫召华："'名禁实允'与'虽令不行'：非法证据排除难研究"，载《法制与社会发展》2014年第2期。

〔3〕 参见魏晓娜："非法言词证据认定路径的完善"，载《人民检察》2017年第18期。

〔4〕 参见魏晓娜："非法言词证据认定路径的完善"，载《人民检察》2017年第18期。

〔5〕 参见甘雨来：《非法证据排除规则实施问题研究》，中国人民公安大学出版社2016年版，第22页。

能。同时，在我国司法实践中，由于不同证据种类之间可以相互转化，这使得非法物证、书证也可以视听资料、电子数据、证人证言等形式被提交到法庭上，进而规避非法证据排除的规定。从比较法角度观察，各国对于非法实物证据的排除不限于非法物证、书证，还包括非法获得的电子数据、视听资料等。因此，笔者赞同，立法上应当扩大非法实物证据的范围，将非法取得的视听资料、电子数据也纳入证据排除的范围。[1]

（四）应当规定"毒树之果"的排除

如前所述，我国2012年《刑事诉讼法》对于通过非法证据取得的衍生证据的排除问题未作规定。之后一个重要的进步是，2017年《关于办理刑事案件严格排除非法证据若干问题的规定》第5条明确规定了"重复性供述"的排除及其例外。非法证据排除规则的重要目的之一就是吓阻警察不法，遏制警察不择手段地获取证据。我国既往实践中存在着"口供破案"的主流做法，主要表现是，办案人员先通过一定方式取得犯罪嫌疑人的供述，然后再根据供述内容去查找、收集案件的其他证据。对此，学界形成的共识是，如果仅排除犯罪嫌疑人、被告人的供述，而不排除侦查机关通过相关供述取得的其他证据，将使非法证据排除规则的效果大打折扣。[2]因此，我国的非法证据排除规则应当对"毒树之果"作出规范。在立法模式上，可以借鉴美国的做法，即对于"毒树之果"原则上应当排除，例外情形下可采。[3]

（五）完善非法证据排除程序

从比较法角度观察，非法证据排除规则主要适用于审判阶段。与其他国家不同的是，我国检察机关是法律监督机关，具有监督法律实施、

---

〔1〕 参见龙宗智等：《司法改革与中国刑事证据制度的完善》，中国民主法制出版社2016年版，第81页。

〔2〕 参见易延友："非法证据排除规则的中国范式——基于1459个刑事案例的分析"，载《中国社会科学》2016年第1期。杨宇冠："我国非法证据排除规则的特点与完善"，载《法学杂志》2017年第9期。

〔3〕 参见龙宗智：《司法改革与中国刑事证据制度的完善》，中国民主法制出版社2016年版，第188页。

保障法律统一适用的职责。因此，本文认为，应当将审判阶段和审查起诉阶段的非法证据排除程序作为程序完善的重点，尤其是审判阶段的非法证据排除程序。具体言之，包括以下几个方面：一是进一步明确非法证据排除的启动标准，在依申请启动的情形下，当事人及其辩护人、诉讼代理人提供非法取证行为的相关线索即可，不应要求其承担初步证明责任。[1]二是明确非法证据调查程序与实体裁判程序之间的先后关系。《关于办理刑事案件严格排除非法证据若干问题的规定》第30条规定，"庭审期间，法庭决定对证据收集的合法性进行调查的，应当先行当庭调查"。[2]这一规定有重要进步意义。三是明确取证合法性的证明手段和证明标准，一方面，取证合法证明中较为重要的是讯问全程录音录像，为此，应界定"全程性讯问"概念，[3]明确全程录音录像的范围。另一方面，应明确规定检察机关对取证合法的证明需要达到"证据确实、充分"的程度。[4]

（六）改善非法证据排除规则的运行环境

非法证据排除规则除了自身立法完善之外，还需要一个良好的运行环境。这主要包括两个方面：一是要减少对警察、检察官、法官依法办案的不当干预。对警察、检察官、法官办案的不当干预将影响到非法证据排除规则的有效适用。在这方面，中共中央办公厅、国务院办公厅和中央政法委、"两高三部"颁发的关于相关人员干预司法、过问案件的三个规定有重要意义，[5]最高人民检察院、最高人民法院也出台了相关

---

〔1〕 参见冯俊伟："比较法视野下我国非法证据排除规则的评价与反思——以2012《刑事诉讼法》及司法解释相关条文为对象"，载《山东审判》2013年第6期。

〔2〕《实施意见》第23条也规定："法庭决定对证据收集的合法性进行调查的，应当先行当庭调查。但为防止庭审过分迟延，也可以在法庭调查结束前进行调查。"

〔3〕 参见马静华、张潋瀚："讯问录音录像与非法证据排除：一个实证的考察"，载《西南民族大学学报（人文社会科学版）》2016年第7期。

〔4〕 也有论者提出，对于非法实物证据可适用"优势证明"的标准。参见吴宪国："非法证据排除规则下检察机关的证明标准"，载《中国刑法杂志》2012年第12期。

〔5〕 2015年，中共中央办公厅、国务院办公厅联合印发的《领导干部干预司法活动、插手具体案件处理的记录、通报和责任追究规定》、中央政法委颁发的《司法机关内部人员过问案件的记录和责任追究规定》和"两高三部"颁发的《关于进一步规范司法人员与当事人、律师特殊关系人、中介组织接触交往行为的若干规定》。

实施办法。二是要促进"警察、检察官、法官、律师各尽其责，彼此尊重，良性互动"。[1]如就检察官而言，应当强化检察官的客观公正义务，加强其对侦查行为的引导和监督；改变检察机关在非法证据排除上的二元化做法，促进非法证据排除规则的真正落实。[2]

（七）完善非法证据排除规则的配套制度

非法证据排除规则的有效运行还需要完善相关配套制度。学界已经形成共识的是，沉默权、讯问时律师在场、讯问全程录音录像等制度对于遏制刑讯逼供等非法取证行为、促进非法证据排除规则运行有重要意义。[3]但从当前的刑事司法改革来看，改革者在相关文件中并未提及沉默权和讯问时律师在场制度，而是较为重视讯问全程录音录像制度。2013 年最高人民法院《防范刑事冤假错案的意见》第 8 条规定，"除情况紧急必须现场讯问以外，在规定的办案场所外讯问取得的供述，未依法对讯问进行全程录音录像取得的供述，以及不能排除以非法方法取得的供述，应当排除"。2016 年"两高三部"颁发的《关于推进以审判为中心的刑事诉讼制度改革的意见》又规定，"严格依照法律规定对讯问过程全程同步录音录像，逐步实行对所有案件的讯问过程全程同步录音录像"。严格执行上述规定将有助于促进非法证据排除规则的规范运行。

---

〔1〕 熊秋红："美国非法证据排除规则的实践及对我国的启示"，载《政法论坛》2015 年第 3 期。

〔2〕 参见熊秋红："美国非法证据排除规则的实践及对我国的启示"，载《政法论坛》2015 年第 3 期。

〔3〕 参见何家弘："美国如何遏止刑讯逼供"，载《中国法律评论》2014 年第 2 期。

第四章　刑事司法公开与基本权利保障[*]

在以公开促公正理念的指引下，司法公开改革率先启动并卓有成效，成为新一轮司法改革引以为傲的重要成果。裁判文书公开、审判流程公开、执行信息公开、庭审公开四大司法公开平台相继建立，并与司法公开工作成效评估机制、绩效考核体系等相关配套制度一起，构建起相对完善的司法公开制度体系。在刑事司法领域，与平反冤假错案相配合，相关刑事案件信息的公开增强了公众对司法公正的信心，并进一步成为巩固司法改革成果，解决司法腐败、执行困难等问题的重要制度凭借。

然而，伴随司法公开的深入，司法公开存在的问题也逐渐显露。登录中国庭审公开网便会发现，书记员庭前宣告法庭纪律时通常会宣读"不得对庭审活动进行录音、录像、拍照，或使用移动通信工具等传播庭审活动"[1]。而在一起庭审直播的故意杀人案中，同样禁止上述行为，并在直播网页的案情简介中写道："时值12.4国家宪法日暨全国法制宣传日来临之际，四川省内江市中级人民法院公开开庭审理此案，内江师范学院、内江职业技术学院组织近300名在校学生旁听此案庭审。这对于大力弘扬法治精神、教育青年一代树立正确的恋爱观、人生观，

<small>＊　何晓斌，山东大学法学院，讲师。</small>

<small>〔1〕　如（2016）最高法民终511号，直播网址参见中国庭审公开网：http://tingshen. court. gov. cn/live/1044343，2016年12月1日。</small>

强化院校学生法治观念具有十分重要的意义。"[1]前一行为意在阻止庭审信息的传播，但组织旁听和网上直播却意图实现司法公开的目的。类似现象揭示了当前司法公开在公开还是不公开、公开哪些内容等问题上的犹疑不决：一方面，法院希望通过现场直播、组织旁听、文书公开等司法公开形式实现震慑犯罪、法治教育、司法公正等目的；另一方面又要防范公开可能对涉案主体基本权利带来的不利影响。

实践中刑事司法公开的决定无法前后一致且逻辑统一，在理论上被归结为司法公开的功能性价值与基本权利保障之间的紧张，并在很大程度上表现为知情权与隐私权之间的冲突。知情权与隐私权是司法公开中涉及的最主要的基本权利。其中，知情权包括了两个方面：一是社会公众的知情权，通过社会监督实现司法公正；二是案件当事人的知情权，"知情权是当事人实现参与权和救济权的基本前提"，[2]当前的审判流程公开在很大程度上就是保障当事人知情权的一种制度安排。而隐私权主要指案件当事人的隐私权，在刑事案件中包括了刑事案件被害人、被告、附带民事诉讼原告、被执行人等主体的隐私权。

事实上，把司法公开归结为知情权或监督权保障，把涉案信息视为隐私权保护的对象，此种分析方法只抓住了问题的表征，但脱离了司法公开的制度背景，非但造成了前述司法公开的实践混乱，更难以提供一种逻辑统一且一以贯之的理论解决方案。刑事案件审判"是对公民自由剥夺最为严厉的审判，是推进法治进步最为重要的手段，因此，人们关心刑事案件审判公开及公正的程度，也是在关心审判对公民权利和自由关怀及保护的程度，关心人权受到保障的程度"，[3]刑事司法公开集中展现了司法公开中的权利保护状况。本文将以刑事案件的司法公开为主要关注点，通过分析我国司法公开的历史发展和现实困境，以司法的性质和特征为背景，理顺司法公开中知情权与隐私权保障的程度与层次，

---

[1] （2016）川 10 刑初 33 号，直播网址参见中国庭审公开网：http://tingshen.court. gov. cn/live/1044637，2016 年 12 月 1 日。

[2] 谢澍："刑事审判公开的信息化转型——基于实证研究的路径探寻"，载《中国刑事法杂志》2012 年第 12 期。

[3] 汪敏、王亚明："司法公开应从刑事案件做起"，载《中国审判》2011 年第 11 期。

进而探求刑事司法公开中的基本权利保障之道。

一、我国刑事司法公开的发展脉络

（一）我国司法公开的历史沿革

从我国司法公开的历史来看，民事、行政和刑事公开是同步推进的，改革开放以来主要经历了三个发展阶段：

第一个阶段是审理公开，主要是在《人民法院五年改革纲要》发布以前（1999 年以前）。1993 年《中华人民共和国宪法》（以下简称《宪法》）第 125 条规定"人民法院审理案件，除法律规定的特别情况外，一律公开进行"，这是公开审理的重要宪法依据。我国《民事诉讼法》《刑事诉讼法》《行政诉讼法》都规定了审判公开原则，但对于何为审判公开、审判如何公开等细节规定得非常简单，甚至显得简陋。比如，1989 年的《行政诉讼法》对审判公开仅规定了两个条文，在总则中确立公开审判原则，并另用一个条文规定公开审理的例外情形。相比之下，1979 年《刑事诉讼法》的规定相对完善，在《行政诉讼法》规定模式的基础上，又规定了"不公开审理应当宣布不公开理由"和"一律公开宣判"两项公开规则。

这种情况一直持续到 1999 年实施的《最高人民法院关于严格执行公开审判制度的若干规定》。该规定是中国第一个专门规定公开审判问题的法律文件，将公开审判界定为"公开开庭，公开举证、质证，公开宣判"，并规定了审判公开的具体要求。同年，最高人民法院发布的《人民法院五年改革纲要》也规定了审判公开的内容，要求"加快裁判文书的改革步伐，提高裁判文书的质量。改革的重点是加强对质证中有争议证据的分析、认证，增强判决的说理性"，即要求裁判文书公开。作为审判公开改革的重点，要求"通过裁判文书，不仅记录裁判过程，而且公开裁判理由"，即心证公开。由此观之，直至《人民法院五年改革纲要》实施完毕，即 2003 年之前，中国司法公开的范围都仅限于庭审公开。

第二个阶段是有限公开，自《人民法院第二个五年改革纲要（2004—2008）》到 2009 年（2005 年—2009 年）。2005 年发布的《人民法院第二个五年改革纲要（2004—2008）》在其基本任务与目标中明确指出，改革和加强人民法院内部监督和接受外部监督的各项制度，完善对审判权、执行权、管理权运行的监督机制，保持司法廉洁。同时提出"扩大公开数据的范围，加强统计信息的分析和利用"，"有条件的法院可以使用录音、录像或者其他技术手段记录法庭活动"，"人民法院建立和完善新闻发言人制度，及时向社会和媒体通报人民法院审判工作和其他各项工作情况，自觉接受人民群众监督"等具体制度构想。据此，最高人民法院先后制定了《关于人民法院执行公开的若干规定》《关于加强人民法院审判公开工作的若干意见》。值得注意的是，《关于加强人民法院审判公开工作的若干意见》将审判公开归纳为"依法公开""及时公开""全面公开"三原则，成为各级人民法院在解决审判公开问题上的重要标尺，具有重要的指导意义。

第三个阶段为全面公开，自 2009 年至今。党的十八届三中、四中全会把司法公开作为深化司法改革，推进法治中国建设的重要内容，在此背景下，最高人民法院提出"以司法公开促进公正"，并推动审判流程公开、裁判文书公开、执行信息公开三大平台建设。事实上，早在《人民法院第三个五年改革纲要（2009—2013）》中，最高人民法院已经意识到司法公开在司法改革中的重要性，提出"加强和完善审判与执行公开制度。继续推进审判和执行公开制度改革，增强裁判文书的说理性，提高司法的透明度，大力推动司法民主化进程。完善庭审旁听制度，规范庭审直播和转播。完善公开听证制度。研究建立裁判文书网上发布制度和执行案件信息的网上查询制度"。[1]三中全会决定中有关司法公开的内容与之一脉相承。《人民法院第二个五年改革纲要（2004—2008）》也曾涉及司法公开问题，但在公开对象上侧重于新闻媒体，在公开方式上偏重新闻发言人制度。相比较而言，司法公开在顶层设计的理念上有了很大进步。

（二）当前刑事司法公开的顶层设计

曾有研究表明，作为《宪法》规定和《刑事诉讼法》基本原则的

---

〔1〕 参见中国法院网：http://old. chinacourt. org/public/detail. php? id = 350101，访问时间：2016 年 11 月 20 日。

"审判公开"，未能被深入贯彻的原因之一就在于，法律对于刑事审判公开规定之粗陋，"无法体现出刑事审判公开制度在整个刑事诉讼过程中的制度价值和重要地位，更别说在司法实践中的具体可操作性了"[1]。但自 2009 年以来，最高人民法院关于司法公开陆续制定了 16 项文件。[2]这些文件以党的十八届三中全会为界，在此之前为司法公开的"小修小补"，主要集中在案件旁听、诉讼档案公开查询、公开听证、新闻发布会等零散的制度构建。党的十八届三中全会以后，以《最高人民法院关于推进司法公开三大平台建设的若干意见》为标志，我国司法公开进入体系化推进阶段。通过审判流程公开平台、裁判文书公开平台、执行信息公开平台，将整个案件置于公众，尤其是案件当事人的监督之下。

在三大公开平台中，审判流程公开较为特殊。刑事审判流程公开的意义在于为案件当事人提供办案指南，引导当事人通过平台获得自己案件的进展情况，对于保障当事人及其辩护律师的会见权、阅卷权、审判时限利益等具有十分重要的意义。最高人民法院院长周强认为，审判流程公开，就是要"变当事人千方百计打听案件进展为法院主动向当事人告知"[3]，一方面方便了当事人对于案件信息的获取，另一方面，案件审理中的每一步都被如实记录在平台中，通过规范法院和法官的行为，

---

〔1〕　叶青、张栋、刘冠男："刑事审判公开问题实证调研报告"，载《法学》2011 年第 7 期。

〔2〕　主要有：最高人民法院发布的《关于加强人民法院审判公开工作的若干意见》《关于进一步加强司法便民工作的若干意见》《关于进一步加强民意沟通工作的意见》《关于进一步加强和规范执行工作的若干意见》《关于人民法院接受新闻媒体舆论监督的若干规定》《关于司法公开的六项规定》《关于庭审活动录音录像的若干规定》《关于确定司法公开示范法院的决定》《关于人民法院直播录播庭审活动的规定》《关于公布失信被执行人名单信息的若干规定》《关于切实践行司法为民大力加强公正司法不断提高司法公信力的若干意见》《关于推进司法公开三大平台建设的若干意见》《关于人民法院执行流程公开的若干意见》《关于人民法院在互联网公布裁判文书的规定》，中共中央办公厅、国务院办公厅发布的《关于加快推进失信被执行人信用监督、警示和惩戒机制建设的意见》。

〔3〕　周强："最高人民法院关于深化司法公开、促进司法公正情况的报告——2016 年 11 月 5 日在第十二届全国人民代表大会常务委员会第二十四次会议上"，载中国人大网：http://www.npc.gov.cn/npc/xinwen/2016－11/05/content_2001171.htm，2016 年 11 月 10 日。

当事人的程序权利得到全方位的保障。与其他两种形式的公开相比，其特殊性在于仅对当事人公开，除部分法院指南信息向不特定公众开放外，案件审理的详细信息须由当事人凭密码登录平台获得，外人无从得知。因此，审判流程公开并不是严格意义上的司法公开，涉及隐私权保护的内容较少。

而裁判文书公开和执行信息公开面向的则是社会公众。《关于推进司法公开三大平台建设的若干意见》将三大平台建设的目标定位为"展示现代法治文明""保障当事人诉讼权利""履行人民法院社会责任"，而最高人民法院推进裁判文书公开的功能性目的主要在于实现公平正义、推动法治教育。"裁判文书是人民法院审判工作的最终产品，是承载全部诉讼活动与法官推理的重要载体。"[1]由此可见，公开裁判文书一方面是为了对法院和法官进行监督，另一方面，在公开过程中通过加强裁判文书说理进行法治教育。周强在人民法院裁判文书公开工作座谈会上对此进行了阐释。[2]

执行信息公开的目标则主要分为两类：一是方便当事人查询执行案件办理情况；二是通过公开加强信用惩戒。前一目标的实现程度无从查证，但后一目标成为解决执行难问题的利器。根据 2016 年最高人民法院的工作报告，截至 2016 年 2 月，"各级法院采取信用惩戒措施 467 万人次，将 338.5 万名被执行人纳入失信名单并公开曝光，35.9 万人慑于信用惩戒主动履行义务"[3]。2016 年 9 月，中共中央办公厅、国务

---

〔1〕 罗书臻："依托现代信息技术打造阳光司法工程——最高人民法院司法改革领导小组办公室负责人就《意见》答记者问"，载《人民法院报》2013 年 11 月 29 日，第 02 版。

〔2〕 "实行裁判文书上网公开，让司法权在阳光下运行，接受人民群众全方位监督，可以倒逼法官全面提升司法能力和水平，规范法官自由裁量权，杜绝暗箱操作，促进公正司法，可以让人民群众更加了解司法、信赖司法，不断提升司法公信力。裁判文书公开，为法学研究提供了宝贵资源，强化了司法裁判的教育、示范、引导、评价功能，对于弘扬社会主义核心价值观，在全社会树立法治信仰具有重要意义，同时也推动了与其他国家和地区的司法交流互鉴，促进了国际治理法治化。"参见罗书臻："深化裁判文书公开工作促进司法为民公正司法"，载《人民法院报》2016 年 8 月 31 日，第 1 版。

〔3〕 中国法院网：http://www.chinacourt.org/article/detail/2016/03/id/1820527.shtml，2016 年 11 月 25 日。

院办公厅联合下发了《关于加快推进失信被执行人信用监督、警示和惩戒机制建设的意见》，针对失信被执行人从行业限制、补贴限制、任职资格限制、准入资格限制等十一个方面进行联合惩戒，通过失信信息公开、纳入政务公开、信用信息共享建立起一整套信用信息公开与共享机制。该机制预定的目标有三个："解决执行难""推进社会信用体系建设""完善联合惩戒机制"。[1]

2016 年，最高人民法院在三大公开平台以外又建立了中国庭审公开网，覆盖民事、行政、刑事等案件类型，对于案件审理过程进行全程公开，地方各级人民法院也纷纷建立网络庭审直播平台。官方将庭审直播网定位为展现法院审判工作成效，便于群众了解、参与、监督司法，（作为）提升审判质效和司法能力的手段。[2]

由此可见，作为司法公开的主要内容，四大公开平台同步推进建设，但在"以公开促公正"这一总原则的指引下，四大公开平台的制度预设并不完全一致——审判流程公开侧重于为当事人提供便利，裁判文书公开侧重于监督司法，执行信息公开侧重于解决执行难，庭审公开侧重于展现法院工作。对刑事司法公开中所涉及的知情权与隐私权保护，应当从上述四项司法公开顶层设计出发。

（三）刑事司法公开的特征

自 2009 年以来，特别是党的十八届三中、四中全会以后，关于深入推进司法公开的文件密集发布，并集中于从体制机制上保障司法公开依法、全面、及时、规范原则的实现。总的来看，刑事司法公开表现出如下显著特征：

第一，以最高人民法院为主导，四级法院联动，多部门配合。在推进司法公开的过程中，最高人民法院起到了极为重要的引导作用，拥有极大话语权。除了党的十八届三中、四中全会决定中有关司法公开提纲

---

〔1〕 参见刘贵祥："加大信用惩戒力度建立联合信用惩戒机制——《关于加快推进失信被执行人信用监督、警示和惩戒机制建设的意见》的解读"，载《人民法院报》2016 年 9 月 26 日，第 3 版。

〔2〕 参见罗书臻："大力推进庭审直播全面深化司法公开"，载《人民法院报》2016 年 9 月 28 日，第 1 版。

挈领的规定，其他有关司法公开的文件均由最高人民法院发布。[1]地方各级人民法院根据最高人民法院关于司法公开的要求，推动三大平台公开。各级法院将有关案件信息逐级公布于法院的门户网站和公开平台上，并努力创新公开形式，比如微博、微信、手机 APP 等，很多法院甚至实现庭审直播常态化。[2]而为实现裁判执行的多部门配合，各地各部门根据中共中央办公厅和国务院办公厅的意见制定了相关办法。[3]

第二，实现从"可以公开"到"应当公开"的转变。2000 年最高人民法院制定的《裁判文书公布管理办法》规定"为推进审判方式改革的深入发展，维护司法公正，最高人民法院决定从今年起有选择地向社会公布裁判文书"。而以 2009 年《关于司法公开的六项规定》为标志，司法公开的范围增加，禁止公开的范围限定于涉及国家秘密、未成年人犯罪、个人隐私、调解结案和其他不适宜公开的案件等。2013 年修订的《关于人民法院在互联网公布裁判文书的规定》规定"人民法院的生效裁判文书应当在互联网公布"，真正确立了裁判文书"公开是原则，不公开是例外"的公开原则。[4]

第三，具有鲜明的网络时代特征，结合网络信息技术发展，实现司法公开的全面化。当前的司法公开不再是法院宣传栏上的信息公开，案件信息通过互联网向当事人和其他社会公众开放。《关于司法公开的六项规定》将司法公开分为立案、庭审、执行、听证、文书、审务六个方面，公开的主体不仅限于最高人民法院，而且包括了地方各级人民法

---

〔1〕 有的情况较为特殊，如《关于加快推进失信被执行人信用监督、警示和惩戒机制建设的意见》，因为涉及各地区各部门的执行联动，已超出最高人民法院的权力范围，所以由中共中央办公厅和国务院办公厅联合发布。但通过刘贵祥法官的解读可以发现，这一文件的起草仍由最高人民法院主导。

〔2〕 参见白泉民："山东省高级人民法院工作报告——2016 年 1 月 26 日在山东省第十二届人民代表大会第五次会议上"，载山东省高级人民法院网站：http://www.sdcourt.gov.cn/sd-fy/350511/350527/1343713/index.html，2016 年 11 月 20 日。

〔3〕 比如山东省委办公厅、省政府办公厅联合下发《关于支持人民法院基本解决执行难问题的通知》，参见《人民法院报》2016 年 9 月 28 日，第 01 版。浙江省委办公厅、省人大常委会办公厅、省政府办公厅也发文，要求各地各单位支持法院解决执行难问题。

〔4〕 参见于志刚："中国犯罪记录制度的体系化构建——当前司法改革中裁判文书网络公开的忧思"，载《现代法学》2014 年第 5 期。

院。因此，借助互联网，社会公众可以轻易地通过门户网站、公开平台、微博、微信等形式随时随地接触到司法信息。

二、刑事司法公开中的权利保护困境

刑事司法公开的全面推进，引发了对公开过程中公民隐私权保护的担忧。早期我国对于司法公开（审判公开）的研究并没有专门论及隐私权保障，[1]关注司法公开中隐私权保护问题的研究开始于 2000 年，并将知情权与隐私权之间的紧张关系作为分析审判公开的理论工具。[2]随着刑事司法公开的全面铺开，公开所欲实现的功能性价值与作为基本权利的隐私权保护之间的紧张日益凸显，引发了实践和理论上的双重问题。

（一）刑事司法公开中隐私权保护的实践难题

西方国家司法公开的发展经历了两个阶段。第一个阶段是由司法神秘到审判公开的转变，此时审判公开的目的是对抗司法专制和秘密审判，正如贝卡利亚所说，"审判应当公开，犯罪的证据应当公开，以便使或许是社会唯一制约手段的舆论能够约束强力和欲望"。[3]第二个阶段是二战后包括《世界人权宣言（The Universal Declaration of Human Rights）》在内的国际人权公约要求公开审判，特别是随着人权保障的进步，对司法公开的要求逐步提高。如果说前一阶段的中心在于知悉审判情况，那么后一阶段的主要目标为对审判施加影响，主要是民主对审判行为的监督。当前我国司法公开所处的历史阶段具有一定的特殊性，即将西方通过漫长的发展才得以实现的成果通过一次改革予以完成。因此，如果不加分析地移植其他国家司法公开发展过程中的举措，或者未对地方法院司法公开的实践进行理论总结就进行全国推广，势必造成司

---

〔1〕 比如程味秋、周士敏："论审判公开"，载《中国法学》1998 年第 3 期；左卫民、周洪波："论公开审判"，载《社会科学研究》1999 年第 3 期；黄双全："论公开审判制度的完善"，载《中国法学》1999 年第 1 期。当然，这主要是因为隐私权概念在中国出现较晚。

〔2〕 如胡道才、魏俊哲："论司法透明之度——以当事人隐私权的保护为视角"，载《法律适用》2006 年第 3 期；钟秋："刑事审判公开对隐私权的侵害"，载《湖南公安高等专科学校学报》2007 年第 3 期。

〔3〕 ［意］贝卡利亚：《论犯罪与刑罚》，黄风译，大百科全书出版社 1993 年版，第 2 页。

法公开制度与其他制度、司法公开制度内部之间的紧张，文章伊始提到庭审直播的吊诡现象就会经常出现，甚至难以消除。

在我国刑事司法实践中，隐私权的保护主要面临以下几个方面的问题：

第一，单一式由内容决定公开范围的审判公开制度，带来是否公开的逻辑混乱。《刑事诉讼法》及其司法解释规定，涉及国家秘密和个人隐私的案件不公开审理，涉及商业秘密的案件，当事人申请不公开的法院可以决定不公开。由此可见，法院确立了法定不公开和依申请不公开两种类型，对于案件公开审理与否的唯一判断标准即案件内容。面对司法实践中对于认定个人隐私和商业秘密不一致的问题，《关于加强人民法院审判公开工作的若干意见》中规定，人民法院应当综合当事人意见、社会一般理性认识等因素，必要时征询专家意见，在合理判断基础上作出决定。但问题在于，原本涉及个人隐私的案件属于法定不公开，在该意见中，对于这一绝对不公开类型的标准有所松动。

《关于司法公开的六项规定》进一步扩大了文书不公开的范围，将涉及国家秘密、未成年人犯罪、个人隐私、调解结案以及其他不适宜公开的案件纳入不公开的范围，对拟公开发布的裁判文书中的相关信息进行必要的技术处理。此时，法院意识到裁判文书的公开中，部分案件信息的发布也会影响到公民的隐私权，故而对裁判文书采取必要的技术处理。而2016年修订的《关于人民法院在互联网公布裁判文书的规定》，将涉及个人隐私的案件排除出裁判文书不公开的范围，要求对部分案件进行隐名处理，同时，在公布裁判文书时删除个人信息以及家事、人格权益等纠纷中涉及个人隐私的信息。如果我们单从涉及个人隐私的案件公开情况来看，不考虑不得公开情形的兜底条款——人民法院认为不宜在互联网公布的其他情形，以下涉及个人隐私的情况需要公开：一是刑事案件中的隐私信息，比如强奸案中的受害人信息（姓名除外）；二是附带民事案件中非家事、人格权益纠纷中的隐私信息。根据该规定第11条的第二种情形，应当保留当事人、法定代理人、委托代理人的姓名、性别、出生年月、住所地等信息。

司法公开中隐私权保障的规定逐步精细，其本意是为下级法院在实践操作中提供具体细致的指引，但效果并不尽如人意。《关于人民法院在互联网公布裁判文书的规定》中用第4条和第8～12条共6个条文19项内容详列何者公开、何者不公开，给办案法官带来较大的工作负担，因为在甄别是否要公开裁判文书以及公开哪些具体内容所要耗费的精力会明显增加"案多人少"情况下法官的工作量。[1]但这还不是问题的关键，鉴于隐私信息大量存在于包括裁判文书在内的司法公开平台内，通过单一列举内容的方式对隐私权进行保护难免百密一疏。

第二，四大公开平台对于公开内容的规定不一致，导致隐私权保护并不全面有效。文章开头提到的庭审直播中法庭要求不得录音录像只是表象之一。裁判文书公开对于隐私权保障的规定比较详细，前文已经介绍，此处不赘述。其余三种公开形式对于隐私权的保护相对较弱。审判流程信息和执行信息公开因涉及当事人的信息仅对当事人公开，所以很难侵犯隐私权。侵犯隐私权较为严重的领域在庭审公开和失信被执行人惩戒。庭审公开平台运行不久之后，四级法院已经纷纷展开庭审直播活动。最高人民法院尚未针对该平台制定专门的司法解释，而是沿用2010年制定的《关于人民法院直播录播庭审活动的规定》，其中第2条规定，涉及个人隐私等依法不公开审理的案件，检察机关明确提出不进行庭审直播、录播并有正当理由的刑事案件，当事人明确提出不进行庭审直播、录播并有正当理由的民事、行政案件和其他不宜直播、录播的案件，不得进行庭审直播、录播。这一规定将法定不公开案件排除出庭审直播、录播的范围，并且赋予检察机关和当事人以建议权，看似更加合理，但忽视了庭审直播录播过程中的当事人信息和案件信息要比裁判文书公开中的信息更加全面和丰富。尽管第3条规定，涉及未成年人、被害人或证人保护等问题，以及其他不宜公开的内容的，应当进行相应的技术处理，但这条规定在直播中难以实现。就当前庭审直播的现状来

---

[1] 这成为司法公开所带来的成本增加的重要内容。朱苏力教授细数裁判文书上网带来的成本增加，却忽略了案件信息甄别带来的法官工作量的增加。参见苏力："谨慎，但不是拒绝——对判决书全部上网的一个显然保守的分析"，载《法律适用》2010年第1期。

71

看，当事人的私人信息，包括自然人姓名、家庭住址等均在庭审中予以展示。笔者在庭审公开网观看一起故意杀人案件的庭审直播时，甚至发现被害人信息也并未得到技术处理。[1]可见，庭审公开中对于隐私权的保护远未及裁判文书对隐私权的保护。

对隐私权威胁最大的是失信被执行人惩戒。《最高人民法院关于公布失信被执行人名单信息的若干规定》中，第6条前5款要求公布作为被执行人的法人和自然人的个人信息、履行情况、失信行为具体情形等，但同时第6款又规定公布人民法院认为应当记载和公布的不涉及国家秘密、商业秘密、个人隐私的其他事项。依据第6款之规定，涉及个人隐私的事项不应当公布，但前5款中的姓名、性别、身份证号码等信息又属于应当公布的内容。这造成了个人信息是否属于隐私的疑问。

而在《中共中央办公厅、国务院办公厅关于加快推进失信被执行人信用监督、警示和惩戒机制建设的意见》中，除了对于失信被惩戒人的工作和生活进行全面干预之外，要求失信信息公开与共享[2]。因此，大量个人隐私信息被置于更为广泛的平台进行传播。在中国执行信息公开网上，滚动展示失信被执行人（自然人）的姓名、身份证号码，但对身份证号码进行了技术处理，只能看到号码的前10位和后4位。但地方法院存在对身份信息进行全部公示的情况。以四川法院司法公开网为例，在其失信人曝光台平台上，公布了失信被执行人的姓名、证件号码（完整）、执行案号、执行法院信息。[3]在信息共享方面，不但实行政府机构的信息共享，该意见还要求失信信息与有关人民团体、社会组织、企事业单位共享，意图实现失信信息的全方位覆盖。因此，如果说

---

〔1〕 参见内江市中级人民法院审理的案件，（2016）川10刑初33号。

〔2〕 该意见规定，人民法院要及时准确更新失信被执行人名单信息，并通过全国法院失信被执行人名单信息公布与查询平台、有关网站、移动客户端、户外媒体等多种形式向社会公开，供公众免费查询；根据联合惩戒工作需要，人民法院可以向有关单位推送名单信息，供其结合自身工作依法使用名单信息。对依法不宜公开失信信息的被执行人，人民法院要通报其所在单位，由其所在单位依纪依法处理。

〔3〕 参见四川法院司法公开网：http://zxgk. sccourt. gov. cn/webapp/area/scsfgk/sfgk/sf-gk. jsp，2016年12月2日。

其他公开方式是公开内容上对隐私权的侵犯，那么失信惩戒制度在传播范围上的强制公开对隐私权的威胁值得警惕。

刑事司法公开，特别是司法信息的网络公开，对于各国司法都是一个新的挑战。传统的司法公开主要涉及庭审公开，特别是案件旁听制度；裁判文书公开也仅限于将部分影响较大或公众较为关心的案件判决汇集成册予以出版。这与互联网时代的司法公开不可同日而语，网络技术的发展不但使司法公开更加便捷高效，而且对司法公开的范围与影响程度造成了史无前例的影响，这加剧了司法公开与隐私权保护之间的紧张。

（二）刑事司法公开中隐私权保护的理论困境

司法民主衍生出的知情权是司法公开的重要法理依据，但如果把司法公开中遇到的隐私权保护简单归结为知情权与隐私权冲突，仍需要谨慎。有的学者将司法知情权作为司法公开的正当性基础，并利用比例原则等将隐私权与知情权进行利益衡量，[1]此种"权利冲突论"看似抓住了问题的核心，实则将复杂问题过于简单化，以致出现以下几个方面的问题：

第一，因我国隐私权立法尚不完善，对于隐私权的内涵与外延尚无法律规定，因此，在权利冲突框架下分析司法公开中的隐私权保障缺乏法制支持。"隐私权"这一概念自其出现以来不过百年，在美国法中居于领先地位，而我国大陆地区出现在 20 世纪 80 年代以后。[2]从司法解释中以名誉权覆盖隐私权到《侵权责任法》中单列隐私权，标志着对隐私权的认识逐步加深，但对于何为隐私权仍无明确具体的规定。"权利冲突论"的前提在于各项权利内容清晰，至少权利边界大致可

---

〔1〕 参见陶婷："民事裁判文书上网公开的边界问题探究——基于司法知情权与个人隐私权的冲突与平衡的考量"，载《西南政法大学学报》2014 年第 6 期；梁静："公开审判与隐私权保护之平衡：以刑事审判为切入点"，载《广西社会科学》2010 年第 9 期；李双："司法改革中司法公开与隐私保护间的平衡"，载《深圳大学学报（人文社会科学版）》2015 年第 6 期；韩朝炜、朱瑞："裁判文书上网与当事人隐私权保护的冲突与衡平"，载《法律适用》2012 年第 4 期。

〔2〕 参见张新宝：《隐私权的法律保护》，群众出版社 1997 年版，第 12 页。

循。但隐私权尚无法提供一个可达成共识的权利边界。因此，基于不同的权利定义便会出现不同的结论，导致在司法公开范围上的自说自话。当然，即使不采用"权利冲突论"的分析框架，我们仍需要对隐私权予以界定，但这种界定对于内涵和外延的要求明显低于权利冲突论的要求。

第二，将司法公开简单归纳为知情权的需要，忽视了其他因素对司法公开的重要性。司法公开的本来功能和目的主要在于司法民主要求的知情权。但随着司法的发展，司法公开不仅要承担司法民主功能，还担负着很多其他功能，比如进行法治教育、促进案件当事人全面了解案情、解决执行难问题、形成判例等。因此，如果单纯将司法公开定位于知情权的保障，忽视其他因素的影响，对于司法公开的范围与隐私权保护进行权衡得出的结论也一定是不同的。前文所分析的官方对于司法公开的目的预设实际上影响着司法公开的限度，也影响着隐私权的保护程度。"权利冲突论"有意或无意地对司法公开的目的预设视而不见，所造成的对司法公开的前见必定会影响司法公开与隐私权保障二者之间的利益衡量。

第三，将司法公开中的隐私权保护置于知情权与隐私权的二元对立，无法提出切实可行的问题解决方案。二元对立式的分析框架是认识和分析问题的有力武器，却无法提供现实的解决办法，而司法公开中的隐私权保护恰恰是一个极富实践性的问题。当前，各个国家和地区面对网络技术对司法公开带来的冲击都有些无所适从。按照"权利冲突论"的利益衡量方法，并无法一以贯之地为衡量过程的最终结论提供依据，造成或顾此失彼，或挂一漏万的结果。

更为重要的是，我们将很多不公开解释为基于隐私权保护的目的。我国《刑事诉讼法》第285条规定，被告人犯罪时不满18周岁的案件不公开审理。但经被告人及其法定代理人同意，被告人所在学校和未成年人保护组织可以派代表到场。为进一步保障未成年人权利，第286条还规定，犯罪时不满18周岁且判处5年有期徒刑以下刑罚的，对相关犯罪记录予以封存。对此，有学者认为，未成年人犯罪案件不公开是基于保护未成年人隐私的需要。[1]该观点的主要依据源自联合国《儿童权利公约（Convention on the Rights of the Child）》第40条。该条规定，儿童的隐私在诉讼的所有阶段均得到充分尊重。在其他国际人权公约中也存在为保护儿童权利可以不公开审判的规定，比如《公民权利和政治权利国际公约（International Covenant on Civil and Political Rights）》第14条规定，保护儿童可以构成刑事案件和法律诉讼公开宣判的例外。

将未成年人犯罪案件不公开解释为出于隐私保护的需要，显然是一种误读。首先，两个公约是各自独立的，我们不能将两个公约的上述规定联系在一起，进而推论未成年人犯罪案件不公开是基于隐私保护的需要。《儿童权利公约》的隐私保护并不排斥裁判文书公开，《公民权利和政治权利国际公约》的"保护儿童"也并不专门指向隐私保护。其次，未成年人犯罪案件同样有获得公正审判的需要，被告人为未成年人并不意味着其一定能获得公正的审判。[2]之所以在被告人及其法定代理人允许的情况下可由学校和未成年人保护组织参加庭审，其中很大一部分原因是通过有限的公开保障未成年被告人获得公正审判的权利。

此类案件不公开的根本原因在于，保障未成年人的社会复归。正如《儿童权利公约》第40条所阐释的，对涉及儿童的案件审判的一系列规定，旨在促进其重返社会并在社会中发挥积极作用。该政策的出发点并不是从未成年人的个人权利出发，而是从社会公共利益出发做出的综合衡量。在综合年龄、情节、主观恶性等因素后，认定未成年被告具有复归社会的较大可能性，因此对其以教育感化为主要手段，促其在审判结束或刑期结束后重新回归社会。从司法实践来看，该项制度也取得了良好效果。[3]这也部分解释了为何重罪未成年人犯罪记录不封存——因

---

[1] 参见高维俭、梅文娟："未成年人刑事案件不公开审理：'审理时'抑或'行为时'？——对《刑事诉讼法修正案》中一个持续谬误的纠偏探讨"，载《西南政法大学学报》2012年第6期。

[2] Emily Bazelon, "Public Access to Juvenile and Family Court: Should the Courtroom Doors Be Open or Closed?", *Yale Law&Policy Review*, Vol. 18: Iss. 1, 1999, p. 194.

[3] 参见张丽丽："从'封存'到'消灭'：未成年人轻罪犯罪记录封存制度之解读与评价"，载《法律科学（西北政法大学学报）》2013年第2期。

犯罪情节恶劣，回归社会的可能性较低。

这明显区别于基于隐私权不公开所作的解释。隐私权的享有并不因年龄、犯罪情节等因素而有所差异，基于隐私权的解释只能建立在刑罚报应论的基础上，即因为犯罪情节较重，对社会危害较大，作为惩罚，法律放弃对其隐私权的保护。但社会复归理论建立在对未成年被告的正向引导基础之上，进而考量未成年人社会复归的可能。对重罪未成年人的不保护并非源于其罪责深重，而是其难以回归社会甚至无回归社会的可能性，或者不采取措施任其回归社会会带来较大的社会危险性。可见，在理念上，社会复归更符合现代人权观念。

当然，"权利冲突论"为我们提供了观察司法公开中隐私权保护的一个重要视角，特别是信息传播中存在的关系紧张，但这种紧张并不是根本性的。此处所说的"根本性"，意指权力与权利之间的难以弥合的冲突。仅就信息传播来看，隐私权意味着信息传播的阻断，而司法公开意味着信息的流动。上述实践和理论困境，为我们进一步分析刑事司法公开中的问题提供了一个方向，即将司法公开中的隐私权保护置于我国司法公开的制度环境中进行考察，特别是通过对各项司法公开制度预设目的的分析，系统地归纳出司法公开的边界。因此，下文将从我国刑事司法公开的制度逻辑入手，从而得出司法公开中隐私权保护的一般原则。

三、我国刑事司法公开的应然逻辑

（一）刑事司法公开的理念源头：司法民主还是司法统一

当前，司法公开制度主要有两大理论源头，即司法民主和形成规则，法治教育、展现司法文明成果等均属于附随性的功能。这两项理论与成文法和判例法的司法制度密切相关。英美法上的诉讼属于事实出发型，首先存在事件，裁判者从事件中发现法律。这就是为何英美等判例法国家的法官在审判中要受当事人的主张和陈述的约束，在事实问题上，当事人（双方乃至多方）应比法官更有话语权。而罗马法要求事件发生后人们按照法律（比如《十二表法》）规定的内容起诉，因此属于规范出发型诉讼。[1] 成文法国家倾向于采用职权主义审判方式，因为法官对于法律规范的掌握强于当事人。我们如果忽略判例法与当事人主义、成文法与职权主义各自之间的因果关系，仍可以肯定，判例法国家大多实行当事人主义，而成文法国家大多实行职权主义。

毫无疑问，判例法国家法律的重要来源之一即为法官造法，法官在判决中对于案件的分析会成为日后法官处理类似案件的依据。也正因为形成规则的需要，判例需要公开；因为"一个法院要遵循比自己级别高的法院的先例"[2]，所以越高级别的法院公开的范围就越广。比如，美国联邦最高法院裁决的任何案件宣判之后 10 分钟内须将判决书上传至官方网站，而英国最高法院裁判的全部案件判决书也可在其官方网站上查询。[3] 通过查询美国联邦最高法院的判例我们也可以发现，联邦最高法院的判决书中，除未成年人和性犯罪受害人外，并没有隐去当事人的姓名等信息。因此，形成规则的判例法对司法公开，特别是裁判文书公开的要求较高。

与此相比，司法公开在成文法国家的情形大不相同。成文法国家的下级法院与上级法院裁判案件的依据均为公开制定的法律，二者在法律适用上并无二致。尽管在实践操作中下级法院可能会参考上级法院在类似案件中的判决，但这并不是强制性规定，只要案件裁判准确适用法律，上级法院并不能以其与自己的判决不一致为由发回重审或改判。成文法国家实行司法公开，其主要目的在于实现司法民主。

早有学者对职权主义模式下的当事人权利保障提出质疑[4]。对于职权主义的界定虽存在较大争议，但一个为各方认可的共识是，职权主

---

〔1〕　[日]中村英郎：《新民事诉讼法讲义》，陈刚、林剑锋、郭美松译，法律出版社2001 年版，第19～20 页。

〔2〕　叶榅平："遵循先例原则与英国法官的审判思维和方法"，载《比较法研究》2015年第 1 期。

〔3〕　龙飞："域外法院裁判文书上网制度比较研究"，载《人民司法》2014 年第 17 期。

〔4〕　参见徐显明、齐延平："'权利'进入，抑或'权力'进入——对'现场直播进法庭'的学理评析"，载《现代法学》2001 年第 4 期。

义以国家权力为导向。[1]职权主义模式下的庭审过程由法官主导；而在整个刑事过程中，国家权力的主导地位从侦查阶段就已经显现。由此可见，在实行职权主义诉讼模式的审判中，整个过程是完全闭合的，不仅社会其他成员，即使是案件当事人也无法主导案件审判。因此，司法公开显得尤为迫切。

这不只与诉讼中的程序正义相关，还与国家的宪法架构紧密联系。美国制定宪法时，联邦党人以司法机关制约立法机关这个"最危险的部门"，其目的在于，立法机关可能会因民主的激情和冲动做出错误的决定，而司法机关则以相对理性的方式消解冲动带来的不利后果。从这个角度来看，美国司法公开的主要目的并不是司法民主——让民众通过了解裁判内容来监督司法，因为司法机关的功能之一就是反多数暴政。与此形成对比的是法国。法国虽实行职权主义审判模式，但从法文化的角度来看，法国民众对公共秩序维护以及对公共权力机构和法官的不信任对于法国司法制度产生了重要影响。在这种背景之下，法国的审判制度由陪审制变为参审制，职业法官与陪审员的比例为3∶9。[2]因此，法国的宪法体制安排并不是美国式的"以权力制约权力"，而是将司法体制运行置于民众的监督之下。法国民众既不信任专业法官，也不信任陪审员，[3]因此，对于司法公开的要求相对较高。由此可见，法国司法民主性主要靠司法公开来实现。

此外，统一的法律并不意味着统一的实施。无论在成文法国家还是判例法国家，不同的法官面临同样的案件可能会得出不同的结论，即使他们适用的是同一国家的法律。尽管"规范解释不容许此次这样做法，另次又是另一种做法"，[4]但法官在将案件事实归属于某一法律规范之

---

〔1〕 参见施鹏鹏："为职权主义辩护"，载《中国法学》2014 年第 2 期；左卫民："职权主义：一种谱系性的'知识考古'"，载《比较法研究》2009 年第 2 期。

〔2〕 参见施鹏鹏："法国的陪审制移植失败了吗？——以法国陪审制发展史为中心展开"，载徐昕主编：《司法·第四辑：司法的历史之维》，厦门大学出版社 2009 年版。

〔3〕 参见施鹏鹏："法国的陪审制移植失败了吗？——以法国陪审制发展史为中心展开"，载徐昕主编：《司法·第四辑：司法的历史之维》，厦门大学出版社 2009 年版。

〔4〕 ［德］卡尔·拉伦茨：《法学方法论》，陈爱娥译，商务印书馆 2003 年版，第 14 页。

下的过程中需要做出两次判断：或对同一事实做出了不同的法律判断，或对同一法律语词或陈述做出不同解释。上述涵摄过程中的法律发现和法律解释均因案件事实的多样性和法律概念的不确定性，导致不同法官在同一问题上的裁判不一。而这一问题恰恰无法通过立法和法律解释予以解决，因为保留一定的裁判余地正是立法者所追求的。[1]

在我国司法体制中存在独特的司法解释和案件请示制度，并成为规范法律适用、维护司法统一的重要方式，但从效果来看并不尽如人意。2015 年福建刘某网购 24 支仿真枪以走私武器罪被判处无期徒刑，而2014 年广东省冯某网购 20 多支类似枪支以同样罪名被判处有期徒刑 8年。[2] 同样的情况也发生在另外两起涉及枪支的案件中：2016 年天津的赵某某因拥有 6 支被认定为枪支的枪形物，一审被判处 3 年 6 个月有期徒刑，获得舆论关注后二审改判 3 年有期徒刑，缓刑 3 年。而在 2012年北京大兴的赵某因所买卖的玩具枪中有 16 支被认定为枪支，被公安机关以非法买卖枪支罪移送审查起诉，最终检察机关决定存疑不起诉。[3] 前两个案件之所以在量刑上出现巨大差别，主要原因并不在于主观恶意、危害后果等通常会减轻刑罚的因素，而在于审理冯某案件的深圳市中院申请最高法审核减轻处罚；而在后两个案件中，北京大兴检察院之所以不起诉，也是因为请示最高检，最高检认为情节显著轻微、危害不大的可以不作为犯罪处理。

有学者将上述情况归结为司法机械，也有学者将其归咎于《刑法》第 13 条但书的名存实亡。陈兴良教授认为，司法实践中司法机关通常不以但书出罪，刑法理论对此也缺乏充分研究。[4] 从司法制度的发展规律来看，案件请示可以实现个案正义，却无助于统一裁判规则的形成。

---

〔1〕　参见〔德〕卡尔·拉伦茨：《法学方法论》，陈爱娥译，商务印书馆 2003 年版，第36 页。

〔2〕　参见李敏："同是'走私仿真枪'，为何一个判八年，一个却无期？"，载腾讯网：http://view. news. qq. com/original/intouchtoday/n3618. html，2017 年 9 月 27 日。

〔3〕　参见"北京版'摆摊大妈'也被认定真枪检方为何没起诉？"，载搜狐新闻：http://news. sohu. com/20170221/n481337580. shtml，2017 年 9 月 27 日。

〔4〕　参见陈兴良："刑法教义学的逻辑方法：形式逻辑与实体逻辑"，载《政法论坛》2017 年第 5 期。

而通过裁判文书公开却可以打破该司法僵局,一方面有利于法官结合具体案情把握裁量尺度,另一方面可以增强法官适用规则的信心,特别是在其上级法院(或本司法裁判区,比如省高院甚或巡回法庭)存在类似裁判的情况下,效果更加明显。

随着职权主义与当事人主义,成文法与判例法的逐渐融合,不同司法制度之间的区别不再那么泾渭分明,但仍是我们分析司法问题的可靠视角。

(二)不同类型案件在司法公开上的区别

从当前有关司法公开的文件来看,并未对不同类型的案件进行区分,也就是说,民事案件、行政案件、刑事案件在司法公开的程度上是一致的。在实在法体系内,三大诉讼法确立的公开审判规则是基本一致的,涉及国家秘密、个人隐私和法律另有规定的案件属于法定不公开,而涉及商业秘密的案件属于依申请不公开。由此可见,司法公开的法律文件并未对不同类型的案件进行区分。以《关于人民法院在互联网公布裁判文书的规定》为例,其第3条不加区分地将刑事、民事、行政判决书,刑事、民事、行政、执行裁定书,刑事、民事、行政、执行驳回申诉通知书等纳入公开的范围。该规定第4条规定了五种例外情形,尽管部分情形为刑事案件或民事案件所特有,比如未成年人犯罪、离婚诉讼或涉及未成年子女抚养、监护的案件,但这仅属于例外情形的不完全列举,并未确立一条对民事、行政、刑事案件有所区分的司法公开规则。

总的来看,所有的司法公开都可从前文中司法民主和司法统一寻得理论依据,但这仅是针对司法神秘主义而言,其解决的问题是要不要公开,而非如何公开,以及公开哪些内容。事实上,民事案件、行政案件和刑事案件的公开在理论依据上仍旧存在差别,并导致其在公开程度上的差异。

正如前文所述,民事案件公开的发动者并不是人民法院,而是民事案件原告人。它与刑事案件的区别在于案件的启动主体不同。甲因乙的侵权行为而将其告上法庭,从甲将起诉书提交到法院的那一刻起,广义上的司法公开体制就开始运转了。因此,如果没有甲行使诉权的举动,对于该案的公开便无从谈起。那么对甲来说,其明知起诉行为会导致自身信息被暴露而执意如此，表明其在一定程度上放弃了部分隐私权。而且通常情况下，民事诉讼原告认为自己的诉求正当，希望得到法院公平的裁判，此时，对于因公共监督需要而造成的部分隐私信息公开可为原告接受。当然，并不排除部分民事诉讼原告出于不正当目的进行虚假诉讼或恶意诉讼。此种情况下的隐私公开增加了不正当诉讼的成本，恰好部分抵消掉因诉讼造成的隐私信息公开。

由此可见，民事案件公开主要是出于司法监督的需要，特别是对于作为平等民事主体的财产和人身关系能否得到平等对待。这对于社会公共利益当然存在一定价值——民事审判公正也是社会公正的重要组成部分，但隐私权并不能仅仅因为它属于一项个人权利而要遭受公共利益的打击，因此，对于民事案件的公开要进行较大的限制。在 1976 年德国《民事诉讼法》修改时，允许当事人合意放弃公开审判，这在我们看来似乎是不可思议的，因为这项制度有违作为国际人权公约和宪法规定的公开审判原则，但德国民事诉讼审判制度修正准备委员会认为，当事人间往往也关心于不使其私争呈现于广众之耳目，如将此项关心与国家对于程序公开之关心加以比较，可发现较刑事审判而言，其对于私权纷争之关心更为淡漠。[1]

刑事案件的裁判文书公开则代表了另外一种制度逻辑。首先，从实体上看，刑事案件中双方力量对比悬殊，公民个人在强大的公权力面前不堪一击，刑事强制措施、技术侦察手段等使得公民权利处于危险的境地。对刑事案件的监督，不只是出于对个案中的权利保障，更是因为刑事案件中的权力恣意对全体社会成员权利的巨大威胁。其次，从程序上看，刑事案件在起诉之前属于半保密状态，而国家机关行为的合法性不仅表现为追求公正的结果，程序是否正当同样需要接受公众的监督。这不仅是因为牺牲程序正义追求实质正义属于非正义，更重要的是，程序具有独立价值，[2]程序瑕疵本身就构成了对公民权利的侵犯。因此，裁

---

〔1〕　参见邱联恭：《程序制度机能论》，三民书局 1996 年版，第 243 页。

〔2〕　［美］约翰·罗尔斯：《正义论》，何怀宏、何包钢、廖申白译，中国社会科学出版社 1988 年版，第 86 页。

判文书公开不仅监督案件结果是否公正，同时监督案件侦查、审查起诉以及审判过程中的程序是否正当。从结果来看，刑事案件的不公后果严重，轻则是大额的罚金刑，重则自由刑，甚至剥夺生命，亟须通过裁判文书公开提高案件裁判的审慎性和科学性。

《关于人民法院在互联网公布裁判文书的规定》中有关刑事案件不公开的内容包括涉及国家秘密和未成年人犯罪的文书不公开，刑事案件被害人及其代理人隐名处理。这一规定至少存在以下两方面的问题：一是出于对未成年人的保护，使其最大限度复归社会，对未成年人犯罪案件中的未成年人信息进行处理即可，没必要全文不公开；二是对刑事案件被害人及其代理人进行隐名处理的必要性值得质疑，即使是出于避免被告打击报复的考虑，那么刑事附带民事案件中的民事起诉书已经足以提供被告需要的信息。

行政诉讼既不同于民事诉讼，也不同于刑事诉讼。行政诉讼具有解决纠纷、权益救济和监督行政三项法定功能。尽管法律并未对三项功能进行主次排序，但学理上认为，纠纷解决功能是主要的，而"监督行政的作用是次要的、附属的"[1]。尤其在行政国家兴起的过程中，行政行为不仅限于传统的运用行政强制力的行为，比如行政处罚、行政强制，也出现了大量新型行政行为，比如行政合同、PPP（Public-Private Parthership）。由这两类行为引发的行政诉讼，行政机关作为被告不具有隐私权，因此不用考虑其隐私权保护问题；同时，行政案件公开是公民监督政府行为的重要手段，通过汇聚各方意见以形成约束政府行为的公共舆论。而且从《行政诉讼法》第12条规定的受案范围来看，行政诉讼案件本身较少涉及隐私信息，因此对原告的隐私影响不大。

总的来看，从民事案件到行政案件再到刑事案件，在公开的范围上应当是逐步扩大的。究其原因，主要有以下三个方面：首先，案件中涉及隐私的内容逐渐变少。民事案件主要涉及私人事务，而行政案件和刑

---

〔1〕 何海波：《行政诉讼法》，法律出版社2016年版，第42页。姜明安教授虽然认为权利救济是行政诉讼的主要功能，但与何海波教授一样，都认为监督行政并不是行政诉讼的主要功能。参见姜明安：《行政诉讼法》，北京大学出版社2016年版，第95~96页。

事案件中涉及公共问题的内容逐步增加。其次，对于公民权利的威胁越来越大，对于裁判公正的要求越来越高。民事案件只涉及财产问题，行政案件涉及财产权利和人身自由，而刑事案件则涉及财产、人身甚至生命。最后，在裁判统一性上，民事案件裁判对于其他地区的参考价值不大，而行政、刑事案件在裁判上的差异性则难以容忍。

（三）推动司法公开的适格主体

当前，法院成为推动司法公开的主力军，尤其是最高人民法院，显示出司法机关在推动阳光司法过程中的努力，并且取得了一定成效。但如果我们将眼光放长远就会发现，最高人民法院主导、四级法院联动的司法公开存在一些不足。

第一，以司法民主为目的的司法公开不应当仅仅是人民法院的职权，还是其法定职责；对司法行为的监督不能仅仅是人民法院的自我监督，也应当是包括人民代表大会、检察院在内的国家机关的监督。我国政治体制要求人民法院要对人民代表大会负责、受其监督。因此，人民代表大会对法院司法公开内容和程度的监督是基于主权逻辑而行使的，不仅正当，而且必需。而检察院对于法院司法公开的监督是由二者特殊的关系决定的。检察建议权源于宪法对检察机关"法律监督机关"的定位，[1]这种建议不应只是针对具体案件裁判的建议，对于法院关于司法公开的决定同样适用。

第二，隐私权作为一项公民权利，已得到包括《侵权责任法》在内的诸多法律的确认，而司法公开中可能涉及的隐私权保护问题，明显超越了法院规定应处的法律位阶。无论在《宪法》中还是在《中华人民共和国立法法》中均无法找到最高人民法院出台类似规定的依据。法院有关司法公开的规定或决定具有一定的特殊性，既不同于司法解释，又不同于纯粹的法院内部管理行为：其对象是各级人民法院，但内容却涉及普通公民的权利。对于该种文件的忽视，其中一个重要的原因是我国上下级法院之间的科层式管理模式。西方国家的上下级法院之间仅就

---

〔1〕　参见张智辉："论检察机关的建议权"，载《西南政法大学学报》2007 年第 2 期。

具体案件的审级上存在差异，上级法院并不插手下级法院内部管理事务，类似司法公开这类事务并非由最高法院出台文件决定。美国有关裁判文书公开的规定主要依据国会制定的《电子政务法（E-Government ACT)》，在德国则是通过法院组织法。

第三，法院对于四大公开平台的运行情况可能是最了解内情的，但单靠法院一家无法解决司法公开中遇到的问题，隐私权的保障同样如此。周强在向全国人大做有关司法公开的报告时指出了司法公开当前面临的四大问题：法官对司法公开的认识有待深化，部分法院公开的信息不够全面，司法公开的体制机制有待规范，司法公开工作发展不平衡。[1]尽管可以理解法院推动司法公开时间尚短，不可操之过急，但上述四大问题仅紧靠法院无法从根本上予以解决，无论是人员问题，还是体制机制问题，都关系到司法改革的全局。

因此，全国人大才是处理刑事司法公开的适格主体，通过修改法律（比如《中华人民共和国人民法院组织法》或诉讼法）的形式，对司法公开中的隐私权保护予以规定，既有利于消除理论上的龃龉，同时可以解决法院自我监督的尴尬。

刑事司法公开是一项实现公正的事业，也是一项保障和实现公民权利的重大工程，制度的制定和实施应力图长远，始终以人权保障作为检验司法公开的重要标准。当前司法公开在公民权利保障上出现的吊诡现象，在很大程度上源于司法公开的功能性价值与公民权利的道德性价值之间的紧张，行政化的司法公开制度体系不可避免地沾染了极强的实用主义色彩，在一定程度上对公民隐私权造成了威胁。同时，很多本应公开的内容却没有公开，部分案件以涉及隐私或国家安全为由不公开，使司法公开的制度价值大打折扣。通过上文的分析，刑事司法公开难以以保护隐私为理由不公开，而涉及国家秘密的案卷材料，法院认定不应公开的同时，应结合所涉及的秘密的实际情况附加保密期限，期限过后向社会公开。

---

〔1〕 参见周强："最高人民法院关于深化司法公开、促进司法公正情况的报告——2016年11月5日在第十二届全国人民代表大会常务委员会第二十四次会议上"，中国人大网：http://www.npc.gov.cn/npc/xinwen/2016-11/05/content_2001171.htm，2016年12月11日。

第五章　未成年人刑诉程序重构与
基本权利保障*

　　当前对未成年犯罪嫌疑人、被告人的人权保障研究已经步入了以"理论专业化、制度体系化、领域综合化"为特征的新阶段。[1]为此，对未成年犯罪嫌疑人、被告人人权保障的理论研究也要及时跟进。严格来讲，就刑事诉讼的角度而言，未成年犯罪嫌疑人、被告人的人权保障是一个"旧瓶装新酒"的问题，学界对未成年犯罪嫌疑人、被告人的人权保障问题的研究由来已久，但在新一轮司法改革的推动下，人权司法保障的发展也进入了新的阶段，[2]对于该问题的研究也随之进入新的阶段，要摆脱学界在这一问题上的既有窠臼，寻求实现未成年犯罪嫌疑人、被告人的人权保障的新突破。

一、未成年人刑事诉讼中的权利保障

（一）刑事诉讼人权保障的基本立场

1. 刑事诉讼人权主体的界定

　　人权保障是国家体制和治理体系现代化的基础和标志，依靠宪法治理也是现代国家治理的基础手段，而宪法治理的基本要求则是建立完善

---

　　* 韩晗（1992— ），男，山东潍坊人，山东大学法学院博士研究生，主要从事刑事诉讼法学、监察法学、司法制度的研究。

　　〔1〕 "中国检察学研究会未成年人检察专业委员会成立"，http://www.lawinnovation.com/index.php/Home/Xuejie/artIndex/id/14237/tid/1.html，2016 年 10 月 20 日。

　　〔2〕 参见江国华、周海源："司法民主与人权保障：司法改革中人民司法的双重价值意涵"，载《法律适用》2015 年第 6 期。

的人权保障制度,[1]在当前宪法司法化尚不具备可行性的现实状况下,依靠部门法实现人权保障的目标显得尤为重要,但人权保障的理念在不同的法律部门视角中往往存在着不同的理解,在刑事诉讼中对于人权保障的理解也带有刑事诉讼法学学科的特征。[2]

在刑事诉讼法学界,在人权保障的理念上存在着基本的共识,那就是"相对于刑法而言,刑事诉讼法实属'被告人权利的大宪章',具有'小宪法'或'宪法适用法'的特征",更确切的理解是,刑事诉讼法具有"官员权力控制法"的性质,其保障被告人权利的方式就是通过程序控制司法人员滥用权力的行为。[3]换言之,刑事诉讼所关涉的人权在主体上是多元的,但鉴于不同主体遭受侵犯的可能性和危险性的不同,刑事诉讼中人权保障的重心是保障被告人的人权。[4]有鉴于此,本文在论述未成年人刑事案件的人权保障时,也将论述的重心放在未成年犯罪嫌疑人、被告人的人权保障中。

2. 刑事诉讼人权保障的基本内容

以自由、平等、博爱精神为蓝本,人权事业的发展已历有三代,但就传统意义上的人权而言,具体可以归结为生命权、平等权、财产权、自由权等四类权利,[5]而结合着刑事诉讼法学发展特点,大致可以概括出刑事诉讼人权保障应当具有普遍性、消极性、个体人权性的特性,在此基础上的刑事诉讼人权可以认为是特指"正当程序权"。[6]

以《世界人权宣言(The Universal Declaration of Human Rights)》为基础,参考《公民权利和政治权利国际公约(International Covenant on Civil and Political Rights)》《禁止酷刑和其他残忍、不人道或者有辱人格的待遇或处罚公约(Convention against torture and other cruel, inhuman

---

〔1〕 参见韩大元:"完善司法人权保障制度",载《法商研究》2014 年第 3 期。

〔2〕 参见杨宇冠:"论刑事诉讼人权保障",载《中国刑事法杂志》2002 年第 4 期。

〔3〕 参见陈瑞华:《看得见的正义》,北京大学出版社 2013 年版,第 241～246 页。

〔4〕 参见周长军:"人权向度上的刑事诉讼",载陈兴良主编:《刑事法评论(第 6 卷)》中国政法大学出版社 2000 年版,第 225～226 页。

〔5〕 参见李建民:"浅说原住民族的宪法权利——若干初探性的想法",载《台湾法学杂志》2003 年第 47 期。

〔6〕 参见易延友:"刑事诉讼人权保障的基本立场",载《政法论坛》2015 年第 4 期。

or degrading treatment or punishment)》《欧洲人权公约（European Convention On Human Rights)》等条文的内容，可以把正当程序权具体化为以下权利：其一，人身不受任意逮捕拘禁的权利；其二，财产不被任意搜查和扣押的权利；其三，无罪推定与不得强迫自证其罪的权利；其四，接受中立、及时、公开审判的权利；其五，享受辩护权及获得律师帮助和法律援助权；其六，上诉权；其七，质证权以及取证权；其八，一事不再罚的权利。上述八类权利基本可以涵盖刑事诉讼正当程序权的基本意旨，在后文的论述中，笔者将以此为基础，分析未成年人刑事案件程序中存在的问题并提出相应的对策。

3. 未成年人刑事案件人权保障的特殊性

我们要明确未成年人刑事案件在刑事诉讼处理过程中的独特之处，即未成年人刑事案件在人权保障上的特殊性立足于主体的特殊性，未成年人因其年龄的原因，在青春期阶段其心理与生理尚处于不成熟的状态，此时面临外界的各种刺激与诱惑，往往误入歧途，甚至走上犯罪的道路，[1]因而在世界各法治发达国家，对未成年人犯罪的研究往往强调个体分析，尤其是在其人权保障方面，在法律框架之内要尽可能地推行"个案化"的处置方式，如许多国家推行的"福利式的少年法庭模式"，[2]重视对每一个犯罪未成年人的个案关注，而要实现对犯罪未成年人的个案处置，在未成年人刑事诉讼程序的设计当中也应当凸显"个案化"的制度设计原理。

此外，"个案化"的制度设计应当遵从未成年人刑事案件人权保障的最终目标——社会化或再社会化。[3]这种少年司法最终目标的哲学基础可以追溯到20世纪七八十年代兴起的社群主义，该观念将社群作为政治社会现象分析的基础变量，把个人置于整个社群关系和谐的背景下来考察，正如查尔斯·泰勒（Charles Taylor）在《原子论》一文中所推

---

〔1〕 参见黄立、朱永平、王水明主编：《未成年人犯罪专题研究》，法律出版社2014年版。

〔2〕 参见施慧玲："少年非行防治对策之新福利法制观——以责任取向的少年发展权为中心"，载《中正大学法学集刊》1998年第1期。

〔3〕 参见张利兆主编：《未成年人犯罪刑事政策研究》，中国检察出版社2006年版。

崇亚里士多德的观点："人是一种社会动物，更确切地说，是一种政治动物，因为他独自一人时无法达到自足，并且，在一种十分重要的意义上，他不可能脱离城邦而自足。"[1]这种社群主义的观点潜移默化地影响了西方国家的少年司法，并以此为起点，逐渐发展为今天所熟知的"恢复性司法"。[2]因而，在制度设计过程中要贯彻这种司法哲学，力求使未成年犯罪嫌疑人、被告人能够不脱离社群并融入原有社群。

（二）未成年人犯罪与人权保障的"互动性刺激"

在以往修改《刑事诉讼法》时有种观点认为，对犯罪嫌疑人、被告人的人权保障会妨碍执法机关打击犯罪的能力，[3]在犯罪率急剧提升的今天，人权保障对犯罪率的控制明显有不利影响，两者之间存在着正相关关系。[4]笔者认为，在刑事诉讼程序人权保障机制下，未成年人犯罪与其人权保障之间的确存在着一种相互作用力，但未成年人犯罪的严峻现状有其复杂的原因，其与人权保障之间的相互作用力使得双方形成了一种此消彼长的负相关关系。对于这种相互作用力，笔者将其总结为"互动性刺激"，在理解人权保障对犯罪未成年人的意义时，首先要做到的就是厘清这种"互动性刺激"，理顺这其中的负相关关系。

1. 未成年人犯罪现状对人权保障的挑战

未成年人犯罪问题目前作为世界第三大公害，是困扰世界各国的一个社会性难题，对我国而言，这一问题同样突出。在 2016 年 6 月 1 日前夕，最高人民检察院新闻发言人王松苗透露出的数据显示，自 2003 年到 2015 年这 12 年间，全国的检察系统批捕未成年犯罪嫌疑人 92 万余人，不批准逮捕 16 万余人，起诉 108 万人，不起诉 5 万余人，[5]而

---

〔1〕［加］查尔斯·泰勒："原子论"，曹帅译，载《政治思想史》2014 年第 2 期。

〔2〕参见周长军、王胜科主编：《恢复性正义的实现——恢复性司法的理论维度与本土实践》，山东人民出版社 2010 年版，第 1~7 页。

〔3〕参见柯良栋："谈谈修改刑事诉讼法必须高度重视的几个问题"，载《法学家》2007 年第 4 期。

〔4〕参见陈永生："刑事诉讼法再修改与犯罪率"，载《河南省政法管理干部学院学报》2010 年第 4 期。

〔5〕高鑫："最高检通报未成年人检察工作 30 年工作情况和典型案例"，http://www.spp. gov. cn/ztk/2016/gyssgztj_3088/zyxw/201605/t20160527_118955. shtml，2016 年 10 月 25 日。

根据国务院新闻办公室在 2016 年 9 月 12 日发布的《中国司法领域人权保障的新进展》白皮书中披露的数据来看，2015 年全国未成年人犯罪案件占全部犯罪案件数的比例为 3.56%。根据白皮书的判断，我国未成年人犯罪占全部犯罪案件比例在持续下滑，总体呈现向好趋势，但笔者认为单凭这样一个"案件占比"得出我国未成年人犯罪总体形势趋好的结论，不免有些草率。这是因为该比率并不是未成年人犯罪率，即便是犯罪率，在我国如此庞大的人口基数下，犯罪率的略微的升降也改变不了犯罪绝对数依旧庞大的事实，而且考虑到总犯罪案件基数、我国犯罪案件统计口径以及青少年人口比例在总人口比例中下降等因素，有理由相信，未成年人违法犯罪案件的数量依旧庞大，未成年人犯罪的形势依旧严峻。

而未成年人犯罪案件的数量居高不下，也为各级办案机关在犯罪未成年人的人权保障方面带来了诸多挑战，因为实现对未成年人刑事案件"个案化"处置方式的前提条件是投入较大规模的司法资源，而且司法资源的投入规模要与未成年人刑事案件的数量基本匹配。但实践的经验表明，司法资源是有限的，不可能无节制地投入，如果案件数量超出合理范围，则会在司法资源与案件需求之间出现一种紧张局面，那所谓的个案处置就难以真正落实，在处理未成年人刑事案件时将呈现出"类型化""批量式"的特点，以此来平衡司法资源与案件需求之间的紧张关系，这会导致人权保障的效果大打折扣，甚至将人权保障异化为简单地走人权保障程序。

2. 人权保障不力对未成年人犯罪的推动

上文论述了未成年人犯罪的现实状况对人权保障带来的挑战，但从另一个侧面来看，未成年犯罪嫌疑人、被告人的人权保障不力往往也是推动未成年人犯罪的重要因素，因为人权司法保障的不力实际上会对社会传递出"改造无效论"[1]的信号，这就促使社群和其他人对所谓的"问题少年"形成一种提前防范意识，将问题少年推向整个社群的对立

---

〔1〕　参见刘强、王贵芳："美国新'改造无效论'对我们的启示：评《重思罪犯改造》一书"，载《青少年犯罪问题》2008 年第 5 期。

面，成为现有社群关系中的"异类"，如"坏孩子"，而这种社群否定实际上将问题少年向犯罪更推进了一步，其危害不亚于前面提过的"标签效应"与"社会排斥"现象，甚至可以简单地认为，很多未成年人犯罪的初始动因就是来自于社群的否定，即少年犯罪学中的"互动理论学说"——"少年会犯罪是因为他认为别人说他是坏小孩，贴上坏标签而引起的不良行为；或被学校认为是放牛班或后段班的学生较容易犯罪（组织性标签）"。[1]而从社会治理的角度来看，要想介入、阻断这种社群否定可谓难上加难，更为有效的方式则是进行源头控制，而这个"源头"，笔者认为就是人权保障，通过良好的人权保障实现对犯罪未成年人的改造目标，从而抵消掉"改造无效论"的负面影响，让社群关系不必过于紧张，对于具有不良行为的未成年人也不要轻易地排斥，由此减少未成年人犯罪的概率。换言之，人权保障不力不仅仅推高了再犯率，更严重的后果是对未成年人初犯率的推动。

（三）司法改革背景下加强涉罪未成年人人权保障的机遇

通过上述分析，可以清晰地发现在未成年人犯罪与人权保障之间存在着一种"互动性刺激"，未成年人犯罪案件的高发给人权司法保障带来了严峻的挑战，而人权司法保障的不力也会推动未成年人犯罪的多发，两者之间形成了一种相互作用力，这似乎已经形成了一种恶性循环。就刑事诉讼程序的整个运作机制而言，症结主要是在人权保障措施的落实上，但过往由于高度强调打击与控制犯罪以及承受被害人信访的压力等因素，人权保障推行起来较为艰巨，面对这种局面，如何破局则成了萦绕在每一个法律人头上亟待破解的"哥德巴赫猜想"。

反观本轮司法改革，基于顶层设计的整体推进思路，以国家"全方位一体化"的法治观为导向，[2]首次明确提出了"人权司法保障"的改革目标，突破了将生存权和发展权视为首要人权的传统理解，扩展了

---

〔1〕 陈国恩、甘炎民："警察在少年犯罪防治工作的角色与态度——以嘉义市为例"，载《犯罪学期刊》2005 年第 1 期。

〔2〕 参见齐延平："法治中国建设与人权保障"，载《人民日报》2014 年 5 月 27 日，第 12 版。

人权保障的内涵，故有人称之为"这是中国对人权保护的制度强化"。[1]换言之，本次司法改革对于刑事诉讼程序机制的调整是一个绝佳的契机，刑事诉讼法保障人权的基本价值追求与司法改革推进人权司法保障的目标相契合，这对于未成年犯罪嫌疑人、被告人人权保障的意义不言而明。

笔者认为借助本轮司法改革实现"互动性刺激"破局的着力点不是打击、控制未成年人犯罪，而是在人权保障环节。通过之前的分析，我们会发现人权保障环节不仅是刑事打击未成年人犯罪案件的终点，同时也是犯罪未成年人社会化或再社会化的起点。人权保障是这一问题的"命门"，可以认为人权保障本身是一个重要的问题，同时也是解决之后一系列问题的关键，故此，实现人权保障上的突破是解决目前"互动性刺激"问题的当务之急。

二、未成年人刑事诉讼程序中存在的问题

纵观整个刑事诉讼程序的各个阶段，会发现刑事诉讼程序在未成年人犯罪的人权保障中所存在的问题，有鉴于此，笔者在梳理相关制度的漏洞时，将抛弃以往立基于部门进行制度分析的传统思维，而是着眼于整个人权司法保障的系统性，力图以一个宏观理念加之微观实践的方式来分析问题，故此将遵从刑事诉讼侦查、起诉、审判、执行的四个阶段，分阶段展开论证，力求将目前制度运行中最为突出、最为尖锐的问题细致地呈现出来。

（一）侦查阶段存在的主要问题

对未成年人刑事案件而言，侦查阶段是案件所经历的第一个环节，侦查机关[2]也是最先与未成年人犯罪嫌疑人接触的部门。在此阶段，侦查人员一方面要保证查明案件事实真相，同时又要确保其专门调查的工作以及采取强制性措施的工作尽量不要给未成年人的身心发展带来不

---

〔1〕"三中全会首提人权司法保障"，载《深圳晚报》2013年11月15日，第A3版。

〔2〕据《刑事诉讼法》第3条、第4条以及第308条的规定，我国有侦查权的主体有公安机关、人民检察院、国家安全机关、军队保卫部门、监狱、海警局。为了论述的典型性和代表性，本文仅以公安机关和人民检察院的侦查机关负责侦查的案件为例。

良影响，这是一个非常难实现的平衡。因为基于办理案件的需要而采取的措施，往往会对未成年犯罪嫌疑人的人权保障构成威胁，从这个角度上来讲，目前在侦查阶段尚存在如下问题：

1. 羁押性强制措施适用过多

根据《刑事诉讼法》的相关规定，当前的强制措施主要包括拘传、取保候审、监视居住、刑事拘留以及逮捕共五种措施。从理论上讲，羁押性强制措施在刑事侦查、审查起诉以及审判阶段都可以适用，但羁押性强制措施的适用主要开始在侦查阶段，尤其是作为犯罪嫌疑人到案措施更为常见，故将该问题放置在侦查阶段研究。在这五种措施中，强制性最强的是拘留与逮捕，因为这两项措施都会将未成年犯罪嫌疑人带离原有的生活环境，但拘留的适用期限较短，一般情况下 10 天之内，最长不会超过 37 天。[1]换言之，在这些强制措施中，逮捕措施是强制性或者说对人权可能造成较大损害程度的方式，而在过往的刑事司法实践中，羁押性强制措施的滥用一直是学界批判的实践陋习之一，有所谓的"构罪即捕""拘留转逮捕"等现象。

这些不成文的诉讼潜规则在诉讼实践中大行其道，即便是未成年人刑事案件也是如此，这侵害了未成年犯罪嫌疑人"人身不受任意逮捕拘禁的权利"。笔者认为，强制措施尤其是逮捕措施的适用率过高依旧是目前未成年人刑事案件在侦查阶段的突出问题，以目前未成年人犯罪矫治水平较高的上海地区和北京地区的部分实务部门为例，根据相关的统计结果，审前羁押率普遍在 50% 以上，[2]这一问题亟待通过本轮改革予以解决。

2. 合适成年人在场制度难以落实

从整个刑事诉讼法学的发展来看，侦查阶段坚持以"不公开为原则、公开为例外"，随着人权保障理念的深入发展，刑事诉讼侦查阶段也逐步摆脱过去完全的秘密性色彩。[3]自 2000 年开始，以德国为代表

---

〔1〕 参见孙长永主编：《刑事诉讼法学》，法律出版社 2019 年版，第 161 页。

〔2〕 参见侯东亮："未成年人羁押必要性审查模式研究"，载《法学杂志》2015 年第 9 期。

〔3〕 参见赵爱华："论侦查秘密性原则与侦查公开措施"，载《江苏警官学院学报》2003 年第 2 期。

的欧洲国家率先改革侦查程序，其主要的改革方向是侦查阶段的辩护权以及侦查结果的庭审应用这两方面，[1]其中侦查阶段的辩护权问题笔者将其归结为侦查阶段的适度公开问题，因为要实现辩护或者说实现平等对抗的前提是犯罪嫌疑人以及辩护人在合理的范围内要知晓相应的案件情况，这才有所谓的辩护权问题，否则只能是"辩无可辩"，尤其是在未成年人刑事案件中，这是未成年犯罪嫌疑人"享受辩护权及获得律师帮助权"的重要保障，在这方面最好的制度体现就是"合适成年人在场制度"。

该制度本意是在未成年人接受讯问、审判以及询问时，要有相应的成年人到场，若认为未成年人权益在这一过程中受到侵害，还要发表意见。就当前我国司法实践的现实状况而言，其制度价值主要体现在侦查人员对未成年人的讯问阶段，[2]该制度目前主要的问题归结起来主要是两点：

第一，成年人的范围并不确定，之所以这样说，是因为法条上虽然规定了三类人员范围：①法定代理人；②其他成年亲属；③所在学校、单位、居住地的基层组织或者未成年人保护组织的代表。但仔细分析会发现，法定代理人与其他成年亲属如有可能均会到场，而且是以其他诉讼参与人的角色出现。如果需要启动合适成年人在场制度，则一定是法定代理人与其他成年亲属无法到场。换言之，该条规定的重点在于第三类人员，又被称为其他合适成年人，但这仅仅是给出了一个大致范围，落实到具体的出场人，并无细致规则，各机关在实践中进行协调的方法也不尽一致。

第二，"合适"概念的标准模糊，对其理解在实践中各不一致，不同地方的规定则各不相同。[3]总结各地的经验有年龄限制、教育背景的

---

〔1〕　参见林钰雄："改革侦查程序之新视野——从欧洲法趋势看中国法走向"，载《月旦法学杂志》2008年第6期。

〔2〕　参见何挺："'合适成年人'参与未成年刑事诉讼程序实证研究"，载《中国法学》2012年第6期。

〔3〕　参见谢登科："合适成年人在场制度的实践困境与出路——基于典型案例的实证分析"，载《大连理工大学学报（社会科学版）》2015年第3期。

限制、道德水平的限制等，但这些都没有被统一化，导致实践中完全是以办案机关的需要而进行选择的，这不免给未成年人的人权保障带来一丝隐忧。

3. 侦查阶段法律援助制度表现"赢弱"

法律援助制度对于保障犯罪嫌疑人的人权利益具有重要的意义，但从保障犯罪未成年人人权利益的角度出发，会发现该制度无论就其规定本身还是实践状况而言都稍显"赢弱"，并没有实现制度设立之初时所要达到的目的。

根据现行《刑事诉讼法》第35条的规定：①犯罪嫌疑人、被告人因经济困难或者其他原因没有委托辩护人的，本人及其近亲属可以向法律援助机构提出申请。对符合法律援助条件的，法律援助机构应当指派律师为其提供辩护。②犯罪嫌疑人、被告人是盲、聋、哑人，或者是尚未完全丧失辨认或者控制自己行为能力的精神病人，没有委托辩护人的，人民法院、人民检察院和公安机关应当通知法律援助机构指派律师为其提供辩护。③犯罪嫌疑人、被告人可能被判处无期徒刑、死刑，没有委托辩护人的，人民法院、人民检察院和公安机关应当通知法律援助机构指派律师为其提供辩护。根据《刑事诉讼法》第278条的规定：未成年犯罪嫌疑人、被告人没有委托辩护人的，人民法院、人民检察院、公安机关应当通知法律援助机构指派律师为其提供辩护。

从上述规定可以看出，对于犯罪未成年人而言，总则部分的法律援助制度并没有作出特殊规定，这从未成年人刑事案件"个案化"处置而言，确实有些不妥。而通过分析《刑事诉讼法》第35条与第278条的规定，会发现法条内部存在逻辑上的漏洞：法律援助制度在侦查阶段并不是充分存在的。具体而言，根据总则的规定，在一般性的未成年人刑事案件中，如果没有出现犯罪嫌疑人、被告人是盲、聋、哑人，或者是尚未完全丧失辨认或者控制自己行为能力的精神病人，可能被判处无期徒刑、死刑这三类情形的案件，假如当事人及其近亲属没有向法律援助机构提出申请，侦查机关实际上也没有强制性的义务要为其指定辩护。

根据第 278 条的规定，只要该未成年犯罪嫌疑人、被告人没有委托辩护人，就应当为其指派律师，但指派机关的顺序是"人民法院—人民检察院—公安机关"，这个立法逻辑并不符合《刑事诉讼法》一般的法条逻辑，因为按照正常的法条规定顺序应是"公安机关—人民检察院—人民法院"。这种异于通常的立法规定隐含指派律师的任务主要由人民法院来承担的立法逻辑，这在实践中就导致即便是公安机关没有为其指派律师，也会由后续的检察院与法院进行指派，而且法律对没有履行指派职责的机关也没有规定相应的程序性制裁措施，从一定意义上说，侦查阶段的法律援助制度仅仅是任意性规定，而非强制性规定。

虽然《中华人民共和国未成年人保护法》（以下简称《未成年人保护法》）第 51 条规定："在司法活动中对需要法律援助或者司法救助的未成年人，法律援助机构或者人民法院应当给予帮助，依法为其提供法律援助或者司法救助"。但仔细分析该条会发现其逻辑上的问题：文本的意思是法律援助制度是"应当"的，但对于法律援助机构而言，在既没有申请，也没有指派的情况下，法律援助机构完全没有信息源，而人民法院的作用主要体现在审判阶段，对侦查阶段而言，法律援助发挥的作用近乎"羸弱"。

从上述一系列分析而言，就立法层面，正如有学者认为的那样，法律援助制度的意义"停滞"在审判阶段。[1]

从实践发展来看，该问题则更为严峻。随着近年来一系列法律法规的颁布与施行，法律援助的作用也被重视，就相关的数据统计而言，法律援助案件的占比在大幅上升，而未成年人刑事案件适用法律援助的比例也在大幅度上升，但据相关实务部门的反馈，公安机关在侦查阶段为犯罪嫌疑人指派法律援助律师的情况少之又少，[2]因而，目前侦查阶段法律援助制度的"羸弱"表现亟待改善。

---

〔1〕　参见魏虹："论刑事诉讼中未成年人法律援助制度之完善"，载《人民司法》2011年第 17 期。

〔2〕　参见马丽亚："原理与路径：未成年人刑事法律援助制度分析"，载《青少年犯罪问题》2016 年第 1 期。

（二）审查起诉阶段存在的主要问题

审查起诉阶段是未成年人刑事案件发展的关键阶段。一方面，相当一部分案件在此阶段得以终结，未成年犯罪嫌疑人得以解脱；另一方面，一部分案件则经由审查起诉而进入审判阶段，被告人由此面临着刑事处罚的巨大风险。就未成年人刑事案件而言，审查起诉阶段是一个重要的分水岭，但是梳理审查起诉阶段会发现以下问题：

1. 诉讼迅速原则贯彻不力

诉讼迅速原则是刑事司法制度的一项基本原则，其在人权保障层面具有重要作用，这已是公认的价值取向，对于如何实现诉讼迅速原则有着不同理解，但"牺牲当事人程序权利作为促进诉讼迅速之方法，却常是国际刑事立法或司法所习见之方法"。[1]正因如此也就有了简易程序、速裁程序等制度，但这本身又陷入了更为复杂的价值判断之中，即正义性与迅速性之争。之所以会出现这种状况，是由路径选择偏颇所致，一般而言，审查起诉阶段具备承上启下的功能，即案件的繁简分流，这也是上述简化程序存在的理论动因。

除此之外，刑事诉讼还具有"程序自治"的本位功能，其内涵归结起来就是"量力而行，适时而终"，[2]即在合理必要的情况下及时终结诉讼程序。但这往往是控诉机关最不愿面对的事情，何况在我国还有某些相对不合理的绩效考评机制影响着公诉机关，如起诉率、有罪判决率、结案率等，[3]因而在案件证据、事实出现争议时，这个阶段往往会久拖不决，超期羁押的问题就产生了。当然有观点认为超期羁押问题最严重的（影响）是在侦查阶段和审判阶段，[4]但笔者并不赞同该观点，事实上正是因为公诉机关在审查起诉阶段没有发挥出自身的本位功能，才导致许多案件的超期羁押问题。比如，公诉机关对于侦查机关移交的

〔1〕 参见何赖杰："诉讼迅速原则之具体实践——以德国刑事诉讼晚近发展为例"，载《月旦法学杂志》2014年第6期。

〔2〕 参见陈海锋："刑事审查起诉程序功能的重构"，载《政治与法律》2015年第5期。

〔3〕 参见孟建柱："主动适应形势新变化 坚持以法治为引领 切实提高政法机关服务大局的能力和水平"，载《人民法院报》2015年3月18日，第1~3版。

〔4〕 参见李忠诚："超期羁押的成因与对策"，载《政法论坛》2002年第1期。

证据不足、事实不清的案件，迫于压力选择退回补充侦查或者出现滥用公诉权的情形，即不该起诉而起诉、随意变更公诉、恣意重新起诉等，[1]从而导致犯罪嫌疑人被继续羁押。同理，对于这类滥用公诉权的案件，法院基于相互关系的维护，往往也不会直接判决无罪或进行非法证据排除，而这样的判决结果，往往又引发被告人一方的上诉、信访，从而导致案件久拖不决。故此，笔者认为除非案件的进展没有超出侦查阶段，否则案件超期羁押问题的症结就在审查起诉阶段。

在未成年人刑事案件中，从对未成年人的特殊人权保障的角度出发，该问题则显得更为突出，尤其是在存有疑点的案件中，公诉机关仍然不敢进行程序自治，从而导致诉讼久拖不决，以致对未成年犯罪嫌疑人的自由权造成了极大侵害。

2. 酌定不起诉制度尚不完善

在前一部分论述中，笔者提到了公诉机关的"程序自治"本位功能，对"程序自治"而言，实践中最典型的制度就是酌定不起诉制度。酌定不起诉制度实际上体现了公诉机关对诉权所具有的一定程度的自由裁量权，这也被视为对未成年犯罪嫌疑人人权保障的优先路径之一。

但该制度在实践中却出现了一些问题，让这一制度的效用大打折扣，主要体现在以下两方面：一方面，酌定不起诉制度的法律规定过于模糊，导致酌定不起诉制度的适用受到限制，一般而言法律规定越宽泛，执法人员解释的空间越大，适用的范围也更宽泛。虽然学界与实务界对该制度的态度趋于积极，但现实的状况恰恰相反，究其原因主要有两方面，一方面，在各方的压力下，宽泛的规定反而让公诉机关投鼠忌器，很多时候宁愿起诉，也不招惹"是非"；另一方面，该制度在与其他制度的系统衔接方面存在断档，即便公诉机关作出了酌定不起诉的决定，但后续并无相应的制度予以保障，比如说被害人的救济问题，以及相应社区矫正的跟进等。如果没有相应制度的保障，那么酌定不起诉制

---

〔1〕　参见周长军："公诉权滥用论"，载《法学家》2011 年第 3 期。

度也只能是空中楼阁。[1]

3. 附条件不起诉制度尚待优化

《刑事诉讼法》于 2012 年第一次正式确立了附条件不起诉制度，迈出了对未成年犯罪嫌疑人人权保障的重要一步，我国的附条件不起诉制度是借鉴域外的暂缓起诉制度后进行的本土化制度变革。典型意义的暂缓起诉制度，始于 20 世纪 70 年代德国刑事诉讼的改革，准确的说法应为暂时中止起诉制度，制度设计时参考缓刑制度加以变化而来，即将缓刑制度中的犹豫期间移植到审查起诉阶段，与原本的不起诉制度加以结合，使检察官裁量不起诉的处分效力附加上较长的犹豫期间，[2]暂缓起诉与通常所说的警察微罪处分、宣告犹豫、执行犹豫一起构成了刑事犹豫制度。[3]

在未成年人刑事案件中，暂缓起诉制度对于保障未成年犯罪嫌疑人的人权具有重要意义，尤其是促成对未成年犯罪嫌疑人的刑罚思维由"报应刑"向"矫正刑"的转变具有重要意义。当前我国已经建立起了缓刑与假释制度，这已填补了宣告犹豫与执行犹豫制度的空白。虽然目前我国还未建立普遍适应的暂缓起诉制度，但未成年犯罪嫌疑人附条件不起诉制度作为暂缓起诉制度的一个侧面也已运行，在有些地区收到了不错的效果，只是仍旧有以下两个问题亟待解决：

第一，制度的适用面过窄。一方面根据法律规定，该制度适用的对象条件不仅要求犯罪嫌疑人在实施犯罪时是未成年人，而且要求在审查起诉、作出决定时仍然是未成年人，[4]这样的规定过于苛刻。如前所述，考虑到我国未成年人犯罪相对集中的年龄段是 16～18 岁，再加之较长的侦查、审查起诉时间，等到真正要作出决定时，往往已经不符合

---

〔1〕 参见马柳颖：《未成年人犯罪刑事处遇制度研究》，知识产权出版社 2009 年版，第 236～237 页。

〔2〕 参见王皇玉："刑事追诉理念的转变与缓起诉——从德国追诉制度之变迁谈起"，载《月旦法学杂志》2005 年第 4 期。

〔3〕 参见董邦俊："刑事犹豫制度研究"，载《山东科技大学学报（社会科学版）》2010 年第 6 期。

〔4〕 参见孙长永主编：《刑事诉讼法学》，法律出版社 2019 年版，第 449～455 页。

条件了，这为该制度的适用带来了一丝隐忧；另一方面，就罪名条件而言，未成年人仅在涉嫌侵犯公民人身权利、民主权利罪、侵犯财产罪和妨害社会管理秩序罪时，才有可能适用该制度，而且需要满足"可能判处 1 年有期徒刑以下刑罚"的条件，这样的规定明显限制了该制度的适用空间。如果从人权保障的角度出发，对未成年人犯罪嫌疑人的人权保障是普遍性的，不在于其犯的是何罪，也不在于罪行轻重，保障的原因是基于这一群体的特殊身份，从这点考虑，过多的罪名限制与行为考量会削弱制度的人权保障功能。

第二，与酌定不起诉制度之间关系尚未理顺。在未成年人刑事案件中，附条件不起诉制度与酌定不起诉是存在同时适用的可能的，但现行法律并没有对二者适用的逻辑关系进行明确的规定，在实践中也出现了在同一案件中，公诉机关内部在两种制度的选择上出现不同的声音。因而需要对两种制度的逻辑关系进行理顺。[1]

（三）审判阶段存在主要的问题

在以往的未成年人刑事案件诉讼程序的研究中，审判阶段是一个重点，而且在以往的改革中，未成年人刑事案件审判程序也是关注的重点，从这个意义来看，在侦查、起诉、审判、执行这四个阶段中，审判阶段的程序措施最为完善，也最为系统。笔者认为，学界指出当前未成年人刑事案件审判阶段的一些问题，诸如专业化、法律援助制度、犯罪记录封存制度、合适成年人参与制度等，要么并非仅靠审判阶段就能解决的，如专业化的问题；要么就是问题的主要矛盾点不在审判阶段，而是存在于其他阶段，如法律援助制度，故笔者在此不再赘述，而是聚焦审判阶段进行问题分析。

笔者认为，当前在审判阶段亟待改进之处就是审判方式设置的科学化程度不够，主要包括以下两个方面：

1. 法庭教育与刑事裁判"既判力"理论相悖

提起既判力理论，在大陆地区法学教育的智识中，主要将其视为民

---

〔1〕 参见郭斐飞："附条件不起诉制度的完善"，载《中国刑事法杂志》2012 年第 2 期。

事诉讼的概念,[1]但该理论本身也是刑事诉讼的基本原则之一,只不过在不同法系之中有着不同的称谓和侧重点,大陆法系一般称之为"既判力"理论,英美法系一般称之为"免受双重危险"原则,这都可以被视为对"一事不再理"原则的注解。"既判力"的原本意旨是维护法院判决的确定力、权威性以及法的安定性等,"免受双重危险"则主要是从防止被告人受到双重追诉这一人权保障的角度出发,但二战之后的大陆法系国家的"既判力"理论也吸收了英美法系国家"免受双重危险"原则的意旨,成为人权保障的重要理论支撑。[2]

根据学界的普遍观点,既判力在时间层面的生效点大致可被界定为事实审言词辩论终结之时。这个点设定的意义就在于,当到达标准时,法庭上的案件事实基本确定并不得在此后再对案件事实进行交流、辩论,唯一的交流仅仅是被告人的最后陈述,以体现对被告人的人权保障。这样做的目的就是保证法官在标准时与判决作出之间的时间内不再受干扰,从而确保法官最后自由心证的独立作出,并最终形成判决,但从另一个侧面这也意味着法官在此期间也应恪守"金口难开"的职业道德,将自己对案件的判断通过判决书而非其他方式表达出来。

但《最高人民法院关于适用〈中华人民共和国刑事诉讼法〉的解释》第485条对于法庭教育的规定是:①法庭辩论结束后,法庭可以根据案件情况,对未成年被告人进行教育;判决未成年被告人有罪的,宣判后,应当对未成年被告人进行教育。②对未成年被告人进行教育,可以邀请诉讼参与人、《刑事诉讼法》第270条第1款规定的其他成年亲属、代表以及社会调查员、心理咨询师等参加。③适用简易程序审理的案件,对未成年被告人进行法庭教育,适用前两款的规定。根据该规定会产生许多问题:当法庭辩论结束时,也往往到了庭审的关键时刻,法官在听取被告人的最后陈述后,理论上也将作出判决,但在此期间进行法庭教育,客观上就意味还有其他非审判人员对案件发表意见,同时法官在进行法庭教育时也往往会暴露自己对案件的观点,从既判力程序保障的角

---

[1]　参见李哲:"刑事既判力相关范畴之比较",载《比较法研究》2008年第3期。

[2]　参见陈瑞华:"刑事诉讼中的重复追诉问题",载《政法论坛》2002年第5期。

度，法庭教育设在此时确有不妥。而且在此时进行"法庭上的教育"，往往会产生三层含义：第一层是告诉被告人"你有罪"，第二层是告诉被告人"你要认罪"，第三层是告诉被告人"你要服判"。但即便是宣判有罪的被告人，在第一审案件中，当事人还有上诉的权利。换言之，在当事人上诉的案件中，一审裁判还不是终局裁判，此时的法庭教育不合时宜。

2. 法官承担职责与刑事审判中立原则相悖

在未成年人刑事案件中，法官承担的职责过多，在普遍建立了"控辩式"庭审模式的今天，未成年人刑事案件的审判却依旧呈现出职权主义的色彩，比如为当事人指派律师的任务主要由法院完成、法院有时还要自行进行社会调查、庭后帮教也主要由法官进行等。笔者认为，法院在承担这些职责时，呈现出了不同于以往的主导性，但这种主导性与当前进行的"以审判为中心"的诉讼制度改革并不契合，实质上是南辕北辙。我们常说的"审判中心主义"的意旨是："普遍建立了针对侦查行为的司法授权和审查机制"，"普遍建立了对审前羁押的司法控制机制"，"普遍通过司法裁判程序对侦查活动进行制约"。[1]由此可见，法官对侦查、起诉的参与主要还是体现为对侦查机关、审查起诉机关的程序性制约，基本不涉及案件实体内容，但目前规定，如法院若自行进行社会调查，这个环节主要出现在开庭准备阶段，这就意味着法官极有可能在庭审之前就会获知案件的相关信息，而这势必有违审判中立原则，[2]因而，法院、法官所要承担的职责需要重新调整。

（四）执行阶段存在的主要问题

在执行阶段，人民法院作为主要负责机关，其当前工作主要的难点以及问题多发的领域是在犯罪记录封存制度（或称为前科封存制度）上，该制度目前还存在的问题主要是：

〔1〕　陈瑞华：《比较刑事诉讼法》，中国人民大学出版社 2010 年版，第 265~283 页。
〔2〕　参见左卫民、周长军：《刑事诉讼的理念（最新版）》，北京大学出版社 2014 年版，第 95~98 页。

1. 制度适用的范围有限

根据法律的规定，目前犯罪记录封存制度的适用条件是犯罪时不满18周岁且被判处5年有期徒刑以下。笔者认为，目前的适用条件过于苛刻，如前所述，犯罪记录封存制度的功能终究是为犯罪嫌疑人再社会化扫清障碍，尽量不让犯罪未成年人形成"标签效应"，也尽量不要让社会对其产生歧视，这就相当于为重新回到社会上的未成年犯罪人尽可能地铺一条平坦的路，但至于行走在这条路上所可能产生的各种情况，则是因人而异了。

这是一种很微妙的制度设计，其前提假设未成年犯罪人的再社会化是可以成功的，从这个意义上讲，只要能社会化成功，就应该封存犯罪记录，而不是以重罪或轻罪来衡量其社会化是否可能成功，换言之，法条中有关5年有期徒刑以下的执行标准不科学。但是，如果未成年人又再犯，并不意味着假设是错误的，因为现实中有许多成功的例子不断证实假设是可以成立的，虽然不是100%，但对于犯罪记录封存制度而言其价值已经实现了，因而目前的规定只能认为是"好事未做尽"，仍需要进一步的深化。

除此之外，既然5年以下有期徒刑即可封存，那相较于有期徒刑更为轻缓的法定不起诉、酌定不起诉、附条件不起诉以及采取非刑罚处罚等情形的未成年人的相关记录是否也要予以封存？对此，法律并没有明确规定。[1]

2. 犯罪记录封存制度的例外规定架空该制度

我国现行《刑法》第100条规定了前科报告制度：依法受过刑事处罚的人，在入伍、就业的时候，应当如实向有关单位报告自己曾受过刑事处罚，不得隐瞒。犯罪的时候不满18周岁被判处5年有期徒刑以下刑罚的人，免除前款规定的报告义务。结合《刑事诉讼法》中的犯罪记录封存制度，若是犯罪记录被封存，也免除了相应的报告义务，但现实的状况是在入伍、就业乃至于升学时，有关单位往往会主动进行调查

---

〔1〕 参见肖中华："论我国未成年人犯罪记录封存制度的适用"，载《法治研究》2014年第1期。

（有关单位的调查行为也是根据国家有关规定进行的），在此就会产生一个危险：犯罪记录封存制度的例外规定"有关单位根据国家规定进行查询"，对此如果不能作出细致的规定将会有使整个犯罪记录封存制度被架空的危险。

同理，司法机关根据办案需要也是可以查询依法被封存信息的。但"司法机关""办案""需要"都是不确定的概念，"司法机关"并未明确是检、法机关，还是公、检、法三机关，所办"案件"的范围并未明确仅指刑事案件还是刑事、民事与行政案件，相关的"需要"所需要的办案机关尽到的说明义务并不明确，这些问题都没有法律进行规定，因而需要进一步的法律解释进行明确。[1]

3. 犯罪记录只封存而不消灭

当前的犯罪记录封存制度仅仅是对犯罪记录进行封存，而且这种封存是"有限可查的"，这涉及对未成年人隐私权的保护，尤其是在当前我国对有前科记录人员的歧视还普遍存在的情况下，在一定条件下防止未成年人的犯罪记录外泄，对于未成年人的再社会化矫治往往具有决定性意义。基于这个层次去考虑该问题，就会发现目前的封存制度仅仅是一种最低限度的保护，封存并不意味着不存在。如前文所述，在满足一定条件的情况下，这种信息还是可以被查询的，这种记录对犯罪人而言就像一颗"定时炸弹"，在人生的重要节点都有被"引爆"的风险。这对于未成年犯罪嫌疑人的再社会化改造是非常不利的，从这个角度来看消灭远比封存更为有效和彻底，因而在未来的制度优化中还需要进一步的深化。

（五）各诉讼阶段贯穿问题分析

上面四部分的论述，主要还是聚焦每个阶段的重点问题，但纵观侦查、起诉、审判、执行这四个阶段，会发现有些问题往往是贯穿几个阶段的综合性问题，需要在下面单独进行分析。

---

〔1〕　参见张丽丽："从'封存'到'消灭'——未成年人轻罪犯罪记录封存制度之解读与评价"，载《法律科学（西北政法大学学报）》2013年第2期。

1. 专业化抑或专门化程度不足

专业化的问题是未成年刑事案件处理中的"老大难"问题，这个问题在案件侦查阶段、审查起诉阶段、审判阶段、执行阶段都会被提及。具体而言，就是公、检、法、司等机关之间以及不同层级、不同地域的各机关之间受制于现实条件，往往在人员配置、机构设置等方面不能做到由专员以及专门机构处理。换言之，缺乏专门办案力量是目前处理未成年人刑事案件众所周知而又难以解决的一个问题。

除此之外，笔者认为当前学界与司法实务界所强调的专业化是一种"形式专业化"，更多将专业化的实现寄托于外在的机构设置、人员配置。这样做的好处是便于管理，但弊端是架空了未成年人刑事案件专业化的实质意义，从而导致对案件进行专门办案力量下一般化处理，违背了前述的"个案化"处置原则，因而需要在未来的制度构建中深化对专业化的理解。

2. 社会调查制度存在的问题

社会调查制度作为一项辅助办案制度，充分体现了对未成年人刑事案件的个案化处置措施，是一项非常有创见性的制度，但这一制度的设计却存在着诸多不合理之处，主要有以下三个方面：

第一，调查主体的泛化是该制度的首要问题。调查主体以及可能参与调查的主体过于复杂，包括公安机关、检察机关、法院、县级司法行政机关、共青团组织等其他社会团体。[1]如此广泛的参与主体，根本就谈不上隐私权保护的问题。尤其是在基层地区，社会关系相对紧密，隐私一旦泄露危害是难以挽回的，而且这种对隐私的侵害是"二元性"的，以往谈到保护未成年犯罪人的隐私主要是指防止其犯罪记录的外泄，但该制度在调查过程中还涉及成长经历、监护教育情况、社会背景等。[2]换言之，其日常的隐私状况也有可能因为这种广泛主体的调查而泄露，这种可能出现的"二元性"隐私泄露风险是极有可能管控不

---

〔1〕 孙长永主编：《刑事诉讼法学》，法律出版社 2019 年版，第 445 页。

〔2〕 参见李延舜："论刑事诉讼各阶段中的未成年人隐私权保护"，载《青少年犯罪问题》2016 年第 4 期。

好的。

第二，如前文所述，法院是法定的三大调查主体之一，法院充当调查主体是对审判中立原则的巨大冲击。

第三，社会调查制度在实践中面临着启动乏力、适用率不高的窘境。出现这种现象的原因是多方面的：首先，社会调查制度的适用不是强制性的，加之要进行社会调查往往要耗费大量的时间、精力，调查主体在案件（数量）爆发的高压下也就没有了进行社会调查的主动性；其次，被调查主体一方往往也面临困难的选择，在隐私、名誉保护与刑罚从宽之间要进行取舍，如果能有更好的方式获得刑罚从宽，如向被害人积极赔偿，争取实现和解，那被调查一方也不会选择该方式；[1]最后，社会调查报告的质量不高也是其适用率偏低的重要原因，社会调查报告要为法官最后的量刑裁判提供参考，但如果调查报告只是遵循以往的老套路、走形式，[2]对法官的量刑决策没有实质性的参考作用，导致调查主体的启动意愿不高，最终也会影响其适用率。

3. 运用绩效考核机制不合理

在整个刑事诉讼法学的研究中，针对当前诉讼机制运行中出现的种种问题，不合理的绩效考核机制是学界重点批判的对象，但不可否认的是，绩效考核机制是保障各机关工作效率与秩序的有力制度。绩效考核制度可以简单分为对案件考核与对办案人员考核两类。

对于公安机关与检察机关而言，对案件的考核机制在未成年人刑事案件办理过程中已不存在。根据《中央综治委预防青少年违法犯罪工作领导小组、最高人民法院、最高人民检察院、公安部、司法部、共青团中央关于进一步建立和完善办理未成年人刑事案件配套工作体系的若干意见》的规定，公安机关在办理未成年人刑事案件时，不以拘留率、逮捕率或起诉率作为工作考核指标，检察院办理案件时则不以批捕率、起

---

〔1〕 参见张培芹："未成年人刑事司法中社会调查制度之运行困境与出路——以调查程序启动的强制性为落脚点"，载《法治论坛》2013年第1期。

〔2〕 参见马康："未成年人社会调查报告冷思考"，载《预防青少年犯罪研究》2016年第3期。

诉率等情况作为工作考核指标，法院系统则一直在探索相应的考核机制。[1]公、检、法机关对于传统的对案件考核机制的弊端都有较为清晰的理解，这是一种积极的现象。

但对未成年人案件办案人员的绩效考核却依旧与办理普通案件的人员一致，换言之，未成年人案件办案人员的工作特殊性没有得到体现，却还要与他人站在同一起跑线上被比较。从长远看，这对办案人员的工作积极性以及整个未成年人刑事案件工作都是一种打击，最典型的例子就是工作量的比较。以检察机关为例，办理一件未成年人刑事案件与办理一件成年人刑事案件相比，捕诉环节比成年人刑事案件多出 7 个程序，仅按照上述特别程序要求的工作所耗费的劳动时间计算，大约每办理一个未成年人刑事案件需要多耗费 26 个小时（相当于 3.2 个工作日），[2]因而急需建立一套合理的绩效考核机制以改善现存的问题。

三、未成年人刑事诉讼程序中发生问题的原因分析

上述现象的出现既有制度设计上的原因，也有实践操作上的问题，有鉴于此，笔者将司法实践中问题发生的原因进行总体性的分析，以期为后文的制度建构提供有益的指导。

（一）人权保障理念的"波浪线式"存在

虽然在引言中提到未成年犯罪嫌疑人、被告人的人权保障问题是"旧瓶装新酒"的问题，但我们也应该清醒地意识到，从三十多年来的司法实践的现实来看，人权保障概念或者意识的出现晚于人权保障具体制度的出现，如何来解释这种现象呢？从 1986 年起，上海正式成立了第一个"少年起诉组"，作为控诉未成年犯罪嫌疑人的专门组织，自此到 1991 年我国颁布了第一部《未成年人保护法》，其中有专章专节对犯罪未成年人的司法保护进行规定，这些举措都体现了对犯罪未成年人的司法保护。但公安机关、检察机关对未成年人犯罪长期以来的态度就是

---

〔1〕 参见"少年审判应为司法改革先行先试"，载《南方都市报》2014 年 11 月 29 日，第 A12 版。

〔2〕 参见岳慧青："未检部门工作量测算应有不同侧重点"，载《检察日报》2016 年 6 月 15 日，第 3 版。

坚决遏制未成年人犯罪态势，对犯罪未成年人的司法保护更多地体现在打击、控诉、审判犯罪未成年人的过程中，[1]对犯罪未成年人的司法保护可以被看做打击未成年人犯罪的工作的副产品，其从属性是非常明显的，作为后来者的人权保障理念，一般是指自 1991 年《中国的人权状况》白皮书发布以来，学界以"普遍论"为基础慢慢确立和发展起来的人权概念。[2]

换言之，未成年犯罪嫌疑人、被告人人权保障理念的出现晚于未成年犯罪嫌疑人、被告人司法保护的司法实践，这是由我们当时特殊的国情决定的，后出现的人权保障理念对之前的司法实践起到了理论升华作用，同时也对后续的制度建设提供了理论指导，但客观上也会产生"起点过低、天生短板"的问题。尽管近些年来，我们已经意识到了这个问题，对于未成年人犯罪的司法处遇以及对与人权保障的理解都在不断发展和完善，但我国的这种发展又明显缺乏承继性，故而"舶来品"较多，再加之或多或少的"水土不服"现象，因而在各项制度之中都会渗透有人权保障的理念，但对于理念的理解却高低不同，以致有的制度对人权保障理念的体现相对充分，而有的制度则偏颇，使得人权保障的理念就像波浪线一样存在于不同制度当中，这个最典型的例子就体现在对未成年人刑事案件专业化的理解上面。有的部门将其单纯理解为机构的专业化，有的部门则仅是理解为人员配置上的专业化，有的则是注重法律的专业化，这种理解的不同实际上体现了各部门对人权保障理念理解的不同，这也是导致实践中各地做法五花八门的内在原因。

（二）刑事诉讼人权保障的全面性不足

在刑事司法领域，对未成年人权益的人权保障被分为对侵害未成年人权益犯罪的打击以及对未成年犯罪嫌疑人、被告人的人权司法保护，

---

〔1〕 参见樊荣庆："未成年人司法保护的困境与对策思考"，载《青少年犯罪问题》2005 年第 2 期。

〔2〕 参见范继增："改革开放以来中国人权理论演变研究"，中国政法大学 2011 年硕士学位论文。

具体而言就是未成年被害人与未成年犯罪嫌疑人、被告人两大类，至于未成年证人等则不在此详述。在实践中，公、检、法各机关对侵害未成年人权益犯罪的打击往往及时到位，这也是各机关在未成年人人权保障方面的工作重点。[1]但是，对于未成年犯罪嫌疑人、被告人的保障缺位较明显，导致刑事诉讼人权保障的全面性不足。未成年被害人与未成年犯罪嫌疑人、被告人都是刑事诉讼人权保障的重要方面，而对未成年犯罪嫌疑人、被告人的权益保障更是直接体现了刑事诉讼人权保障的水平。但当前实践中的片面做法使得未成年犯罪嫌疑人、被告人的人权利益陷入了较大的不安之中。

（三）制度设计的"可操作性"不强

在未成年人刑事案件的诉讼程序中，其亮点在于许多特殊制度的构建，诸如社会调查制度、犯罪记录封存制度、附条件不起诉制度等，这些制度设计符合了司法实践的需要，也形成了一系列办理未成年人刑事案件特殊的诉讼程序和诉讼制度。[2]但从宏观角度观察，这种"单兵突进"式的研究缺乏统一的理念性指引，每一个制度的设立宗旨都在宣称是对犯罪未成年人的人权进行保障，但这些制度的实现本身又高度依赖于公、检、法各机关的程序自觉，对人权保障的理解与执行成为各机关的"分内之事"而变得各具特色，而刑事诉讼程序人权保障机制运行的前提就是假设国家权力机关在程序操作中的不规范行为。故理念与实践逻辑上存在着难以自洽之处。

此外，有些制度为了彰显对未成年犯罪嫌疑人、被告人的人权保护，设计理念超前，但本身操作性不强，在实践中的实际效果并不理想，甚至在实践过程中走向了制度设计初衷的反面，出现了所谓的"二次伤害"问题，最典型的如社会调查制度，该制度的设计基于一个美好的目的，但这种各机关"一窝蜂式的全体总动员"的做法，未

---

〔1〕 参见"'坚决重判'能否遏制侵犯未成年人犯罪——最高法公布三起侵犯未成年人权益犯罪典型案例，称要坚持最低限度的容忍、最高限度的保护"，载《潇湘晨报》2013年5月30日，第A13版。

〔2〕 高鑫："最高检通报未成年人检察工作30年工作情况和典型案例"，http://www.spp.gov.cn/ztk/2016/gyssgztj_3088/zyxw/201605/t20160527_118955.shtml，2016年10月29日。

能起到应有的效果，成为未成年人刑事案件制度的"鸡肋"。

（四）部门化色彩严重，缺乏相互协同

就未成年人刑事案件办理的总体状况而言，目前还处于各部门"单兵作战"的阶段，出现这种现象的原因是多方面的，但最主要的原因是，少年司法作为域外经验被引入，对我国司法理论以及实务而言都是陌生的，在制度形成发展过程中，我们一直欠缺这方面的实践积累，在立法经验不足的情况下只得让各部门在实践中"摸着石头过河"，所以各部门对未成年人刑事案件均出台了各自的法律文件，相当于拥有了立法权的各部门把各自对人权保障的理解通过法律文件的形式确定下来，进而影响到司法实践。等到要出台综合性的法律或司法解释时，会发现各部门无法进行协调，各自基于自己的办案需要而形成了各自的"利益需求"，都想把自己的利益需求通过立法实现，从而形成了各部门之间的利益博弈现象，典型的例子如，在法律援助制度中，虽然规定了侦查机关所承担的义务，但没有相应的对不予履行的程序性制裁，使得这种规定仅具有象征意义。而在实践中，侦查机关也确实没有履行好这种职责，之所以会出现这种情况，归根结底还是因为照顾侦查机关的办案需要，所以在立法时进行了模糊化的处理，对此笔者将在后文详细论述。

（五）与诉讼法理的衔接不到位

基于未成年人犯罪案件的特殊性，在制度设计时要考虑到个案化的处置方式，但这往往会与刑法、刑事诉讼法的基本理念、规则冲突。这就导致制度在运行时偏离了基本的诉讼法理，在一定程度上会产生破坏诉讼体系的完整性、浪费宝贵的司法资源等问题，从这点出发，在建构未成年人刑事案件诉讼程序时也要注意与相关的诉讼法理进行协调，尤其是公、检、法各机关的职责设置。在这方面问题比较突出的是对法院的职责设置，法院作为审判机关其所要遵循的审判中立等原则在实践中受到了冲击。

总而言之，上述五方面的原因是导致目前司法实践中出现众多问题的主要原因，从这些原因分析入手，重新审视当前刑事诉讼程序在保障犯罪未成年犯罪嫌疑人、被告人权利方面所存在的问题时，需要确立正确的人权保障理念，以便对制度构建的路径起到指引作用，并在此基础上提出相关的改进方案，同时充分结合在立法与司法实践中出现的具体问题，在对具体制度的反思与改进中予以体现，进而为未成年犯罪嫌疑人、被告人的人权保障提供有力的支撑。

四、未成年人刑事案件诉讼程序的制度重构

在本部分，笔者将首先从贯穿性的问题入手，并依次着眼于刑事侦查、起诉、审判、执行各阶段的主要问题，针对这些问题将以人权保障的理念为指引，遵从诉讼法理的要求，结合当前司法实践的现实状态，为未成年人刑事诉讼程序的完善提供合理化建议。

（一）贯穿性问题的对策建议

1. 实现"全方位"的专业化与专门化

前面提到，目前（各机关）对专业化或者专门化的理解各不相同，各自的侧重点也不相同，有的侧重于机构的专门化，有的侧重于人员的专业化，而有的则侧重于法律的专业化，有的侧重于执法专业化。但就立法与司法实践的现状来看，机构专门化是当前改革的主要方向，[1]但这无疑是片面的。对于未成年人刑事案件专业化的理解，笔者将其定义为"专业知识基础上共同但有差异化的标准体系"。具体而言，专业化的首要基础是办案人员具备办理未成年人刑事案件的专业知识，同时在办理过程中秉持共同的人权保障理念并视个案情况进行差别化的处理。要实现这个目标，笔者认为要做到以下几点：

第一，人员的专业化。具体而言就是要实现"闻道有先后""术业有专攻"。"闻道有先后"是指各级办案机构都要全面确立专门处理未成年人刑事案件的人员，无论之前从事的业务性质，在确立后就应进行相关专业基础知识的培训，甚至可以设立持证上岗制度，并在人员的编制序列、升迁待遇等方面进行保障；"术业有专攻"是指从事未成年人刑事案件办理的人员应当专职从事该业务。实现该目标的最大难度在基层的公、检、法机关，也正因如此，更要采取一系列配套措施，在基层

---

［1］ 这在实务部门尤为突出，如 2016 年 3 月印发的《最高人民检察院关于加强未成年人检察工作专业化建设的意见》，其中绝大部分关注的焦点是机构设置。

推行办案人员的专职化，坚决杜绝因"吃不饱""轮岗"而兼办未成年人刑事案件。

第二，法律的专业化。此处要实现专业化不是指制定一部单独的少年法，恰恰相反，我们已经在《刑事诉讼法》中专章设置了未成年人刑事案件诉讼程序，此外还制定了《未成年人保护法》《预防未成年人犯罪法》以及众多的司法解释，换言之，法律框架已经具备，无需再另起炉灶。此处的法律专业化主要是指打破部门之间的利益博弈格局，由立法机关按照刑事诉讼人权保障理念以及诉讼法理的要求，充分吸收学界现有研究成果，在此基础上对法律进行修订。

第三，机构专门化。机构专门化的作用主要是为了更好地落实人员专业化，保障办案人员能够"闻道有先后""术业有专攻"，尤其是落实在经费、编制序列层面的保障。

第四，执法专业化。上述人员专业化、法律专业化、机构专门化的建设，有助于最终实现执法专业化，尤其是在未成年人刑事案件这类需要个案化处理的案子，在办案过程中因"案"制宜，制定出具备个案差异化的处置方案，充分保障未成年犯罪人的人权利益。

由此，也将会实现以人员专业化、法律专业化、机构专门化、执法专业化为主要内容的"四位一体"的全方位专业化格局。

2. 社会调查制度的重构

针对社会调查制度所存在的问题，笔者给出的重构建议是：

第一，要限缩调查主体以及可能参与调查主体的范围。首先，调查主体应当单一化，目前看来最合适的调查主体应当是检察院，因为检察院不仅承担案件起诉的公诉职能，而且也拥有不起诉的程序自治职能。换言之，检察院在审查起诉阶段，案件进入了"繁简分流"的关键时期，因而让检察院专门负责社会调查制度是合理也将是最有效率的。其次，就调查人员而言，还是应当"专案专人"，尽量将知情者控制在有限的范围内，以打消被调查主体的顾虑。最后，坚决杜绝委托调查的情况，允许在必要的情况下由其他组织协助调查，但绝不允许将社会调查的工作"外包"给其他主体。

第二，社会调查制度的启动要变"可以"为"应当"。虽然有学者从公权力义务性的角度论证社会调查制度启动的非裁量性，[1]但实务部门在具体操作上却并未秉承这种理念，仅将社会调查制度的启动视为一种裁量性权力选择，故要想扩大社会调查制度的适用率，关键的一步就是变当前法律规定中的"可以"为"应当"，明确社会调查制度启动的强制性。

第三，杜绝形式化的调查报告，追求调查报告的实质性内容。笔者认为，最关键的一步就是"调查报告说理化"，调查报告中对未成年犯罪嫌疑人、被告人的每一个品格、日常表现的判断都应当注释、标明判断依据，以附录列明相关的座谈记录、函调档案记录、证明材料等，力求呈现出未成年犯罪嫌疑人的一贯品行、人身危险性、再犯可能性。同时，坚持附录不公开原则，对附录内容要做好保密工作，附录内容仅限调查者与法官知情。对于调查报告的真实性如有异议，应当准许当事人提出申诉。

3. 绩效考核机制的构建

绩效考核机制既不可矫枉过正，也不可因循守旧，换言之，绩效考核机制一定要设置合理，既能推动人权保障的实现，又能提高办案人员的积极性，在具体制度的设置过程中应当遵循以下原则：

第一，对于保障未成年犯罪嫌疑人、被告人权益具有重要意义的措施都应当设置相应的考核指标，如合适成年人在场制度的适用状况、羁押性强制措施的适用状况、社会调查报告的质量等。

第二，对于办案人员工作量的计算要充分考虑未成年人刑事案件的工作性质，不能单纯地搞"一刀切"，切实保障办案人员的工作积极性。

第三，通过制度设计，做好未成年人刑事案件办理绩效考核制度与普通案件办理绩效考核制度之间的可比性衔接，保障相关办案人员在内部评比中的切身利益。

---

〔1〕 参见孙长永主编：《刑事诉讼法学》，法律出版社 2019 年版，第 445 ~ 446 页。

（二）侦查阶段的制度重构

1. 严格限制羁押性强制措施的适用

之前已经论述过采取羁押性强制措施的危害，有鉴于此，在侦查阶段就应当严格限制羁押性强制措施的适用，确立以非羁押性强制措施为主的原则。笔者认为，除了严格遵循羁押性强制措施适用的法律规定外，有效的办法包括以下两方面：

第一，在未成年人刑事案件的绩效考核指标中设立"羁押性强制措施过度使用扣分项"，通过此项来严格限制羁押性强制措施适用的随意性。

第二，明确侦查机关作出羁押性强制措施决定时，对未成年犯罪嫌疑人及其辩护人的"案件证据释明义务"。具体而言，该义务并不是要求侦查机关向未成年犯罪嫌疑人及其辩护人"亮底牌"，而是让其将据以认定需要采取羁押性强制措施的证据进行说明，换言之，就是说明"我根据什么来抓你"，从人权保障以及侦查规律的角度来看，这个义务的设定是合理且必要的。

2. 合适成年人制度与法律援助制度的衔接

相比较这两个制度的问题时，会发现两个制度在侦查阶段都遭遇了运行不畅的问题，合适成年人制度的问题是找不到合适的成年人，法律援助制度的问题是最合适、最应当在这个阶段介入的人却无法介入。而这两个制度对于未成年犯罪嫌疑人的人权保障而言具有重要意义，从这个意义探讨，将两个制度进行衔接，进而打通困扰侦查阶段的症结，不失为一条捷径。同时，未成年人刑事案件程序作为特别程序，完全可以在人权保障的理念指引下作一些特殊性的规定，甚至是突破性的规定，具体而言：

第一，明确侦查机关在侦查阶段的法律援助义务的强制性，并规定不予履行的程序性制裁措施。针对未成年犯罪嫌疑人的特殊性，在讯问时，无合适成年人在场的未成年人犯罪嫌疑人，侦查机关应当为其提供法律援助，如果侦查机关没有通知法律援助机构为其指派律师，那至少相关的讯问笔录应当被视为非法证据而自然排除。

第二，应当明确在场合适成年人的人员范围中有辩护律师的存在，并且作为第一顺位的合适成年人。正如前文所述，对于未成年犯罪嫌疑人而言，如果其法定代理人、近亲属能够到场，那为其聘请律师也是应有之义了，如果不能为其聘请律师或无人到场，那还有法律援助制度进行补救。换言之，从聘请辩护律师的角度而言，这并不是一个难题，困难之处往往是办案机关并不想让律师如此早地介入诉讼程序，但这个阶段恰恰是犯罪嫌疑人人权最易受侵害的时候，这也是人权保障最应关注的地方，因而应当从严规定，尽可能早地让辩护律师介入侦查阶段。

第三，明确在场合适成年人发表意见权的正当性。对于办案人员在讯问中侵犯未成年人合法权益的，现行法律规定到场的法定代理人或者其他人员"可以"发表意见。对此，一般基于文义的理解是到场的法定代理人或者其他人员"可以"或也"可以不"发表意见，这属于到场人员的裁量权，但这种理解是不符合当下司法现实的。在司法实践的语境中，只有"解释者的立场"而没有"被解释者的立场"，[1]侦查机关作为"解释者"去适用法律时，会将对该条的理解从"到场人员的裁量权"转化为"侦查机关对到场人员的授权"，即只有获得允许才可发表意见，否则会被视为干扰侦查。按照一般逻辑，作为与犯罪嫌疑人有着密切联系的法定代理人或者其他人员在面对侵犯犯罪嫌疑人合法权益的行为时，"袖手旁观"是令人难以置信的，"打抱不平"才是合乎情理的。因而，无论从哪方面来看，在场合适成年人拥有发表意见权都是具有正当性的，法律应当更加明确地肯定这种权利。

第四，明确在场合适成年人的讯问笔录签字确认权。在场合适成年人的存在既监督了侦查机关的行为，同时也证明了侦查讯问的合法性，因而对未成年人刑事案件侦查阶段的讯问笔录，在未来可以规定要求在场合适成年人签字确认，只有签字确认方可证实讯问笔录的合法性。如果在场合适成年人认为讯问笔录未能如实反映讯问情况，或发表意见后讯问人员依旧侵犯未成年人合法权益的，可以拒绝签字。

---

〔1〕 参见陈金钊："法律解释的意义及其对法治理论的影响"，载《法律科学（西北政法学院学报）》1999 年第 2 期。

（三）审查起诉阶段的制度重构

1. 加强公诉机关的程序自治职能

在未成年人刑事案件的审查起诉阶段，公诉机关绝不仅仅只是需要"端菜的艺术"，在更广泛案件的处理中，其要充分发挥程序自治的功能，结合当前解决超期羁押等问题的需要，应当对酌定不起诉与附条件不起诉情形进行制度改进。

对于酌定不起诉制度而言，一方面，可以在制度构建中考虑在作出酌定不起诉决定的时候，增加被害人一方的意见权，作为程序作出的重要考量；另一方面，作出决定后，可以考虑附加相应的社区志愿服务之类的工作，以辅助改造。

对于附条件不起诉制度而言，可以考虑进一步放宽制度的适用条件，主要有四点：其一，对于未成年犯罪嫌疑人的年龄限制，应该是犯罪时是未成年人的，不需在作出附条件不起诉决定时还要求是未成年人；其二，不再仅限于《刑法》第四、五、六章的罪名，除了恐怖活动犯罪，危害国家、公共安全之类的严重犯罪以及其他犯罪情节严重、人身危险性大的犯罪行为之外，都可以考虑该制度的适用；其三，进一步放宽刑期的要求，当前是"可能判处 1 年有期徒刑以下"，可以考虑进一步放宽限制；其四，不再局限于固定考验期（6 个月至 1 年）的时间局限，而是根据行为的社会危害性、改造难易程度、悔罪程度等因素，设置不同期限的考验期。

2. 理顺酌定不起诉制度与附条件不起诉制度的逻辑关系

就目前的法律规定来看，酌定不起诉与附条件不起诉都是符合法定起诉条件而不起诉，两者在适用范围上也存在着一定的重合，因而需要通过制度设计明确两者之间的逻辑关系，以便于实践的展开。

就两者逻辑关系的理顺可以有两种思路：一种是比照特别法与一般法的关系，就两个制度相比较而言，附条件不起诉制度的适用范围要窄一些，程序后果相对严厉，因而附条件不起诉制度可被视为特殊性的规定，酌定不起诉制度是一般性的规定，附条件不起诉制度可被视为酌定不起诉制度的特别规定。比照特别法与一般法在法律适用上的位阶关系，可以认为应当优先适用附条件不起诉制度，再考虑适用酌定不起诉制度。另一种思路是根据"存疑有利于被告"的刑事诉讼解释学原理，[1]因酌定不起诉制度的适用后果更轻缓，本着有利于被告的精神，应优先考虑（适用）酌定不起诉制度。

但笔者倾向依靠第一种思路建构两者之间的逻辑关系，这是因为：首先，"存疑有利于被告"的解释方法的前提是"怀疑"的存在，但两个制度都符合起诉的条件，这是毫无疑问的，所以这种解释方法的适用基础是不存在的；其次，所谓程序后果相对严厉也仅仅是因为"有附条件"，但这些条件并不是刑罚处罚方法，而且对于未成年犯罪嫌疑人不良行为的矫治有益，应当是鼓励使用的，而不是避免使用；最后，比照特别法与一般法的关系进行两者逻辑关系的建构，对于维护刑事诉讼制度体系的稳定性是更有利的。

（四）审判阶段的制度重构

1. 废除法庭教育制度

笔者建议废除法庭教育制度，主要基于以下两方面的考虑：一方面，从教育时机的角度来看，法庭教育连"亡羊补牢"的效果都没有，因为法律教育的意义在于预防犯罪，而不是预防下一次犯罪，预防下一次犯罪主要依靠刑罚的及时性与适当性。换言之，现在学界所标榜法庭教育制度对判决书说理、预防重新犯罪等的积极作用，[2]很难说不是诉讼过程本身所体现的"震慑"作用所起到的效果，从这个角度来看，法庭教育甚至都不如法庭审判本身所具有的教育意义有效果，或者说，法庭审判本身的教育意义是可以取代法庭教育的。另一方面，如前文所述，法庭教育制度与诉讼法理存在冲突，维护刑事诉讼法律理论体系的完整性远比设置一个法庭教育制度的意义大得多，而且法庭教育的功能并非不可被替代。

---

〔1〕 参见邓子滨：《中国实质刑法观批判》，法律出版社 2009 年版，第 194 页。

〔2〕 参见吴宗宪："强化未成年人犯罪案件审判中法庭教育效果的若干探讨"，载《青少年犯罪问题》2014 年第 4 期。

2. 法官回归审判职能

法官作为一个中立的裁判者，即便是在未成年人刑事案件的审判中也要坚持这一点，法官专侚审判，给未成年人一个公正的结果是法官最大的职责。因而，对于前述所谈及的不符合法官中立地位的职责设定都应当进行剥离，让法官专心审判。

（五）执行阶段的制度重构

针对执行阶段犯罪记录封存制度存在的问题，笔者认为该制度需要重新建构的是：

1. 变"犯罪记录封存制度"为"犯罪记录封存—消灭制度"

犯罪记录封存制度作为我国刑事司法制度与国际接轨的典型代表，其规则充分借鉴了联合国大会于 1985 年 11 月通过的《联合国少年司法最低限度标准规则（United Nations Standard Minimum Rules for the Administration of Juvenile Justice）》（又称《北京规则》），该规则第 8 条规定：应在各个阶段尊重少年犯享有隐私的权利，以避免由于不适当的宣传或加以点名而对其造成伤害。原则上不应公布可能会导致某人认出某一少年犯的资料。第 21 条规定：对少年罪犯的档案应严格保密，不得让第三方利用。应仅限于与处理手头上的案件直接有关的人员或其他经正式授权的人员才可以接触这些档案。少年罪犯的档案不得在其后的成人讼案中加以引用。

而 1990 年 12 月通过的《联合国保护被剥夺自由少年规则（United Nations Rules for the Protection of Juveniles Deprived of their Liberty）》第 19 条规定：所有报告包括法律记录、医疗记录和纪律程序记录以及与待遇的形式、内容和细节有关的所有其他文件，均应放入保密的个人档案内，……允许根据请求由适当的第三者查阅这种档案。释放时，少年的记录应封存，并在适当时候加以销毁。

从上述两个规则可得出，封存与消灭是相辅相成的，封存仅是最低的标准，但我国并没有充分借鉴该规则，仅仅是执行了规则的最低标准，为此在下一步的制度改革中要引入犯罪记录的消灭制度，形成"犯罪记录的封存—消灭制度"。

具体而言，制度构想的基本思路是：首先，根据对未成年犯罪嫌疑人、被告人处理方式轻重、罪名轻重、量刑长短划分不同的记录等级；其次，根据不同的记录等级设定相应的封存期；最后，封存其经过，表现良好的则将犯罪记录予以消灭，视同没有，如果封存期内又犯罪的，则视具体情况选择提升记录等级，采取延长封存期或者解除封存等措施。

2. 扩大该制度的适用范围

具体而言，比刑罚处罚方式更为轻缓的法定不起诉、酌定不起诉、附条件不起诉以及采取非刑罚处罚的都应当被纳入该制度的适用范围，除此之外，取消一般罪名的"5年以下有期徒刑"的刑期限制标准，但在当前的情况下，可以在恐怖活动犯罪、危害国家安全犯罪等社会危害性较大的犯罪中设置刑期标准。

3. 严格限制制度适用的例外情形

针对法条中关于"司法机关为办案需要或者有关单位根据国家规定进行查询的"例外规定，应当在法条中进一步明确："司法机关"应被严格限制为公、检、法三机关，同时将案件范围限制在刑事案件，在调取时应当出具相关的调取理由说明，讲明犯罪记录与所办案件的关联性。此外，对于有关单位基于未成年人升学、入伍、就业等原因而进行查询的，负有保密义务的封存机关应当拒绝相关单位的查询要求。

从人权保障的角度出发，观察未成年人刑事案件诉讼程序，会发现以打击犯罪为目标而建构起的刑事诉讼程序，尽管实现了打击犯罪的高效化，但对于未成年犯罪嫌疑人、被告人的人权利益产生了负面影响，所以完善未成年人刑事案件的诉讼程序就是要补足以往制度建设的短板，在这其中尤其值得注意的是要从宏观与微观两个层面来分析现行制度存在的问题及原因，要区分在刑事诉讼中的贯通性问题以及各项制度的个别性问题，并对症下药，给出制度重构的对策建议。

第六章 律师辩护权利的保障[*]

党的十八届四中全会明确提出"推进以审判为中心的诉讼制度改革，确保侦查、审查起诉的案件事实证据经得起法律的检验"。以审判为中心的诉讼制度改革的主要目的之一在于通过保障刑事辩护权利，提高辩方地位，优化"控辩平等、居中裁判"的"等腰三角形"诉讼结构，实现刑事辩护对刑事审判的有效影响。刑事辩护究其本质就是"说服裁判者的艺术"。刑事辩护的根本目的不在于驳倒控方的控诉，而在于说服裁判者接受辩方观点。[1]如何最大限度地说服裁判者，实现刑事辩护对刑事审判影响力的最大化便成为刑事辩护的根本归宿。[2]

刑事辩护是一项系统性工程，刑事辩护目标的实现，一方面需要辩护律师凭借其专业素养，尽职尽责，充分行使辩护权利，通过会见、阅卷、调查取证等庭前辩护活动充分获取案件信息，通过举证、质证、发问、辩论等庭审辩护活动充分展示案件信息，并据此提出辩护意见以促成有利于被告人的法官心证。另一方面需要裁判者认真对待律师辩护权利以及律师辩护意见。近年来学界关于刑事辩护的研究虽然不胜枚举、层出不穷，但关于刑事辩护对刑事审判影响力的系统性研究却十分缺乏。利用实证研究方法，客观全面地研究刑事辩护运行机制及其实际影

---

[*] 张洪亮，四川天府新区成都片区人民法院法官助理，四川大学法学院 2018 级博士研究生。

〔1〕 参见陈瑞华："刑事辩护的几个理论问题"，载《当代法学》2012 年第 1 期。

〔2〕 参见陈瑞华："刑事辩护制度的发展趋势"，载徐昕主编：《司法·第九辑·刑事辩护的中国问题》，厦门大学出版社 2014 年版。

响力的研究更是凤毛麟角。[1]为更全面地展现刑事辩护运行机制及其真实影响力，本文拟选取 C 市两级法院通过刑事庭审示范庭审理的 210 件刑事案件（以下简称示范案件）及与之相对应的普通庭审程序审理的 210 件刑事案件（以下简称对比案件），通过统计分析、案例分析，并结合对 C 市法官、检察官、律师的问卷与访谈，结合我国法律规范对刑事辩护制度的相关规定，全面调查刑事辩护对刑事审判影响力的维度与力度；透析律师辩护权利的现实困境与内在机理；并以此为症结探寻提升刑事辩护影响力的真实路径，以达到保障人权与公正裁判的双重目的。

一、刑事辩护对刑事审判影响维度多元而力度不足

（一）刑事辩护对刑事审判的程序推动力不足

纵观我国刑事辩护制度及司法实践，刑事辩护对刑事审判程序的影响模式主要有三种：辩护权绝对主导模式、裁判权绝对主导模式以及辩护权影响裁判权模式。透过对这三种模式的实证研究，我们发现现阶段刑事辩护对于刑事审判的程序推动力严重不足。

1. 辩护权绝对主导模式下辩护对程序的推动状况

辩护权绝对主导模式是指对于辩护律师提出的某些辩护请求，裁判者通常都会直接受理，并且完全支持。比如样本案件中辩护律师阅卷权的行使便属于辩护权绝对主导模式。样本案件中的所有辩护律师都在开庭前提出了查阅、复制、摘抄案卷材料的权利诉求，所有裁判者都对此予以绝对支持。辩护权绝对主导模式下刑事辩护对刑事审理程序的开展具备绝对的推动力。

2. 裁判权绝对主导模式下辩护对程序的推动状况

与辩护权绝对主导模式截然相反的模式即裁判权绝对主导模式，处

---

[1]　2017 年 5 月 5 日以"刑事辩护"为关键词在中国知网上进行检索，共检索出相关文献 3724 篇，这些文献主要涉及律师辩护权利、辩护制度、控辩关系、审辩关系、法律援助、有效辩护等话题。其中，对刑事辩护对刑事审判影响力进行系统性研究的文献主要有：陈瑞华："辩护权制约裁判权的三种模式"，载《政法论坛》2014 年第 5 期；欧明艳、黄晨："从形式到实质：刑事辩护对裁判结果影响力研究——以 C 市 Y 中院近 3 年 198 名被告人的律师辩护为样本"，载《法律适用》2016 年第 1 期。

于这一模式之下的辩护请求，裁判者既不会对其进行细致审查，更谈不上对其予以支持，相应地也并未提供充足的理由。有些裁判者对于这些辩护请求甚至直接不予受理。在与 C 市两级法院法官的访谈中，我们便发现辩护律师在开庭前提出延期开庭的申请，在开庭审理过程中提出休庭与被告人进行交流的申请，以及对被告人变更强制措施的申请等辩护请求事项都被裁判者直接驳回。裁判权绝对主导模式下刑事辩护对刑事审理程序的开展几乎不具有推动力。[1]

3. 辩护权影响裁判权模式下辩护对程序的推动状况

通过对样本案件中刑事辩护对刑事审理程序的影响模式梳理，我们发现辩护权绝对主导模式、裁判权绝对主导模式并非刑事辩护对刑事审理程序发挥影响力的常态模式。在样本案件中，辩护律师提出某项辩护请求，通常情况下，裁判者会积极受理，在进行审查后作出准许与否的决定并说明理由，这种常态模式即为辩护权影响裁判权模式。依据辩护对审理程序影响力程度的不同，辩护权影响裁判权模式可以分为"强影响模式"以及"弱影响模式"。在强影响模式下，虽然辩护律师的辩护请求对裁判者的裁判结论不具备决定性影响力，但是其对案件审理程序有巨大影响力，能够促使裁判者启动程序性裁判程序。[2]在 210 件示范案件中，93 件案件提出了排除非法证据的申请，占审理案件数的44.29%。18 件案件启动非法证据排除程序，占审理案件数的 8.57%、占申请案件数的 19.35%。6 件案件最终实际排除了非法证据，占审理案件数的 2.86%、占申请案件数的 6.45%、占启动非法证据排除程序案件数的 33.33%。诸如排除非法证据申请权等强影响模式对被告人权利的保障以及裁判公正的实现意义重大。但是其在司法实践中相对于弱影响模式下的权利而言数量较少。在弱影响模式下，辩护律师的辩护请求不仅对裁判者的裁判结论不具备决定性影响力，而且对于案件审理程序的影响力也比较微弱。在司法实践中，比较常见的辩方

---

〔1〕　参见陈瑞华："辩护权制约裁判权的三种模式"，载《政法论坛》2014 年第 5 期。

〔2〕　参见陈瑞华："审判之中的审判——程序性裁判之初步研究"，载《中外法学》2004 年第 3 期。

申请证人、鉴定人、专家辅助人出庭作证的权利，申请法院向侦查机关、检察机关调取新证据的权利，申请通知新的证人到庭、调取新的物证、申请重新勘验或者鉴定的权利都属于弱影响模式。辩方即使明确提出这些辩护权利诉求，裁判者也不会启动专门的程序性裁判程序，更不会支持辩方的诉求。因为，在这一模式下，裁判者具备较大的裁量权，对辩护权利实现的"必要性"判断，拥有巨大权威。除此之外，辩方在这一模式下没有有效的救济渠道，对于裁判者也缺乏明确的制裁手段或否定性后果。[1]

（二）刑事辩护对刑事裁判的实体说服力不强

通过对律师辩护作用机制的实证研究，我们可以得出初步的结论：律师能够利用调查取证、举证、质证等多种辩护方式说服裁判者，但辩护意见的发表才是说服裁判者的最重要的辩护方式。[2]除此之外，按照刑事判决书改革要求，判决书应当对律师辩护意见进行回应。[3]这为我们研究律师辩护效果，评估刑事辩护对于刑事裁判者的说服力提供了客观素材。

1. 辩护意见的被采纳率较低

示范案件中，律师提出的914个辩护意见中，法院最终采纳533个，采纳率为58.54%，采纳率较低。在采纳的意见中，定性意见43个，占8.12%；量刑意见509个，占91.88%。从类型上看，"酌定量刑意见"采纳数量最多，"指控证据不足的无罪"意见采纳数量最低。辩护律师发现控方指控不当并成功辩驳最能体现辩护的实质作用。示范案件中，律师发现控方指控不当并提出辩护意见予以辩驳成功的共54个，占采纳意见数的10.24%。

2. 辩护意见的回应不完全且说理不充分

示范案件中判决书对辩护意见的回应方式主要有5种，即明确表示

---

〔1〕 参见陈瑞华："辩护权制约裁判权的三种模式"，载《政法论坛》2014年第5期。

〔2〕 参见左卫民、马静华："效果与悖论：中国刑事辩护作用机制实证研究——以S省D县为例"，载《政法论坛》2012年第2期。

〔3〕 参见罗书平："改革裁判文书的成功尝试——评云南高院对褚时健案的刑事判决书"，载《法学家》1999年第5期。

采纳（回应方式1）；未采纳，对于不采纳的原因仅一带而过（回应方式2）；未采纳，但充分说明了原因（回应方式3）；未对辩护意见作出任何回应（回应方式4）；律师提出数个辩护意见，判决书明确表示对某个予以采纳，对于其他辩护意见未作出任何回应或仅简要说明（回应方式5）。判决书对样本案件的具体回应情况可参见图6-1：

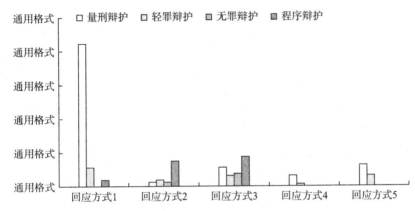

图6-1　判决书对辩护意见的回应方式及其辩护意见种类图

通过图6-1，我们可以发现，判决书对辩护意见的回应存在以下问题：

第一，罪轻辩护意见的被采纳率低，无罪辩护意见被采纳率为零。辩护意见被采纳率高达58.54%，其中大部分被告人系初犯、认罪态度好、有自首情节、犯罪行为较轻、社会危害性较小等量刑辩护意见。罪轻辩护意见的被采纳率不足一成，无罪辩护意见一律未被采纳。[1]这种状况一方面体现了审判机构与公诉机构在罪名认定方面高度的一致性；另一方面也显示了审判机构对待罪轻判决、无罪判决的慎重性。反观近年来在社会各界引起强烈反响的一些冤假错案，律师虽提出了有理有据的无罪辩护意见，但是法官"不敢"直接采纳，而是做出了一种"留

---

〔1〕　示范案件中S县人民法院仅作出了一件无罪判决。在2013年刘某被控诈骗案中，刘某的律师以询问笔录与被告人供述相互矛盾，且无其他证据为由，提出刘某无罪。法院最终判决刘某无罪。但是，判决书中未对辩护意见作出任何回应，因此，笔者倾向于认为律师的无罪辩护意见未被采纳。

有余地的判决"。[1]

第二，部分判决书对辩护意见的回应缺乏透彻的说理。在黄某被控强奸案中，律师以详实的案件证据为支撑，提出从两人的关系上看，被告人与被害人系男女朋友关系；从行为的时间和地点上看，被害人对行为后果是明知的、是自愿的；从行为时双方具体动作分析，被害人属于半推半就，并进而提出了无罪辩护意见。对于律师这番逻辑严谨、论证充分的辩护意见，判决书仅以"该辩护意见没有证据予以证明"为由，就将其直接排除了。判决书对辩护意见的这种处理方式，在曹某被控以危险方法危害公共安全案、李某被控抢劫案、王某被控聚众斗殴案等案件中都屡见不鲜。判决书对辩护意见说理的不足在某种程度上反映了判决书说理不充分的现状。而判决书说理不足非但不利于定纷止争，维护被告的辩护权利，而且会影响司法公正的彰显、司法公信的树立。[2]

第三，律师提出了多个辩护意见，但部分判决书对个别辩护意见未予以回应。在夏某被控受贿案、张某被控寻衅滋事案等案件中，律师都提出了量刑辩护意见、罪轻辩护意见以及程序辩护意见等数个辩护意见，判决书虽然对量刑辩护意见明确表示采纳，但是对罪轻辩护意见、程序辩护意见却没有回应。从程序正义的角度分析，法官应当在判决书中对辩护意见予以必要的回应，否则将构成程序违法。此外，这将打击律师提出高质量辩护意见的积极性，销蚀被告人获得有效辩护的机会。

二、律师辩护权利保障与行使的现实困境

刑事辩护不能充分发挥对刑事审判影响力的症结在于司法实践中对于辩方地位的忽视与弱化，导致"控辩平等、居中裁判"的"等腰三角形"诉讼结构被扭曲，甚至退化为"控审二元线型"诉讼结构。而提升辩护地位的关键在于提高律师辩护权利的实际享有与效用发挥，逐步实现控辩平等。控辩平等在刑事法治领域，归根结底就是控、辩双方

---

[1] 参见陈瑞华："留有余地的判决——一种值得反思的司法裁判方式"，载《法学论坛》2010年第4期。

[2] 参见胡云腾："论裁判文书说理与裁判活动说理"，载《人民法院报》2011年8月10日，第5版。

"权""能"的平等，"权"的平等特指公诉机关的控诉权力与刑辩律师的辩护权利的"平等武装"，对于辩护律师而言"平等武装"意味着立法机关对于辩护权利的高度认可，并以法律制度的形式将辩护权利予以固化，从"理论上的辩护权利"充分转化为"法律上的辩护权利"。"能"的平等特指公诉机关的控诉职能与辩护律师的辩护职能的"平等对抗"，对于辩护律师而言，"平等对抗"的前提，不仅在于"平等武装"，还在于司法机关遵循规则之治、程序之治，慎用裁量权；辩护律师能提升素养、尽职尽责、规避风险，从"法律上的权利"完全转化为"行动中的权利"，以实现有效辩护，增强刑事辩护对刑事审判程序的影响力。但经实证研究发现，在刑事司法实务中，律师辩护权利从"理论上的律师辩护权利"到"法律上的律师辩护权利"再到"行动中的律师辩护权利"的阶段转化中，转化过程存在严重脱节；转化结果存在较大差序。具体而言，律师辩护权利在制度配备、司法保障、行使发挥三个层面都存在诸多障碍与困境。

（一）律师辩护权利的法律规定不充分且受到不当的制度限制

"毫无疑问，2012 年新《刑事诉讼法》充实了辩护权的内容，强化了辩护权的保障体系。从直观数量上考察，修改或新增加的有关辩护权的条文达 25 条之多；在内容上，修改涉及辩护人职责的重新定位、辩护人介入诉讼起点时间提前、辩护人会见权、阅卷权等的调整以及法律援助范围扩大等诸多方面。"[1]但是"法律上律师辩护权利"距离律师辩护活动的有效展开仍然存在三个方面的不足。

1. 部分重要律师辩护权利未在《刑事诉讼法》中规定

对于平衡控辩双方地位，推动刑事辩护有效展开有重要意义的部分律师辩护权利并未在《刑事诉讼法》中予以规定。通过对 C 市刑辩律师的座谈，我们发现在提及"您觉得《刑事诉讼法》对于哪些重要辩

---

〔1〕　汪海燕："合理解释：辩护权条款虚化和异化的防线"，载《政法论坛》2012 年第 6 期。关于 2012 年《刑事诉讼法》对律师辩护权利的具体完善内容，参见汪海燕、付奇艺："辩护律师诉讼权利保障的法治困境"，载《中国司法》2014 年第 1 期；闫俊瑛、陈运红："新《刑事诉讼法》背景下强化律师刑事辩护权研究"，载《法学杂志》2013 年第 5 期。

护权利未予以规定将产生比较负面的影响"这一问题时，大部分律师认为侦查人员讯问犯罪嫌疑人时律师在场权以及律师执业豁免权的缺失是新、旧《刑事诉讼法》都未予以规定的重要权利。其中律师在场权主要是为了预防侦查人员刑讯逼供。司法实践显示，刑讯逼供是导致冤假错案的高发性"毒瘤"。为消除刑讯逼供，《刑事诉讼法》明确规定侦查人员讯问犯罪嫌疑人时可以对讯问过程进行录音、录像；对于犯罪嫌疑人可能判处无期徒刑、死刑的案件或其他重大犯罪案件，应当对讯问过程进行录音、录像。司法实践中大部分对犯罪嫌疑人的讯问过程也进行了较全面的录音或录像。但是，录音、录像属于技术性手段，极易被部分侦查人员变通操作，导致刑讯逼供现象被过滤。相反，辩护律师在场权的实现不仅能够有效监督讯问行为，避免刑讯逼供，保证犯罪嫌疑人口供的真实性，还能为犯罪嫌疑人在接受讯问时提供必要的专业知识支撑，提高其口供的法律预期性。[1]而律师执业豁免权主要是为了消除律师辩护的不当风险，解除律师对执业风险的顾虑，使律师辩护活动能够更加全面从容。通过问卷调查以及访谈，我们发现所有刑辩律师都认为现在刑事辩护的风险非常大，存在大量无法预期的法外风险。因此，律师在选择辩护行为时往往不会选择虽然对刑事审判影响力很大，但同时风险性更大的辩护行为。因此，《刑事诉讼法》对于律师执行豁免权的规定将可能对刑事辩护影响力的提升产生重要意义。[2]

2. 部分关于律师辩护权的条款过于模糊

在《刑事诉讼法》中，部分关于律师辩护权的条款过于模糊，在司法实务中存在被虚化、异化的极大风险。

在辩护律师会见权方面。《刑事诉讼法》第39条规定："辩护律师可以同在押的犯罪嫌疑人、被告人会见和通信。……辩护律师持律师执业证书、律师事务所证明和委托书或者法律援助公函要求会见在押的犯

---

〔1〕 参见闫俊瑛、陈运红："新《刑事诉讼法》背景下强化律师刑事辩护权研究"，载《法学杂志》2013年第5期。

〔2〕 参见徐莹："刍议律师刑辩权利的进与退——基于新刑事诉讼法与律师法的比较"，载《江汉论坛》2013年第5期。

罪嫌疑人、被告人的，看守所应当及时安排会见，至迟不得超过48小时。"但是对于"安排会见"的认识、会见次数与会见时间的理解，以及"不被监听"的理解，由于刑事诉讼法律的模糊规定，在实务中存在诸多争议。[1]

在辩护律师侦查阶段是否拥有调查取证权方面。《刑事诉讼法》第43条第1款规定："辩护律师经证人或者其他有关单位和个人同意，可以向他们收集与本案有关的材料，也可以申请人民检察院、人民法院收集、调取证据，或者申请人民法院通知证人出庭作证。"第2款规定："辩护律师经人民检察院或者人民法院许可，并且经被害人或者其近亲属、被害人提供的证人同意，可以向他们收集与本案有关的材料。"该条款并未对辩护律师在侦查阶段是否拥有调查取证权予以明确规定。这就导致司法实务中对于该条款的认识存在诸多争议。[2]

3. 最高司法机关限制律师辩护权利

2012年《刑事诉讼法》修改以后，最高人民法院、最高人民检察院、公安部等最高司法机关对于《刑事诉讼法》的解释都存在一定程度的"曲意释法"。[3]目前"曲意释法"主要体现为两个方面：

第一，对辩护律师行使阅卷权的阅卷范围予以不当限制。《刑事诉讼法》第40条明确规定："辩护律师自人民检察院对案件审查起诉之日起，可以查阅、摘抄、复制本案的案卷材料。"此处的案卷材料主要是指与刑事案件相关的诉讼文书和证据材料。然而，最高人民检察院出台的《人民检察院刑事诉讼规则（试行）》对于辩护律师的阅卷范围作出了限缩性解释。《人民检察院刑事诉讼规则（试行）》第265条第2

---

〔1〕 参见顾永忠："我国刑事辩护制度的重要发展、进步与实施——以新《刑事诉讼法》为背景的考察分析"，载《法学杂志》2012年第6期。

〔2〕 参见汪海燕："合理解释：辩护权条款虚化和异化的防线"，载《政法论坛》2012年第6期。

〔3〕 在2012年3月刑事诉讼法修正案通过后不久，有学者就敏锐的提出要警惕、预防"曲意释法"现象，但是由于体制上、制度上缺乏一套预防和解决刑事诉讼法解释争议的法律机制；观念上、技术上对刑事诉讼法解释学和法律解释方法的重要性缺乏认识和尊重，"曲意释法"现象还是大量在我国司法实践中发生。参见万毅："'曲意释法'现象批判——以刑事辩护制度为中心的分析"，载《政法论坛》2013年第2期。

款规定："采取技术侦查措施收集的材料作为证据使用的，批准采取技术侦查措施的法律决定文书应当附卷，辩护律师可以依法查阅、摘抄、复制。"根据该条文，律师在审查起诉期间的阅卷范围仅限于侦查机关、公诉机关批准技术侦查措施的诉讼文书，不包括获取的证据材料。最高检对于律师阅卷范围的不当限制将严重影响辩护律师行使阅卷权。

第二，对审查起诉阶段听取律师意见的方式进行不当限制。《刑事诉讼法》第173条明确规定："人民检察院审查案件，应当讯问犯罪嫌疑人，听取辩护人或者值班律师、被害人及其诉讼代理人的意见，并记录在案"。该条款中的"听取辩护人意见"主要是为了贯彻直接言词原则，要求检察官在审查起诉阶段亲耳听取辩护人意见。但是，《人民检察院刑事诉讼规则（试行）》第365条规定："直接听取辩护人、被害人及其诉讼代理人的意见有困难的，可以通知辩护人、被害人及其诉讼代理人提出书面意见，在指定期限内未提出意见的，应当记录在案。"据此，最高检在《刑事诉讼法》规定的直接听取意见以外设置了接受辩护意见这种间接听取意见方式，在实际运行中，检察官们往往凭借"直接听取意见有困难"的理由，拒绝律师当面听取辩护意见的权利诉求。[1]这将对全面掌握辩护律师意见，实现律师程序参与权造成一定的消极影响。

（二）律师辩护权利的司法保障不足且存在系统性障碍

法律条文本身或其精神之"善"能否转化为实践之"善"则是一个极其复杂的问题。前车之鉴似乎也在预示这是两个概念，即立法上的美好期许有时在司法实践中会遭遇种种误读。如何保证"纸面上的法"变成"行动中的法"是一项系统的繁杂工程。[2]通过对样本案件的系统分析以及对 C 市法官、检察官、律师的调查问卷以及访谈，我们发现从 C 市司法机关对于律师辩护权利的司法保障角度出发，以律师辩护权

---

〔1〕 参见韩旭："限制权利抑或扩张权力——对新《刑事诉讼法》'两高'司法解释若干规定之质疑"，载《法学论坛》2014 年第 1 期。

〔2〕 参见汪海燕："合理解释：辩护权条款虚化和异化的防线"，载《政法论坛》2012 年第 6 期。

利的类型化为分析框架，在律师辩护的条件性权利、手段性权利、保障性权利三个方面存在系统性障碍，主要存在以下问题：

1. 司法机关对于条件性的律师辩护权利保障不充分

条件性的律师辩护权利是指辩护律师享有的会见权、阅卷权、调查取证权等诉讼权利。这些诉讼权利都是为辩护做准备、提供条件的，因而称之为条件性的律师辩护权利。[1]对于这些条件性的律师辩护权利，2012 年《刑事诉讼法》的修改从立法层面对其进行了较好的完善，也在一定程度上缓解了律师辩护的"三难"问题。但是实证研究发现，条件性的律师辩护权利在司法机关主导的权利转化中仍然存在诸多问题，这主要体现为两个方面：

第一，司法机关对律师会见权、阅卷权的安排缓慢，转化效率较低。在一项关于"辩护人在查阅、摘抄、复制案卷材料时，您是否提供了相应的方便"的问卷中，71.79％的受访法官表示提供了非常大的便利，并有58.94％的受访法官表示每次都保证了必要的阅卷时间。据访谈，在律师会见权实现方面，部分看守所不及时安排会见或者附加限制性条件。有的看守所拖延至 48 小时即将届满时才安排会见；个别看守所违反律师凭"三证"会见的法律规定，要求律师会见必须事先进行预约；一些看守所硬件设施不足，会见室数量较少，且经常被办案机关占用，难以满足律师正常的会见需要，律师会见需要长时间排队等候。这些现象都会导致律师在会见启动上耗费大量时间，会见时间效率低下。在律师阅卷权实现方面也存在相同的效率低下问题，即检察院案件管理部门与审查起诉部门对接不畅，律师联系或者预约阅卷花费时间较长，安排阅卷不及时，阅卷排队现象时有发生。[2]

第二，律师调查取证权未得到充分保障，"调查取证难"未得到改善。在与律师的座谈当中，"您认为《刑事诉讼法》规定的律师辩护权

---

〔1〕 参见顾永忠："我国刑事辩护制度的重要发展、进步与实施——以新《刑事诉讼法》为背景的考察分析"，载《法学杂志》2012 年第 6 期。

〔2〕 参见韩旭："新《刑事诉讼法》实施以来律师辩护难问题实证研究——以 S 省为例的分析"，载《法学论坛》2015 年第 3 期。

利，哪些得到了司法机关充分的保障"，绝大多数律师都认为会见权、阅卷权受到了司法机关的充分保障，但是调查取证权的保障力度仍然有待提高。在与律师的座谈中，受访律师普遍反映2012年《刑事诉讼法》修订生效以后，律师调查取证权完全未得到充分保障，调查取证难问题并未得到有效改善。在一项对于 C 市两级法院法官关于"您是否充分保证了辩护律师的调查取证权"的问卷调查中，有41.67%的受访法官表示保障力度非常大，但是仍有44.87%的受访法官表示保障力度一般，但已尽最大努力。此外，在一项关于"在保障辩护律师调查取证权方面是否有障碍"的问卷中，13.46%受访法官表示有非常多障碍，有35.26%受访法官表示有一些障碍，有34.62%受访法官表示几乎没有障碍，仅有16.66%受访法官表示完全没有障碍。在证据调取方式的选择方面，大部分律师选择"申请司法机关代为调取"，仅有少数律师选择"自主调取"。经与律师座谈，这主要是因为自主调取证据律师面临的刑事风险较大；证据持有人配合力度不足，调取难度较大；此外自主调取的证据证明力在法官认证中较申请调取的证据弱。[1]但是，在申请司法机关代为调查取证方面，司法实践中仍然存在以下问题：一是辩护律师在侦查阶段是否享有申请侦查机关调查取证权在司法实践中争议较大，并未形成统一合理的操作模式。大部分律师认为侦查阶段律师享有申请调查取证权，并且有律师在侦查阶段曾经行使过申请调查取证权，其中还有个别律师在侦查阶段申请调查取证获得过侦查机关的许可。二是辩护律师申请调查取证的获准率较低，司法机关在审查调查取证申请方面有极大的裁量权。大部分律师认为申请调查取证的获准率仍然较低。当被问及"司法机关是否对未批准调查取证申请予以充分说理"的问题时，大部分律师认为"没有充分说理"；仅有少数律师认为"进行了充分说理"。经座谈发现，许多检察官、法官在未经细致审查的情

---

〔1〕 有部分律师结合自己的办案实践，表达了对调查取证可能导致的刑事风险的担忧：对证人调查后，一旦证人推翻原来对侦查机关所作的不利于犯罪嫌疑人的证言，某些侦查机关便会对证人采取高压"措施"或者以伪证罪相威胁，迫使证人推翻对律师作出的有利证词，证人为了自保，不惜将翻证归责于律师的"教唆、引诱"，这无疑增加了律师调查取证的风险。

况下，还会以"没有必要""完全不需要"为由直接拒绝律师的申请。这充分说明司法机关在审查律师取证申请时，主观意识作用强大，拥有近乎完全的裁量权。三是辩护律师申请调取无罪或罪轻证据的权利难以落实。在被问及"您是否有申请调取无罪或罪轻证据成功的经历"的问题时，大部分律师表示"有过很少次"；仅有少数律师表示"有过多次"。

2. 司法机关对于手段性的律师辩护权利保障不充分

手段性的律师辩护权利，是指辩护律师针对司法机关对犯罪嫌疑人、被告人的程序性措施、实体性控诉以及实体性认定，直接提出质疑性、反驳性、否定性的证据、意见或主张。《刑事诉讼法》赋予了律师大量的手段性辩护权利，以提升辩方对程序推进以及实体结果的实际影响力，改善控辩双方的力量对比格局，但是司法机关对于某些手段性辩护权利的转化却相当不充分。这主要表现为以下几个方面：

第一，辩护律师表达意见的权利未受到重视。《刑事诉讼法》虽然要求公安、检察机关在办案过程中应认真听取辩护律师的意见，做到兼听则明。但是座谈律师普遍认为，无论是侦查期间，还是审查起诉环节，抑或是审查批捕过程中，公安、检察人员一般都不会主动听取辩护律师意见，即便在律师提出要求时，办案人员通常也不会当面听取意见，而是采取变通方式，要求律师提交书面意见来代替当面的口头陈述，直接言词原则在刑事诉讼中并未得到贯彻实施，辩护效果大打折扣。[1]

第二，申请证人出庭作证得不到法院的充分支持。《刑事诉讼法》虽然在证人出庭作证问题上作出了规定，但这种法律规定在实践中已经落空，证人出庭作证率低的现状仍未得到改变。座谈中，律师普遍反映，在示范性案例中申请法院通知证人出庭作证能够得到较大支持，但是在对比案例中往往得不到支持。这就不难理解为什么 2012 年《刑事诉讼法》实施后证人出庭作证率与以前相比并没有明显提高。证人尤其是

---

[1] 参见韩旭："新《刑事诉讼法》实施以来律师辩护难问题实证研究——以 S 省为例的分析"，载《法学论坛》2015 年第 3 期。

关键证人不出庭作证,不仅剥夺了被告人的对质权,审判程序的正当性受到质疑,而且为查明案件事实带来困难,不利于防范冤假错案的发生。[1]

3. 检察机关对于保障性的律师辩护权利保障不充分

保障性的律师辩护权利,是指当司法机关侵犯辩护律师享有的条件性辩护权利以及手段性辩护权利时,辩护律师可通过行使该类权利获得有效救济,并追究相关主体的法律责任。《刑事诉讼法》第49条明确规定,辩护人认为公安机关、人民检察院、人民法院及其工作人员阻碍其依法行使诉讼权利的,有权向同级或上一级人民检察院申诉或控告。人民检察院对申诉或者控告应当及时进行审查,情况属实的,通知有关机关予以纠正。但是,在一项关于"您认为《刑事诉讼法》规定的律师辩护权利,哪些得到了司法机关充分的保障"的座谈中,仅有少数律师认为,其辩护权利受到侵害时,获得了检察机关的有效救济。这在某种程度上能够反映在目前的司法实践中检察机关并未严格按照《刑事诉讼法》第47条的规定履行保障辩护权利的职责。

(三) 辩护律师权利的行使效能不足且行使风险较大

1. 辩护律师具备的专业素养不足,不能游刃有余地利用辩护权利

在一项"哪些因素会影响律师辩护质量"的问卷中(多项选择),47.44%的受访法官表示律师学历专业水平会影响辩护质量,69.23%的受访法官认为律师执业经验会影响辩护质量,57.05%的受访法官认为律师对于案件的投入会影响辩护质量。从我们对C市刑辩律师的座谈中得出律师专业素养的分析如下:在年龄方面,不满35岁的律师占刑辩律师的大部分,这些律师因年轻相较于老律师缺乏一定的生活阅历,对于刑事案件的经验事实把握能力稍显不足。在学习经历方面,虽大部分律师为法学专业毕业生,接受过系统的法学教育,但是对于许多法律基本概念缺乏深入的了解,对于法律理论体系缺乏全面的认知。在刑辩经历方面,大部分律师从事刑事辩护职业的时间不满5年,所代理的刑事

---

[1] 参见韩旭:"新《刑事诉讼法》实施以来律师辩护难问题实证研究——以S省为例的分析",载《法学论坛》2015年第3期。

案件不足 50 件。通过以上内容可以看出 C 市刑辩律师的整体水平无论从从业年限，还是从代理案件数量，都离技艺娴熟的优秀律师有一定的差距。

除此之外，通过与刑辩律师就辩护权利的享有与行使问题进行座谈，并查阅样本案件卷宗中关于律师辩护权利行使的内容，我们发现大部分律师不仅对刑事法律规范赋予的律师辩护权的内涵、外延缺乏全面、深刻的认识，对于刑事辩护过程中具体应如何充分、巧妙地运用法定辩护权利，最大限度地推进刑事审判程序也同样生疏，无法充分有效地说服裁判者，甚至出现很多无端弃权、不规范用权的辩护行为。

2. 辩护律师秉持的职业态度偏差，不想尽职尽责地履行辩护职责

在一项关于"代理刑事案件时投入的精力程度是多少"的座谈中，大部分律师表示由于案件压力、外部压力、个人经历等各方面因素，在刑事案件代理中并不能投入全部精力。此外，在一项关于"哪种因素最可能影响您对案件投入的精力"的座谈中，座谈律师大多数认为"案件的收费"是影响律师精力投入的主要因素。这展现了令人担忧的律师职业态度，律师费收入的最大化已经将律师职业的责任感抛在了身后。

在目前律师会见权、举证权、提出辩护意见权的行使已无制度障碍与司法障碍的情况下，样本案件中，律师在行使会见权时与犯罪嫌疑人、被告人的会见次数少、会见时间短、会见内容与案件实质关联性小。由于律师在庭前辩护阶段尽责心不足，致使律师在行使举证权时，举证数量少，举证针对性不足；律师提出的辩护意见不仅数量少，缺乏必要的事实支撑，而且种类单一，大部分辩护意见都是酌定减刑辩护意见，很少提出轻罪、无罪辩护意见，即使偶尔为之，也因为缺乏必要的证据支撑，而说服力不足。

3. 辩护律师遭遇的执业风险过大，不敢无所顾虑地开展辩护活动

在一项关于"代理刑事案件时遇到风险的频率"的座谈中，大部分律师表示偶尔遇到；有少部分律师表示从未遇到。在谈及"办理刑事案件时遇到的具体风险有哪些"时，受访者结合个人遭遇的现实风险，提出了来自刑事诉讼的国家机关以及办案人员；被害人及其近亲属；犯

罪嫌疑人、被告人及其近亲属；证人；社会公众等 8 种风险源头，具体的风险内容更是五花八门，多种多样，令辩护律师尤其是经验不足的年轻律师防不胜防。其中危害最大的源头来自国家机关，据统计"过去十多年内，我国刑事辩护律师在执业活动中被有关公安、检察机关立案追究刑事责任的有 300 多例，但是大多数最后被认定无罪，这足以说明，刑事辩护律师所面临的被无端追诉的情况之严重"。[1] 然而，在一项关于"辩护律师在辩护过程中是否有哪些违反法律规定的辩护行为"的调查中，受访法官的 9.62% 认为在辩护程序中必然发生违反法律规定的辩护行为，受访法官的 11.54% 认为在辩护程序中经常发生违反法律规定的辩护行为，受访法官的 61.54% 认为在辩护程序中偶尔发生违反法律规定的辩护行为，仅有 10.26% 的受访法官表示几乎没有发生过违反法律规定的辩护行为。

三、裁判生成机制与刑事审判构造的扭曲

（一）裁判生成机制虚无：刑事庭审与刑事裁判的不当分离

刑事辩护对刑事审判影响力的不足，淋漓尽致地展现了我国法庭之外形成裁判结论的司法文化，反映了我国刑事审理与刑事裁判不当分离的审判失衡。这种审判失衡集中表现为以下两种模式：

1. 以案卷笔录为中心的审判模式

裁判者独立办理刑事案件时，通常会依据公诉机关移送的案卷笔录进行庭前准备；通过庭审中公诉机关宣读的证人证言、被告人供述、被害人陈述等案卷笔录认定案件事实；援引案卷笔录直接作为裁判依据。裁判者这种以案卷笔录为中心的审判模式在我国刑事审判实务中影响深远。裁判者对于案件事实的认定程序实质上都是围绕对案卷笔录的确认而展开的。案卷笔录被赋予了天然的证据能力以及优先的证明力。案卷笔录的天然证据能力意味着，法院裁判者无理由地认可案卷笔录的合法性，公诉机关无需提供证据证明案卷笔录的合法性。而律师一旦对案卷笔录中的某个证据提出异议，就需要承担相应的举证责任。易言之，在

---

[1] 门金玲主编：《刑事辩护操作指引》，法律出版社 2015 年版，第 9 页。

裁判者眼里案卷笔录就是免证事实。案卷笔录的优先证明力意味着，律师提出的证据在证明力上通常较案卷笔录更弱。庭审过程中，律师通常会通过指出案卷笔录记载的同一证人的证言自相矛盾，证人之间的证言相互矛盾，被害人所做陈述前后矛盾，或调取其他的证人证言以推翻案卷笔录的效力。但是，裁判者仍然会提出案卷笔录相互印证，细节上的差异不影响证据认定等理由，继续坚持将相关案卷笔录作为裁判依据。案卷笔录的天然证据能力将导致刑事庭审中关于证据能力的证据规则将难以建立；案卷笔录的优先证明力又会导致刑事庭审中司法证明机制无法运行。[1]若刑事庭审证据规则及证明机制无法发挥作用，刑事辩护影响力的提升，有效辩护的完美实现，甚至是以审判为中心的诉讼制度的确立都将成为空中楼阁。

2. 科层式的司法决策模式

当裁判者在面对难办案件时，通常会依据法院处理难办案件的相关制度或惯例，将案件报送至院庭长、法官联席会、审判委员会、上级法院，由上级领导具体审议并给出裁判意见。这种上下级之间报送、审议的行政方式实质上是一种科层式的司法决策模式。"这种科层式程序的独特之处在于其结构被设计为一系列前后相继的步骤，这些程序步骤渐次在镶嵌于上下级链条中的官员们面前展开。"[2]这种模式虽然有利于提高案件审判质效，统一裁判尺度，解决法律适用、政治压力及社会影响等方面遇到的疑难问题，但是也会损害事实认定机制，降低案件审理流程公开性，造成司法资源浪费[3]。此外，上级领导在作出判决意见时，未经历庭审，几乎无法全面捕捉律师辩护意见并作出合理的甄别。这很容易导致辩护律师懈怠法庭辩护，即使对那些有很强事实支撑的辩护意见也不屑一提。近年来，刑事辩护领域还出现了一种"表演性辩

---

〔1〕　参见陈瑞华："案卷笔录中心主义——对中国刑事审判方式的重新考察"，载《法学研究》2006年第4期。

〔2〕　［美］米尔伊安·R.达玛什卡：《司法和国家权力的多种面孔——比较视野中的法律程序》，郑戈译，中国政法大学出版社2004年版，第85~86页。

〔3〕　参见龙宗智："论建立以一审庭审为中心的事实认定机制"，载《中国法学》2010年第2期。

护"，律师不再把辩论精力花费在准备庭审，而是花费在法庭之外，利用媒体进行对抗性表演辩护。[1]

（二）控辩双方能量失衡：强大控方与弱小辩方之间的能量失衡

法官在甄别刑事辩护对刑事审判的影响力时，通常会将辩护意见与公诉意见进行综合对比，将目光在两者之间往返流转。而"任何有效的诉讼主张，都必须建立在对诉讼事实、案件信息的充分掌握之上。而这些诉讼事实、案件信息的取得，前提当然是诉讼参与者拥有知悉这些信息的必要条件和能力"。[2]因此，控辩双方诉讼能量的对比直接制约刑事辩护影响力的实现。在我国现阶段的诉讼格局下，辩护律师与公诉机关无论在客观能量上的对抗，还是在主观能量上的对抗都处于绝对的劣势。

在客观能量层面，公诉机关不仅承接着刑事案件侦查程序与刑事案件审判程序，而且享有对整个诉讼程序的法律监督权。在会见当事人、调查取证等案件事实的查明方面，检察院更是享有强制性诉讼权力。律师虽然享有会见权、阅卷权、调查取证权等诉讼权利。但是相较于检察院在会见当事人、调查取证时享有的"权力"外衣，律师在会见当事人、调查取证时依靠的"权利"外衣，在履行辩护职能时就显得能量不足。[3]这集中表现为上文论述的"纸面上的律师辩护权利"的不完备性以及"纸面上的律师辩护权利"转化为"行动中的律师辩护权利"的不充分性。

在主观能量层面，法院对于检察院公诉活动总是给予充分信任，而对于律师辩护活动通常有较多怀疑，导致律师的主观能量远不如检察院。在刑事司法领域，我国长期坚持国家本位及权力本位传统，在这种传统观念之下，法官普遍认为，检察院的公诉行为相较于律师的辩护行为具有道德上的优先性。我国政法系统的同质性与亲密性，使公安部

---

〔1〕 参见李奋飞："论'表演性辩护'——中国律师法庭辩护功能的异化及其矫正"，载《政法论坛》2015年第2期。

〔2〕 陈瑞华主编：《刑事辩护制度的实证考察》，北京大学出版社2005年版，第140页。

〔3〕 参见顾永忠："我国刑事辩护制度的重要发展、进步与实施——以新《刑事诉讼法》为背景的考察分析"，载《法学杂志》2012年第6期。

门、检察院、法院在打击犯罪时总是齐心协力，携手合作。在这种司法格局之下，法院总是将检察院当作拍档，而将律师当作对手。在上述观念及格局的双重影响之下，法官们总是怀揣着重公诉、轻辩护的认识。

控辩双方的能量失衡直接导致法院在甄别辩护意见，尤其是在辩护意见与公诉意见相冲突的时候，经常出现一边倒的现象。既然对律师辩护意见通常都不予采纳，律师的发问、质证、辩论也就不那么重要，法官们在听取控辩双方针对辩护意见的辩论时也就少了几分耐心，在甄别辩护意见时也就少了几分审慎，在回应辩护意见时也就少了几分尊重。

四、确保律师辩护权利实现及有效影响的举措

律师辩护权利转化的效果将直接影响刑事辩护的影响力，最大限度地提升律师辩护权利的转化效果便成为破解问题的关键。在律师辩护权利的保障与实现过程中，我们有必要强化律师辩护权利的法律创制，尤其是制定律师辩护权利保障操作细则；强化对司法权力的监督制约，尤其是建立律师辩护权利司法审查机制；强化对律师法律素养、职业精神、风险化解的提升，从司法权力的角度尤其要注意完善律师辩护意见处理机制。

（一）制定律师辩护权利保障操作细则

目前我国关于律师辩护权利的相关法律规范大多数都是比较原则的规定，学界的相关研究也比较宏观，缺乏较强的操作性。[1]为进一步强化对辩护权利的保障，在未来的立法进程中，可以出台关于律师辩护权利保障的操作细则。具体而言，可以围绕律师会见权、阅卷权、调查取证权以及参与庭审权等四个方面，作出全面系统的规定。

1. 制定保障律师会见法官、被告人权利的操作细则

在律师约见法官方面可以明确，律师对案件的代理和辩护意见应当在庭审中发表，庭审外，确有必要会见法官的，应提交书面申请。法官应当按照上级法院关于规范法官会见案件当事人、诉讼代理人、辩护

---

〔1〕 参见陈光中："完善的辩护制度是国家民主法治发达的重要标志"，载《中国法律评论》2015年第2期；顾永忠："我国刑事辩护制度的重要发展、进步与实施——以新《刑事诉讼法》为背景的考察分析"，载《法学杂志》2012年第6期。

人、涉案关系人规定的相关要求，进行审查。准许会见的，应及时安排并通知律师与法官会见。会见应在工作时间，在法院专门工作场所进行，并由被申请会见的法官及一名书记员或法官助理在场，涉及重大、复杂、疑难案件的，审判长或合议庭成员共同参加会见，会见时法官应认真听取意见，书记员或法官助理应做好记录，经律师签字后附卷。在律师会见被告人方面，可以明确规定，在押被告人向法官提出要求会见辩护律师的，法官应当告知其向看守所提出，并及时向辩护律师转达被告人的会见要求。

2. 制定保障律师阅卷权利的操作细则

可以明确规定依法保障律师的阅卷权，不得设置或变相设置限制条件阻碍律师阅卷。在刑事诉讼中代理律师与辩护律师享有同等的阅卷权。有条件的法院应设置专门的阅卷场所，同时提供复印机、扫描仪等设备，方便律师查阅、摘录、复制案件材料。除合议庭、审判委员会的讨论记录以及其他依法不能公开的材料外，应允许律师以复印、拍照、扫描、电子数据拷贝等方式复制案卷材料。

3. 制定保障律师调查取证及排除非法证据权利的操作细则

在调查取证权利方面，可以依据调查取证对象的不同，做出三方面的区分：一是明确规定律师向法院申请调取公安机关、检察院的证据材料的权利。辩护律师享有在刑事诉讼审理期间书面向法院申请调取公安机关、人民检察院在侦查、审查起诉期间收集但未提交的证明被告人无罪或者罪轻的证据材料的权利。法院对辩护律师提出的申请应当依法及时审查。经审查，认为辩护律师申请调取的证据材料已收集并且与案件事实有联系的，应当及时调取。相关证据材料提交后，法院应当及时通知辩护律师查阅、摘抄、复制。经审查决定不予调取的，应当书面说明理由。二是明确规定律师申请法院向被害人或者其近亲属、被害人提供的证人收集与本案有关的材料的权利。法院应当在收到辩护律师提出的申请后 7 日内作出是否许可的决定，并通知辩护律师。辩护律师书面提出有关申请时，法院不许可的，应当书面说明理由；辩护律师口头提出申请的，法院可以口头答复。三是明确规定律师申请法院收集、调取证据的权利。保障辩护律师申请法院收集、调取证据的权利，法院应当在收到辩护律师提出的申请后 3 日内作出是否同意的决定，并通知辩护律师。辩护律师书面提出有关申请时，法院不同意的，应当书面说明理由；辩护律师口头提出申请的，办案机关可以口头答复。

在申请排除非法证据权利方面，可以明确规定，律师申请非法证据排除应当在开庭审理前提出，同时应提供所知悉的非法取证的人员、时间、地点、方式、内容等相关线索或者材料。律师在开庭审理后发现案件有关证据属于刑事诉讼法规定的非法证据相关线索或材料的，可以申请排除非法证据，法院应当及时签收并依法进行审查。辩护律师在开庭以前申请排除非法证据，法院对证据收集合法性有疑问的，应当依照《刑事诉讼法》第 187 条第 2 款的规定召开庭前会议，就非法证据排除问题了解情况，听取意见。辩护律师申请排除非法证据的，法院应当听取辩护律师的意见，按照法定程序审查核实相关证据，并依法决定是否予以排除。

4. 制定保障律师参与庭审权利的操作细则

在庭前会议律师权利保障方面，可以明确规定，在刑事案件开庭审理前，辩护律师可以向承办法官建议召开庭前会议，并说明理由或附相关证明材料。辩护律师在开庭以前提出召开庭前会议、回避、补充鉴定或者重新鉴定以及证人、鉴定人出庭等申请的，法院应当及时审查作出处理决定，并告知辩护律师。在保障律师庭审中的辩论权方面，可以明确规定，法庭审理过程中，法官应当注重诉讼权利平等和控辩平衡。对于律师发问、质证、辩论的内容、方式、时间等，法庭应当依法公正保障，以便律师充分发表意见，查清案件事实。法庭审理过程中，法官可以对律师的发问、辩论进行引导，除发言过于重复、相关问题已在庭前会议达成一致、与案件无关或者侮辱、诽谤、威胁他人、故意扰乱法庭秩序的情况外，法官不得随意打断或者制止律师按程序进行的发言。在律师质证权的保障方面，可以明确规定，在庭审过程中律师有权向出庭证人、鉴定人发问，法院不许可律师向证人、鉴定人发问的，应说明理由，律师有权对此发表意见。在辩护意见的保障方面，可以明确规定，法庭调查和法庭辩论环节结束前，独任法官或审判长应询问律师"是否还有新的意见"，或"是否还有补充意见"，或"还有没有最后要陈述的意见"等，切实保障律师在法庭上充分、完整地表达诉求和意见。除双方无争议且按有关规定可以简化外，特别是适用普通程序审理的案件，裁判文书应当全面归纳总结律师就案件事实、证据、法律适用等发表的观点和意见。对于律师依法提出的辩护或代理意见未予采纳的，应当在裁判文书中说明理由。

（二）建构律师辩护权利司法审查机制

对于权利保障中存在的权利保障不积极、滥用裁量权、说理不充分、救济途径不通畅等主要问题，目前却缺乏理论关注。其实，其根本出路在于改革检察院实现权利救济的现行机制，将司法机关对于律师辩护权利的保障情况纳入司法审查范围，建构兼具公正性、操作性、制裁性、救济性的律师辩护权利司法审查机制。[1]

1. 通过申请登记对申请要件进行形式审查

若律师认为公安机关、检察院有侵犯其辩护权利的行为，应当在刑事案件提起公诉之后、开庭审理之前向法院提出审查申请。为遏制律师滥用诉权，减少司法资源的浪费，律师只有在满足下列要件的情况下才能向法院提出司法审查申请：一是提出申请的主体必须是与刑事案件辩护权利的行使有直接利害关系的律师，也就是"辩护权利纠纷的原告"（以下简称原告）。二是必须有明确的公安机关、检察院作为"辩护权利纠纷的被告"（以下简称被告）。三是原告必须提出明确的权利审查请求并提供相关证据材料及法律理由。四是原告必须向受理相应刑事案件的法院提出权利审查申请，且相关辩护权利必须是《刑事诉讼法》规定的权利。除此之外，原告还要向法院递交辩护权利审查申请书。法院接到申请书后要对申请进行形式审查，对于符合上述申请要件的，应当登记受理。对于不符合申请要件的，应当制作不予受理辩护权利审查

---

[1] 需要特别说明的是此处的司法审查机制仅适用于公安机关、检察院对律师辩护权利的保障情况。若律师认为法院存在侵犯辩护权利的情形，则可在一审判决作出后，通过上诉程序寻求救济，不适用本文建构的司法审查机制。

申请裁定书并载明不予受理的理由。

2. 召开庭前会议对权利纠纷进行初步审查

法院在受理申请后，要通过召开庭前会议，进一步接收原被告对申请的说明、证据、辩论。庭前会议有两种功能：一是发挥程序过滤功能。若经过庭前会议，法院认为原告提供的证据不足以证明被告有侵犯辩护权利的可能性，而被告也提出了令人信服的答辩及证据，那么法院可以直接驳回原告的申请，不再进入下一程序。二是发挥说服协商功能。在庭前会议中引入原被告双方的协商机制，在庭前会议中，若被告通过查看原告提交的证据，认为其工作人员确实存在侵犯辩护权利的情形，法院可直接说服被告重新采取权利保障措施，并消除不利影响。相反，若原告了解被告的答辩意见及证据以后，认为权利保障申请不可能得到法院支持的，也可以向法院直接撤回申请。

3. 通过庭审程序对权利纠纷进行专门审查

在通过庭前会议仍然不能有效解决权利纠纷的情况下，法院便在刑事庭审程序中，针对司法机关是否严格依照法律规定保障律师辩护权利的问题开展专门审查。专门审查程序具备法官居中裁判、原被告双方平等对抗的诉讼构造。专门审查程序参照适用《刑事诉讼法》关于法庭审理的相关规定。在专门审查程序中，原被告双方均应实际享有平等的举证、质证、发问、辩论等程序权利，并在法官的主持下积极开展调查、辩论活动。除此之外，还需要对专门审查程序的标准予以明确，以此规制法官裁量权，为法官提供明确的裁判指引。专门审查程序的标准主要包括两个方面：一是法律标准，即法官应当将刑事诉讼法及相关司法解释对于律师辩护权利的规定作为审查的法律标准，并且在法律规定存在漏洞、冲突等情况下，作出有利于律师的解释与适用。二是事实标准，即法官应当将权利纠纷相关证据规则作为认定案件事实的具体标准。这又主要包括两个方面的内容：其一，证明责任的分配。原告仅需要在初步审查程序中对权利保障的违法性承担初步的证明责任；在专门审查程序中，证明责任倒置，由被告对权利保障的合法性承担证明责任。其二，证明标准的承担。原告仅需要举证使法官对司法机关权利保障的违法性产生合理怀疑就能满足证明标准要求，而被告则需要对辩护权利保障合法性的证明达到"事实清楚，证据确实、充分"的最高证明标准。

4. 三重审查后附理由裁判的作出

在现行辩护权利保障制度作用下，司法机关违反律师辩护权利保障规定，较多情况下不会遭受不利后果，这就很容易导致制度成为"空文"。因此，在建构律师辩护权利司法审查机制时应当设定强有力的制裁举措，使审查机制能发挥"剥夺违法者违法所得之利益"的功效，督促司法机关严格守法。[1]这种制裁举措主要表现为法院对于司法审查的最终裁判。这种裁判主要有两种类型：一是宣告无效裁判。当法院通过专门审查发现被告在保障律师辩护权利时存在不履行法定职责、违反法定程序、滥用职权、明显不当等违法行为时，可直接作出宣告无效裁判。在法院认定被告在辩护权利保障中存在以上违法行为的基础上，依据"有害错误"和"无害错误"的理论架构[2]，可将宣告无效裁判划分为两种类型：其一，当上述违法行为造成了"有害错误"，即违法行为对案件事实的认定产生了实质影响，以至于所认定的案件事实真实性存在问题时，法院可作出宣告违法行为本身及其导致的结果双重无效的宣告无效裁判。关于宣告结果无效裁判，由于律师辩护权利及其实际影响的不同，可以根据实际情况作出不同的裁判。如由于检察院限制律师阅卷权，导致律师未能依法查阅、复制案卷材料的，相关案卷材料若不利于犯罪嫌疑人，则不得被作为证据采纳。其二，当上述违法行为仅造成了"无害错误"，即违法行为并未对案件事实的认定产生实质影响时，法院可作出宣告违法行为本身无效的宣告无效裁判，并责令被告重新作出权利保障行为。二是驳回申请裁判。当法院通过专门审查发现被告严格依照法律规定保障律师辩护权利时，可直接作出驳回原告申请的裁判。法院在作出上述两种裁判时都应当基于事实依据及法律依据两个部分作出明确的说理。当事人若对裁判不服，可以向上一级法院提出上

---

〔1〕　参见陈瑞华："法律程序构建的基本逻辑"，载《中国法学》2012 年第 1 期。

〔2〕　参见陈瑞华："非法证据排除程序再讨论"，载《法学研究》2014 年第 2 期。

诉申请。

（三）完善律师辩护意见处理机制

刑事辩护的良好运行以及对辩护权利的保障根本上需要依靠人民法院对于辩护意见的有效处理，具体而言，需要进一步完善辩护意见处理机制。辩护意见处理机制的完善是一项系统性的工程。为使辩护意见处理机制的革新起到立竿见影的效果，我们有必要从以下进路重新出发：

1. 文书的出具与争议的释明

全面完整地接收律师提出的辩护意见是辩护意见处理机制良好运作的根本前提。面对庭前辩护意见接收场合少及庭审中辩护意见接收不充分的困境，各级法院可从以下两个举措出发：

第一，向律师出具"提出律师意见通知书"。法院可以在受理案件后，3日内向律师出具一份"提出律师意见通知书"，通知书中应明确律师可以在开庭审理之前，向法院提出包括但不限于申请回避，申请法院调查取证，申请证人出庭，对案卷笔录证明能力及证明力的合理怀疑，非法证据排除以及各种量刑、罪轻、无罪辩护意见。通知书中还应当列明承办法官的姓名及联系电话。承办法官在接收到律师意见后，必须认真斟酌，及时、完全回应。

第二，在庭审中释明辩护意见的争议焦点。目前，审判长在面对控辩双方就辩护意见的辩论时，要么在双方还未充分表达意见时，直接终结法庭辩论；要么放任双方反复进行无意义的辩论。为提高法庭辩论的质效，法官在主持法庭辩论时，可以在明晰公诉意见及辩护意见的基础上，向控辩双方释明辩护意见的争议焦点。控辩双方在法庭辩论中的一切言辞必须围绕争议焦点展开。这些言辞必须有充分的证据支持。双方辩论若脱离了争议焦点或证据支持，法官可立即中止辩论；双方辩论若紧扣争议焦点及既有证据，则合议庭应当耐心听取。如此这般，法官便能充分接收辩护意见，双方的法庭辩论也更具实质性价值。

2. 充分说理与规范说理相结合

裁判文书说理是裁判文书的灵魂所在。裁判文书中辩护意见说理是被告及其律师知悉法官如何甄别辩护意见的唯一途径。但是，由于受到法治水平和司法环境的限制，我国法官面对辩护意见会出现不敢说理、不能说理、不愿说理的状况。[1]通过对裁判文书中辩护意见部分说理的改良，不仅能让外界知悉法官甄别辩护意见的依据，而且能倒逼法官认真对待律师辩护意见，敦促法官联席会议及审判委员会讨论案件时充分重视对辩护意见的处理。具体言之，对于辩护意见的说理应坚持充分说理与规范说理相结合。

第一，坚持完全回应与"五理"并具，实现辩护意见充分说理。辩护意见说理必须建立在每个辩护意见在裁判文书中都有完整的体现和明确的回应的基础上。对于律师提出量刑、罪轻、无罪等多个辩护意见的情形，即使明显不能被采纳，裁判文书也必须一一列明，并逐一回应。对辩护意见的回应除了明确表明采纳与否的结果外，还需要从辩护意见的事理、法理、学理、情理、文理综合说明辩护意见采纳与否的理由。[2]"五理并具"并非要求每个案件都需要将"五理"一个不落地写在裁判文书中，而是法官必须要结合"五理"对辩护意见进行全面考量。

第二，遵循法律论证逻辑，实现辩护意见规范说理。充分说理为辩护意见的说理制造了丰富的可能，但是其并不能在裁判文书中呈现一条首尾相连、环环相扣的逻辑链条。为将辩护意见的说理推入更高的位阶，将充分说理含混不清的论证思路转变为规范说理清晰明确的论证思路，法官有必要在坚持"五理并具"的基础上，遵循法律论证的逻辑。法律论证的逻辑最基本的底线是三段论思维。易言之，法官在甄别辩护意见时，必须找寻辩护意见的大前提即法律依据，辩护意见的小前提即事实证据，综合对大、小前提的认识，推断出是否采纳辩护意见的结论。当然，法律规范并非天衣无缝，事实证据也并非明确无疑，当大、小前提的结合出现缝隙时，法官行使甄别辩护意见的裁量权。为彰显"疑罪从无，疑罪从轻"的刑法理念，法官可以在行使甄别辩护意见的

---

〔1〕 关于法官不敢、不能、不愿说理的原因论述，参见罗灿："推进裁判文书说理改革要避免的五大误区"，载《人民法院报》2015年2月6日，第5版。

〔2〕 参见胡云腾："论裁判文书的说理"，载《法律适用》2009年第3期。

裁量权时，作出有利于被告人的裁断。

3. 考核与激励相结合

现有法官考核体系中并没有关于法官处理辩护意见的指标，也没有设立任何对法官处理辩护意见情况的激励机制。因此，在辩护意见处理工作中，存在着"干与不干一个样""干多干少一个样"的消极状况。为塑造法官积极处理辩护意见的局面，可从以下两点着手：

第一，将法官对辩护意见的处理情况予以量化，纳入法官考核体系。以量化的方式测评辩护意见的处理情况可以最真实地展现法官的实际工作成果。各法院可制定《辩护意见处理考核实施办法》，将法官出具"提出律师意见通知书"的比例及质量，对控辩双方辩护意见争议焦点归纳与释明的比例及准确性，裁判文书中辩护意见充分说理及规范说理的比例及完备性纳入考核范围。由各院的审判管理办公室将上述各项工作的完成情况，分别以十分制量化为具体分数，并在法官考核中将此分数赋予适当的权重。此外，还可将考核结果与评优选先、职级晋升、法官遴选、法官培训相衔接。

第二，建立多位阶的法官处理辩护意见激励机制。借助于我国法院层级的四级设置，可建立多位阶的激励机制。由最高院组织全国各级法院定期举办优秀"辩护意见说理裁判文书"评选活动。各级法院可将优秀文书印发成册并在院网上开辟专栏展示。下级法院还可将优秀文书报送上级法院参评，对于获奖的优秀文书，上级法院可在其主办的刊物上刊发，还可结集成册印发给下级法院法官学习。最高院还可选取高级人民法院报送的优秀文书作为全国法院系统内的辩护意见处理指导性文书。对于在优秀文书评选活动中获奖的法官，还应当依据获奖层级给予一定的物质奖励。为激发各级法院领导组织优秀文书评选活动的积极性，上级法院还应将下级法院法官的获奖级别及获奖数量量化，作为对下级法院的重要考核指标。

通过"以审判为中心的诉讼制度改革"，制定律师辩护权利保障操作细则，建立律师辩护权利司法审查机制，完善辩护意见处理机制，优化律师辩护权利的保障与行使，提升律师辩护权利的实际享有与效用发挥，完善"控辩平等，裁判居中"的"等腰三角形"构造，实现刑事辩护影响力的最大化，通过行使在侦查阶段中的律师辩护权利监督制约公安机关的侦查权力，通过行使在审查起诉阶段中的律师辩护权利监督制约检察机关的审查起诉权力，通过行使在审判阶段的律师辩护权利有效对抗公诉权力、监督裁判权力，使以律师辩护权利监督制约司法权力的思路贯穿于刑事诉讼的全过程；并以律师辩护权利的实现进一步保障被告人（犯罪嫌疑人）的权利尤其是获得有效辩护的基本权利，达到人权保障与司法公正的双重目的。

第七章 被羁押人的基本权利保障[*]

伴随着法律体系的完善，我国公民基本权利体系得以进一步完善；伴随着司法体制改革的深化，公民基本权利的保障水平得以进一步提升。然而基本权利的保障不可能一蹴而就，成就背后依旧存在着不容忽视的、亟待解决的问题。如在刑事诉讼领域，被羁押人的权利这一问题仍没有得到足够重视和保障。无可否认，我国对这一领域的关注与日俱增，被羁押人的权利保障问题已经成为理论研究热点。但相关研究的关注点主要是从权利的外在属性来反思和构建，欠缺从权利的内在依据来分析和论证，由此导致被羁押人权利的正当化问题没有得到根本解决。我国国务院新闻办公室先后发布了《国家人权行动计划（2009—2010年）》《国家人权行动计划（2012—2015年）》《国家人权行动计划（2016—2020年）》。前两份计划均将"被羁押者权利"单独列出，明确被羁押者权利保障所要达到的目标，第三份计划未单独罗列，而在"获得公正审判的权利"中提出了保障被羁押人权利应继续努力的方向和目标。2012年10月9日，国务院发表了《中国的司法改革》白皮书，对看守所工作机制进一步细化。为了减少看守所非正常事件的发生，公安部也有的放矢地采取了诸多措施。2017年6月15日公安部就《中华人民共和国看守所法（公开征求意见稿）》向社会公开征求意见。该意见稿对现有《中华人民共和国看守所条例》中存在的问题均有所重视，亦根据各方意见作出了相应的修改，其中不乏亮点，亦有值得商

---

* 李军海，山东中医药大学法学系副教授；王明敏，山东大学法学院博士研究生。

榷之处。而意见稿并非立法的终点，被羁押人权利保障的理论与实践方面均有许多亟待厘清的问题。本研究基于被羁押人权利的现状，在学界已有研究成果的基础上，将被羁押人回归至人这一逻辑起点上，运用人本主义心理学理论，回答被羁押人权利的正当化问题，并在明确被羁押人权利的基础之上，反思现有保障体制，提出可行的改革方向和思路。

一、被羁押人的权利保障现状及问题

根据我国《刑事诉讼法》的规定，看守所是羁押犯罪嫌疑人、被告人的唯一合法地点。"看守所的法治文明程度成为展示国家法治文明的重要窗口"，"看守所中的人权状况恰恰是一国刑事司法人权保障水平的衡量标尺之一，能够折射出一个国家法治文明的进程"[1]。在某种程度上甚至可以说，"看守所人权保障状况是衡量一个国家人权水准的重要试金石"[2]。无论是在国家对基本权利的保障层面上，还是在国家法治文明的层面上，看守所中被羁押人权利保障状况的重要意义都已无需赘言。然而，从新闻报道及实地调研结果中可以发现，对于现状尚不能盲目乐观。超期羁押时有发生，刑讯逼供仍未彻底消失，牢头狱霸依旧存在，近几年已出现数起令人震惊的看守所非正常死亡事件，每一起都触目惊心，在一定程度上反映出看守所权利保障中隐藏极深的、不容忽视的问题。这些事件中所暴露的种种问题，被学者归纳总结为，"'刑讯逼供、牢头狱霸、超期羁押、深挖余罪'是现行看守所管理体制的四大弊端"[3]。长此以往，这些积弊沉疴必然严重地拷问现行的司法体制和机制。尽管如此，这些弊端尚未触及看守所体制的核心问题，职能、管理体制、监督体制等，均是看守所体制中不能回避的问题。

（一）被羁押人权利的现状

1. 刑讯逼供在被羁押人权利的偏失上具有延展性

从近些年来得到平反的冤假错案来看，蒙冤者在审前阶段都遭受过刑讯逼供，由此产生的恶害随着流水作业式诉讼延展至审判之中，被羁

---

[1] 程雷："看守所被羁押者的人权保障"，载《人权》2015 年第 2 期。
[2] 程雷："看守所被羁押者的人权保障"，载《人权》2015 年第 2 期。
[3] 孟昭阳："《看守所条例》修改中的若干问题"，载《民主与法制》2011 年第 15 期。

押人权利在整个诉讼流程上呈现步步萎缩的景象，法律规定其应当享有的权利得不到切实保障。

刑讯逼供对被羁押人权利的侵害早已被国际组织所关注。《世界人权宣言》和《公民权利和政治权利国际公约》都规定对任何人都不得"施以酷刑，或施以残忍的、不人道的或侮辱性的待遇或刑罚"；《禁止酷刑和其他残忍、不人道或者有辱人格的待遇或处罚公约》将酷刑定义为"为了向某人或第三者取得情报或供状，为了他或第三者所作或涉嫌的行为对他加以处罚，或为了恐吓或威胁他或第三者，或为了基于任何一种歧视的任何理由，蓄意使某人在肉体或精神上遭受剧烈疼痛或痛苦的任何行为，而这种疼痛或痛苦是由公职人员或以官方身份行使职权的其他人所造成或在其唆使、同意或默许下造成的"。

刑讯逼供依存于侦查行为，在前法治时代曾被合法化，而且侦查机关与羁押机关是合一的，这种先在性的渊源使得刑讯逼供与羁押机关之间产生了本质性的关联。在近现代，随着人权制度化的落实、基本权利体系的完善和法治时代的到来，刑讯逼供被定为违法，但是侦羁合一并未被否定。我国在2009年7月20日《公安部关于进一步加强和改进公安监管工作的意见》颁布之前就是侦羁一体化的，之后侦羁仅是相对分离。看守所作为羁押机关，在职能上应当遵守中立原则，也就是要求"看守所脱离侦查机关的控制，作为一个中立的机构履行羁押职能，在侦查机关与犯罪嫌疑人之间保持中立，发挥关押机构对侦查机关的监督制约及对被关押人员的权利保障作用"。[1]2012年《刑事诉讼法》修订后，明确规定了非法证据排除规则，但收效并不明显。不过"以审判为中心"的诉讼制度改革或许可以成为防范刑讯逼供的倒逼力量，在此背景下，为实现看守所的中立地位，需要制度的进一步精致化。

2. 牢头狱霸在被羁押人权利的侵蚀中具有诉讼法外性

在看守所内，在分类关押的基础上，多人同住一间，丛林法则在此有着明显的验证，牢头狱霸是除了刑讯逼供外，对被羁押人权利侵蚀的

---

〔1〕　高一飞、陈琳："我国看守所的中立化改革"，载《中国刑事法杂志》2012年第9期。

主要来源。2004 年公安部颁布的《关于进一步加强看守所工作的意见》将"牢头狱霸"定义为：在看守所内拉帮结伙、称王称霸、恃强凌弱、寻衅滋事，侵犯他人合法权益的在押人员。

在我国的刑事诉讼制度中，并没有关于牢头狱霸的表述或相似规定，但其本身是监管制度内部衍生且自古有之的痼疾。被羁押人本已是刑事追诉中的弱者，如果在看守所内再遭遇牢头狱霸，那么其权利在被侵蚀中进一步被压缩，并且这种侵蚀还得不到刑事诉讼制度的修复，加之看守所的立法问题一直没有得到解决，被羁押人投诉无门、听天由命。公安机关的主动作为成为目前解决这一问题的主要途径。

2009 年 5 月 7 日公安部颁布了《看守所防范和打击"牢头狱霸"十条规定》，最高人民检察院、公安部联合印发《全国看守所监管执法专项检查活动方案》部署从 2009 年 4 月 20 日至 9 月 30 日全面排查、严惩"牢头狱霸"行动，成效斐然。2016 年 9 月 12 日国务院新闻办公室发布的《中国司法领域中人权保障的新进展》规定："严格落实入所身体检查制度，建立预防和打击牢头狱霸的长效机制，对新收押人员实行过渡管理，严禁使用在押人员管理监室。"然而这终究还要依靠公安机关的自我监督来实现，对牢头狱霸能否达到零容忍的地步仍需体制和机制上的健全。也就是说，牢头狱霸直接侵害的是被羁押人的人身权利，而非诉讼权利。如今看守所虽然实施了"开放日"活动，但是仍难以让外界对被羁押人的人身权利进行生活化的感知与评判。当然，由于看守所的羁押对象是非自由人，要避免牢头狱霸又不可能采取完全开放式的管理，但是公安机关对被羁押人非诉讼权利的保障应当有基本的底线，引入外在监督机制也是一种必要性选择。

3. 超期羁押在被羁押人权利的价值中具有非正义性

超期羁押关涉被羁押人的迅速审判权，这项权利为世界各国及公约所认可。例如英国《自由大宪章》第 4 条规定："不得向任何人出售、拒绝或拖延其应享之权利与公正裁判。"美国在宪法第六修正案中规定："在所有的刑事诉讼中，被告人都享有迅速审判的权利。"《公民权利和政治权利国际公约》规定："任何因刑事指控被逮捕或拘禁的人，应被迅速带见审判官或其他经法律授权行使司法权力的官员，并有权在合理的时间内受审判或被释放。等候审判的人受监禁不应作为一般规则，但可规定释放时应保证在司法程序的任何其他阶段出席审判，并在必要时报到听候执行判决。"《联合国少年司法最低限度标准规则》规定："审前拘留应仅作为万不得已的手段使用，而且时间应尽可能短。"在超期羁押的情况下，被羁押人在心理上会产生等待性焦虑和不安全感，甚至演变为精神层面的折磨。现今我国的刑事诉讼制度强化了被羁押人权利特别是诉讼权利的保障，但是根据"迟来的正义即非正义"的理念，超期羁押会使被羁押人权利的价值无法得到充分实现。

在我国，超期羁押一直以来是刑事司法中的顽疾，公、检、法三机关采取多种措施力图对其予以解决，但是"边清边超""前清后超"现象仍然很普遍，其中隐性超期羁押更为严重。既然超期羁押侵害的是被羁押人的迅速审判权，有损的是他们的身心健康。那么超期羁押是不是看守所所致？如果是，缘何产生？如果不是，在避免超期羁押上看守所能否有所作为？

在 2012 年《刑事诉讼法》实施后，我国的审查批捕和审查起诉机制不断健全，而且羁押必要性审查制度的确立也有助于超期羁押问题的解决。《国家人权行动计划（2016—2020 年）》进一步指出，"加强刑事羁押期限监督。预防和清理久押不决案件，严格落实换押制度、超期羁押报告制度及责任追究制度"。看守所虽然不是羁押的决定机关，但是承担着执行羁押的职能，对羁押期限了如指掌，所以有效地执行超期羁押报告制度对羁押决定机关和监督机关发挥着信息及时传递功能，羁押本身所应有的诉讼功能也可以得到发挥。当然，这也依赖于看守所管理体制的设计。

4. 深挖犯罪在被羁押人权利的对抗中具有错位性

在关于看守所的理论研究和实践探索中存在着"深挖犯罪"和"深挖余罪"两个概念，顾名思义前者比后者的功能更广，但二者都不是刑事诉讼法学上的概念，而是公安学上的概念，这实际上属于看守所的职能定位问题。虽然《中华人民共和国看守所条例》（以下简称《看守所条例》）中并没有赋予看守所这项职能，但是 2002 年 6 月公安部下发了《公安机关深挖犯罪工作规则》，明确了看守所具有深挖犯罪的职能；2002 年公安部颁布的《公安机关深挖犯罪工作规则》进一步确认了看守所的深挖犯罪职能。

看守所深挖犯罪行为存在的问题备受社会关注，例如张氏叔侄案中就存在所谓的"狱侦耳目"或称"特情"，并成为该冤假错案的关键性影响因素，这也成为学界研讨此案的关注点所在。理论上主流的观点对深挖犯罪持反对态度，强调看守所应坚持中立原则和侦羁分离原则，也就是看守所不具有侦查职能；也有研究者赞成看守所的深挖犯罪职能，认为张氏叔侄案中使用特情虽然不符合规定，但是这并不是特情制度的错误，反而认为看守所深挖犯罪可以防范在押人员非正常死亡[1]。不过，2012 年《刑事诉讼法》初步改变了这种态势，不但加强了看守所对被羁押人的权利保障职能，而且强化了看守所对侦查行为的监督制约。正如有的研究者所说："取消看守所的侦查职能，并不是排斥利用看守所在押人员揭发、检举他人的犯罪线索、证据或本人的自首坦白侦查破案，而是要将这项工作交由侦查预审部门在他们的办案活动（中）具体负责。看守所在监管工作中了解、掌握的有关信息应当转告办案机关及办案人员，而不能主动进行侦查活动，更不能为了获得奖励不惜代价、不择手段地进行侦查活动。"[2]

笔者认为，如果看守所拥有深挖犯罪的职权，那么在诉讼制度中就会产生错位的恶果。因为从公安机关立案侦查开始，犯罪嫌疑人、被告人享有的诉讼权利就与侦查权和公诉权产生了对抗性。现代司法为了平衡控辩双方的力量，一方面为侦查权和公诉权设置层层"栅栏"，另一方面赋予犯罪嫌疑人、被告人相应诉讼权利。如果看守所享有侦查权，那么对看守所来说，于法无据；对于被羁押人来说，惴惴不安；对于监

---

〔1〕 参见张震："论看守所深挖犯罪——以在押人员非正常死亡为视角"，载《青年记者》2014 年第 17 期。

〔2〕 顾永忠："论看守所职能的重新定位：以新《刑事诉讼法》相关规定为分析背景"，载《当代法学》2013 年第 4 期。

管人员来说，负担过重；对诉讼制度来说，公平受损。只有当看守所的功能回归到羁押和教育上时，它与被羁押人之间的合作性才能增强，对抗性才能骤减，当然这是一种在监管范畴内相对性合作关系。也就是说，深挖犯罪不是看守所的职能，而是因为被羁押人的非自由人属性，在被羁押的过程中通过接受教育而与侦查机关和公诉机关形成一种理性合作。

5. 看守所职能的模糊性与非中立性

在看守所的管理中，被羁押人权利并未成为其首要的工作职责，管理人员对被羁押人权利的重要性以及权利的具体内容未有清晰明确的认识，遑论足够的重视乃至在执法中予以保障。《看守所条例》中的被羁押人权利的缺失，是立法上缺乏被羁押人权利的明确及强调。看守所隶属于公安系统，将公安系统刑事侦查的职能错认为自己的职能，或以押代侦，错以羁押为刑事侦查的"辅助"职能，正是这些错误、陈旧的认识造成看守所及其管理人员将被羁押人等同于罪犯乃至歧视、忽视其权利，以至看守所职能的畸变，甚至违法犯罪的滋生。更有甚者，刑讯逼供以辅助侦查机关等，并未完全消失在看守所之中。诸如此类对被羁押人权利造成极大损害的现象，虽不可一味归咎于公安部门主管看守所这一体制原因，但公安部门的刑事侦查职能以及其对看守所的管辖确实与上述刑讯逼供、以押代侦等现象密切相关。

事实上，现行看守所制度中的弊端早已凸显出来，业已引起立法和司法机关的重视。尽管全国性的大规模改革仍需酝酿，但在各地方陆续开展的各项具体工作也已取得较好的成果。在改善看守所权利保障现状的改革中，笔者认为，正确认识并在实践中保证看守所的中立性是极为重要的，或可称为看守所改革最坚定的基石。看守所的中立性由其职能定位所决定。我国 2012 年《刑事诉讼法》进一步详细规定了看守所的具体职能[1]，其中，最主要的职能定位是刑事羁押机关，行使审前羁

---

〔1〕　看守所的职能定位主要有三个方面：首先是（主要职能）刑事羁押机关，负责羁押未决犯；其次是部分刑事诉讼职能的配合部门，包括安排律师会见与羁押后的讯问；最后是余刑三个月以下的短期犯刑罚执行机关。

押未决被羁押人[1]的职能。在我国的刑事诉讼中，法定的强制措施共有五种，其中与羁押有关的强制措施主要是刑事拘留和逮捕。一般认为，刑事拘留是公安机关、检察机关在紧急情况下对现行犯或重大嫌疑人采取的暂时剥夺人身自由的强制措施；而逮捕则是检察机关、法院对那些有证据证明有犯罪事实、可能被判处有期徒刑以上刑罚、采取其他强制措施不足以防止发生社会危害性的嫌疑人，决定实施的剥夺人身自由的强制措施。与刑事拘留和逮捕相比，羁押并不是一种法定的强制措施，而是因刑事拘留和逮捕的适用所带来的持续限制嫌疑人、被告人人身自由的当然状态和必然结果。与此同时，无论在适用理由上还是在使用程序上，未决羁押都基本依附于整个刑事追诉活动。[2]此种职能下的看守所中所羁押的被羁押人尚未被定罪，仅因刑事诉讼和刑事侦查所需而在此进行临时羁押，并非执行已判决刑罚，因而并不具有刑罚机关属性。此外，看守所并不具备刑事侦查职能，也不具备相应的辅助侦查等功能。而根据我国《刑事诉讼法》的规定，看守所隶属于公安系统。公安机关作为国家的行政机关和司法机关，根据其司法机关的属性，其承担着刑事侦查职能。公安机关是刑事诉讼中的侦查机关，而看守所是羁押场所，本质上是"合二为一"的，这种情况被称为"侦押合一"[3]。公安机关在刑事侦查过程中，工作目标就是及时正确解决刑事案件。从羁押对象来看，看守所最主要的羁押对象是未决被羁押人，如前所述，被羁押人大多是已有证据显示其有重大犯罪嫌疑的，在这种情形下，公安机关为刑事侦查的需要，对被羁押人的态度不可能与对待无嫌疑人一样，既不能把被羁押人视为已定罪的罪犯，又不能放过这种可能性，又要在侦讯中、在被羁押人身上寻求案件侦查的关键点和突破口。因此，刑事侦查的职能和性质决定了公安机关对于被羁押人而言无法具备中立性。而看守所隶属于公安系统，中立性便已无法保证。而看守所内发生

---

[1] "未决被羁押人"是基于下文所述的"未决羁押"而作出的对看守所中的被羁押人的指称。

[2] 陈瑞华主编：《未决羁押制度的实证研究》，北京大学出版社2004年版，第4页。

[3] 高一飞、陈琳："我国看守所的中立化改革"，载《中国刑事法杂志》2012年第9期。

的种种不当行为对看守所内被羁押人的权利而言更是极大的隐患，甚至是赤裸裸的直接侵犯。这不仅使看守所丧失了中立性，更是非中立性带来的不良后果，使得看守所成为侵犯被羁押人权利的重灾区。而这不仅仅与看守所保障被羁押人权利的功能相悖，对我国刑事司法领域的权利保障更是一种极大的打击。

（二）被羁押人权利的归宿

1. 被羁押人权利与看守所的两类关联

在分析被羁押人权利状况时，笔者将其与"刑讯逼供、牢头狱霸、超期羁押、深挖犯罪"进行了关联性研判。笔者不赞同将四者"一刀切"地归责于看守所，理由是：其一，根据刑事诉讼原理，"刑讯逼供"和"深挖犯罪"是侦查机关和公诉机关的诉讼行为；在刑事诉讼主体理论中，公安机关属于刑事诉讼主体，不过其体制设置和功能设计都是多元化的，看守所虽然隶属公安机关，但是它所承担的是羁押职责，如果将羁押作为一种诉讼行为的话，另赋予看守所部分侦查职能，那么可能会在诉讼主体、诉讼行为等范畴出现混乱，乃至侵害被羁押人的权利。其二，超期羁押，虽然也属于羁押范畴，但是看守所并不享有羁押的决定权和解除权，所以超期羁押并非看守所的内生问题；牢头狱霸属于看守所的管理体制问题，具有内生性。其三，被羁押人会见权的保障问题仍然不容忽视。在律师执业权利保障中老生常谈的"老三难"问题（会见难、阅卷难、调查取证难）虽然在党的十八大以来有所改观，但是问题并没有得到彻底解决，例如会见难在各地仍有五花八门的表现，其实会见权不仅仅是律师权利，更是被羁押人的权利，是双方同享的权利。

基于此分析，笔者认为，研究被羁押人权利需要明确三个视域前提：一是将看守所作为一种场域的设定；二是将被羁押人区分为被追诉者和被羁押者两种身份；三是将权利分为诉讼内权利和诉讼外权利两种类型。就此，我们将被羁押人人权与看守所之间的关系归纳为两类：一是在刑事诉讼层面上被追诉者与看守所之间的诉讼法律关系，这实际上是看守所在刑事诉讼活动中所承担何种职能的问题。虽然被追诉者享有的诉讼权利体系在逐渐健全，但看守所拥有的刑事诉讼职权尚不明确，这就导致刑讯逼供和深挖犯罪都被归责于看守所，也催生出羁押和会见的不合理定位。二是因羁押职能而形成的被羁押者与看守所之间的管理法律关系。羁押是看守所的核心职能，与被羁押人权利密切相关的是看守所如何开展管理的问题，因为不同的管理理念和措施对被羁押人诉讼权利和非诉讼权利会产生不同的影响。就会见而言，这是一项诉讼权利，但是在看守所的管理中如果设置了不合理的条件，那么就会侵害会见权。再如，羁押是与被羁押人的生活相融合的，看守所的管理理念、环境设计、饮食住宿等与被羁押人的身心健康是直接相关的。

2. 被羁押人权利的三个依存载体

根据被羁押人权利与看守所的关联关系，我们可以从三个依存载体来分析被羁押人权利：一是从诉讼内权利也就是他们作为犯罪嫌疑人、被告人所享有的诉讼权利层面来进行强化，同时也对国家追诉权予以约束，从而保障诉讼权利；二是从监督层面来加强看守所被羁押人权利的保障；三是从被羁押人作为人特别是作为非自由人上来强化对他们健康权的保障。

从全面依法治国战略的确立和2012年《刑事诉讼法》颁布以来，被羁押人作为被追诉者在诉讼权利的保障方面越来越细密。在监督层面上，从近些年我们国家公布的相关人权文件看，"监督"已经成为看守所中权利保障的关键词，例如《中国司法领域人权保障的新进展》指出，"加强对监狱、看守所的监督，保障被羁押人合法权利不受侵犯。看守所提高执法工作透明度，定期向社会开放。截至2015年，全国有2610个看守所建立在押人员投诉处理机制，有2558个看守所聘请了特邀监督员"。《国家人权行动计划（2016—2020年）》指出，"严格落实监管场所的各项规章制度。完善被羁押人投诉处理机制，畅通被羁押人权利救济渠道。加强监管场所检察信息化建设，实现对监管场所的动态监督"。

通过延展性考察可知，相关地区和国家将监督引入被羁押人权利保障之中也各有特色。例如在我国香港特别行政区，根据《太平绅士条例》第 5 条的规定，太平绅士的职能是"巡视任何羁押院所或探访任何被扣留者"，申诉专员制度承担"保障人权"职能。这两项制度实际上发挥的是监督作用。在英国，犯罪嫌疑人主要被羁押在警察局的集中羁押室、监狱、法院羁押室，其中监狱既关押未决犯，也关押已决犯。英国建立独立羁押巡视员制度和平民观察委员会作为羁押场所的外部监督制度。我国所建立的监所检察室、驻所律师、特邀监督员等制度也是从外部来保障被羁押人的权利。

现今，我国的被羁押人权利保障体系已引起重视，而要实现需于法有据。正如《国家人权行动计划（2016—2020 年）》指出，"制定看守所法，提升被羁押人权利保障的立法层级，完善配套法律法规和规章制度"。当然，对于被羁押人权利的保障仅仅靠刑事诉讼制度的完善是不足以解决的，公安系统的体制设计、看守所的管理制度、外在监督与其相协调才能形成合力。我们也应当看到，这种静态或纸面上的规定固然是被羁押人权利保障的前提，但是看守所终究是"四面墙"，被羁押人也不是完全的社会人，他们作为被管理、关押、教育、改造的对象，保障他们的权利实现自然要回归至人的属性，这也是权利的本义。

二、被羁押人权利的正当化依据

被羁押人与普通人是不同的，他们是被怀疑实施犯罪或已经确定实施犯罪的人，因此，其作为公民所享有的基本权利，要受到一定的限制或剥夺。但是其应被保障的权利应当包括哪些？是否得到了确认？这些权利缘何可以进入被羁押人权利保障体系？这就需要从其权利的正当性中找寻依据。

（一）关于被羁押人权利体系的现有观点

从规范性文件来看，《看守所条例》和《中华人民共和国看守所条例实施办法》（以下简称《看守所条例实施办法》）从"生活、卫生""会见、通信""教育、奖惩"三个方面规定了被羁押人在监所内的权利体系。《刑事诉讼法》及其相关的配套规定构建了被羁押人的诉讼权利体系。

从理论研究上看，研究者从不同的视角来探讨被羁押人的权利体系：

有的研究者从诉讼角度分析了被羁押人的权利，包括"律师会见权""申诉控告权""委托辩护权""申请变更、解除羁押措施权""检举、自首权""知情权"。[1]

有的研究者倾向于从诉讼外层面来构建被羁押人的权利体系，包括"人身权利保障制度""基本生活待遇保障""医疗服务保障机制""与外界联系权利保障体系""政治、经济、文化权利保障"。[2]

有的研究者从诉讼内和诉讼外两个层面来探讨，认为被羁押人的权利包括"生命健康权""人格尊严与隐私权""人身自由权""政治、经济与文化权利""宗教权利""诉讼相关权利"[3]；再如"免受任意和非法羁押的权利""被羁押者对羁押提出异议的权利""充分保障犯罪嫌疑人、被告人的诉讼权利""设置被羁押者享有对非法羁押得到赔偿的权利"[4]。

还有的研究者探讨了未决羁押者最容易受到忽略的一项权利即劳动权，并认为未决羁押者劳动权包括"有限的劳动就业权""有限的职业选择权""公平报酬权""休息休假权""劳动安全权""职业培训权""劳动救济权"。

我国法治体系中的现有规定与理论上的热切探讨，说明健全被羁押人权利体系的必要性，也表明这类群体的权利问题已经得到了人们的深度关注。在这些构建的方案中，无论是对现有文本的归纳总结还是充实完善，都应当回归到被羁押人作为"被羁押的人"应当享有的权利上，正如联合国《囚犯待遇最低限度标准规则（Standard Minimum Rules for the Treatment of Prisoners）》指出，"它的目的仅在于以当代思潮的一般公意和今天各种最恰当制度的基本构成部分为基础，说明什么是人们普

---

〔1〕 白俊华：《看守所论——以刑事诉讼为视角》，中国政法大学出版社 2015 年版，第 274～285 页。

〔2〕 孙皓：《看守所规范化研究》，中国人民大学出版社 2016 年版，第 100～172 页。

〔3〕 程雷等：《看守所立法问题研究》，中国法制出版社 2014 年版，第 154～191 页。

〔4〕 焦冶、笪洪杉、凌萍萍：《中国看守所的源与流》，人民出版社 2013 年版，第 406～410 页。

遍同意的囚犯待遇和监狱管理的优良原则和惯例"。

（二）被羁押人权利正当化的标准

米尔恩（Milne）认为，"要证明尊重某些权利是普遍低限度道德标准的要求，就要证明有这样的标准。正如我们已经看到的，这意味着考察道德的本质和道德在社会生活中的作用。同时，必须说明这种标准根源于社会生活的道德要求，它不仅能适用于每个社会内部，而且能适用于所有的人类关系"。[1]就被羁押人而言，无论是已决犯还是未决犯，他们作为社会成员的身份并没有因为羁押而被取消，至多是政治权利被剥夺。被羁押人属于社会中的少数人，但并不是少数人群体，因为"少数人群体最重要的特性就是它是一种具有文化特性和认同的群体，这是一个事实问题"。[2]不过，我们不能忽略的是未决被羁押者仅仅是犯罪嫌疑人、被告人，不能称其为犯人；对于已决犯，除了死刑犯外，他们最终也要回归社会；更为关键的是，我们每个人都可能成为潜在的未决被羁押者。因此探讨被羁押人权利应当从社会生活的道德中寻找，并且这种标准是适用于每个社会成员的。

1. 被羁押人作为人应当享有人权

《世界人权宣言》在被羁押人的羁押待遇上规定了"所有被剥夺自由的人应该给予人道及尊重其固有的人格尊严的待遇"。《执法人员行为准则（Code of Conduct for Law Enforcement Officers）》规定，"执法人员在执行任务时，应尊重并保护人的尊严，并且维护每个人的人权"。《囚犯待遇基本原则（Basic Principles of the Treatment of Prisoners）》规定，"对于所有囚犯，均应尊重其作为人而固有的尊严和价值"。《禁止酷刑和其他残忍、不人道或者有辱人格的待遇或处罚公约》以及《欧洲人权公约》都强调了对被羁押人的"人道"。在我国，《国家人权行动计划（2012—2015年）》指出，"保障被羁押人的权利和人道待遇"。

---

〔1〕　［英］A. J. M. 米尔恩：《人的权利与人的多样性——人权哲学》，夏勇、张志铭译，中国大百科全书出版社1995年版，第10～11页。

〔2〕　周勇：《少数人权利的法理——民族、宗教和语言上的少数人群体及其成员权利的国际司法保护》，社会科学文献出版社2002年版，第15页。

这些人权文件提及了"人道""尊严""人格"等是人作为人应当具有的概括性要素,这是具体权利建构的基本依据。在看守所的被羁押人尤其是未决被羁押者,他们在被追诉的过程中,程序上的经历是片段式的,更多的时间是处于看守所中的连续性生活状态,已决犯则是执行与生活合一。也就是说,谈及被羁押人人权首要的前提是将他们作为人来看待,因为"作为一项社会制度原则,人权通过强调人之作为人所应有的资格、利益、能力和自由,来维护人的尊严和价值,防止和扼制任何人把人作为手段或工具的功利主义的、结果主义的考虑"。[1]

2. 被羁押人作为非自由人所享有的权利具有特殊性

那么被羁押人在看守所内是一种什么样的自我处境呢?恐惧感、陌生感、孤独感、抵触心理、绝望心理、放任态度等是被羁押人生存的较大困扰,因此如何进行消解(类似情绪)就成为被羁押人权利的隐性诉求,而那些显性诉求是监所内外可以直接探测或评估出来的,并且可以通过诉讼程序来解决。对于隐性诉求,被羁押者往往不会主动诉说,但这些又与他们的日常生活密切相关并且可以被反映在动作、表情、语言中。所以解决被羁押人的隐性诉求恰恰是人道主义、人格尊严的应然内涵。正如英国的罗德雷(Nigel. S. Rodley)所说,"这些行为既没有被认定为构成酷刑,也没有被认定为构成其他残忍、不人道或有辱人格的待遇或惩罚,而是违反了应对囚犯施以人道及尊重其固有的人格尊严的待遇的规定"。[2]《欧洲监狱规则(European prison rules)》规定,"被剥夺自由的人保留所有没有通过判决或者拘留决定予以合法剥夺的权利"。[3]《囚犯待遇最低限度标准规则》在"按类隔离""住宿""个人卫生""衣服和被褥""饮食""体操和运动""医疗"等方面为被羁押人权利保障设定了明确的标准。如果将人的需求分为物质和精神两个

---

〔1〕 夏勇:《人权概念起源——权利的历史哲学(修订本)》,中国政法大学出版社2001年版,第176页。

〔2〕 [英]奈杰尔·S. 罗德雷:《非自由人的人身权利——国际法中的囚犯待遇》,毕小青、赵宝庆等译,生活·读书·新知三联书店2006年版,第327页。

〔3〕 见吴宗宪译:"《欧洲监狱规则》(2006年版)",载《犯罪与改造研究》2019年第6期。

层面的话，那么文本上的规定更多是物质层面的，也就是说看守所硬件设施的改善必不可少，而精神层面或软件上实际上是看守所的管理范畴。

在现代管理理论中，"以人为本""人性化管理"是基本理念，看守所的羁押职能表现为对被羁押人的管理权。由于被羁押人是非自由人，所以这种管理与企业管理、社会治理存在着根本的不同。随着纠纷解决的文明化和刑事诉讼的公开化，被羁押人与侦查机关和公诉机关的对抗性作为一种显性诉求通过诉讼权利来实现。羁押是一种非公开措施，限制的是被羁押人的人身自由，但是他们的生存权需要得到基本保障，也就是基本的物质需求和身心健康需求，我们将此称为被羁押人权利中的隐性诉求，这与马斯洛的需求层次理论相契合，人的需求包括生理需求（physiological needs）、安全需求（safety needs）、爱和归属感（love and belonging）、尊重（esteem）和自我实现（self-actualization）五类，依次由较低层次到较高层次排列。如果从心理学流派来考察的话，这实际上属于人本主义心理学的典型观点。

（三）人本主义心理学在被羁押人权利依据中的引入

人本主义心理学是以人为本研究整体人的本性、经验与价值的心理学，亦即研究"人的本性（nature）、潜能（potentiality）、经验（experience）、价值（value）、创造力（creativity）及自我实现（self-actualization）"[1]的科学。它反对行为主义非人化的白鼠心理学和精神分析非正常人的变态心理学，成为与行为主义心理学、精神分析心理学相对抗的力量，被称为西方心理学的第三势力，它的代表人物是亚伯拉罕·马斯洛（Abraham Maslow）、卡尔·罗杰斯（Karl Rogers）、罗洛·梅（Rollo May）。由于人本主义心理学是以人道主义和人性论为哲学基础，所以这恰恰与看守所被羁押人权利保障中涉及的"人道""尊严"相契合。对于看守所被羁押人的权利来说，无论是建构完善的体系，还是保障措施的落实，仅仅从哲学上找到宏观的依据还不能更好地剖析被羁押

---

[1]　车文博：《西方心理学史》，浙江教育出版社 1998 年版，第 536 页。

人的特性，而运用人本主义心理学则可以从中观上分析出被羁押人的生存诉求，并结合相关的制度设计和实践做法，最终形成看守所被羁押人权利的正当化依据。

1. 人性论：被羁押人在需求上的依据

人本主义心理学以生物学和文化为视角通过分析人性的结构和内容来提出人的固有趋势或内在本质是人的生物性和精神性。马斯洛还进一步提出了人的"似本能"这一概念，即"人类天生的但却微弱的基本需要的本性，它极易被环境条件所改造。换句话说，似本能的需要在某种程度上是由人种遗传决定的，但它们的表现和发展却是通过后天学习获得的"。[1]马斯洛甚至将这种似本能作为人性的内核和集中表现。

在看守所，可以最直接、最真实地暴露出人性。从自由到不自由的变化，被羁押人的似本能随之也会发生变化，那么这种变化的边界是什么？对未决犯来说，他们的犯罪行为、原本的生活环境、危害后果的严重性等造就了他们差异化的似本能。有效地过渡到监狱或回归社会是他们本性需求的边界。对于已决犯，他们基本适应了看守所的生活，他们的似本能中所需求的是早日得到释放。对于死刑犯，他们处于麻木、绝望或解脱状态。对于被羁押人来说，作为内在依据和发展动力的似本能的需要影响着他们人性的发展方向，所以既不能以本能论主张用人的遗传来解释被羁押人的一切特征，也不能用反本能论主张的人性无法界定的学说。在被羁押人的权利上，看守所的人文环境虽然不能改变他们的内在发展趋势，但是可以使这种发展指向变态、倒退或夭折的方向。

2. 价值论：看守所在权利保障方向上的依据

马斯洛指出，"对人或人的本性做全面的定义必须包括内在价值在内，也就是说，要把内在价值作为人的本性的一部分"。[2]当被羁押人进入看守所后，他们的价值观发生变化，而价值观指导着个人行为的主

---

〔1〕 车文博：《人本主义心理学》，浙江教育出版社 2003 年版，第 368 页。

〔2〕 〔美〕马斯洛："超越性动机论——价值生命的生物基础"，载〔美〕马斯洛等：《人的潜能和价值》，林方主编，华夏出版社 1987 年版，第 218 页。

观意义与倾向系统。如果他们在遭受刑讯逼供、超期羁押、牢头狱霸等侵犯权利现象，那么他们的绝望心理就会增加，"自我评定性"就会出现偏移。而看守所在传统上持有"一看二守三送走"观念，如果转化为监管行为，实际上是将被羁押人简单地视为生物体，忽略他们的价值取向，这就使看守所在权利保障上只是简单地固守文本上的规定，那么教育或挽救的功能就会弱化，关押甚至惩罚的功能则会强化。所以监管人员在被羁押人的人权保障上并不是价值中立，而是"投身于自我选定的价值中心过程中作出的主观选择"。[1]这是被羁押人能够感受到"正价值"的应然条件。

在看守所内，监管人员和被羁押人之间如果出现价值上的对立，那么就可能演化出暴力监管或暴力拒管的后果，而我们常强调的"人性化管理"理念，正是对人性中内在价值的培育。

3. 教育观：看守所教育功能的依据

看守所对未决被羁押者和已决者分别承担着教育感化和教育矫正的功能。我国看守所在未决被羁押者的教育职能上经历了教育转化到教育感化的转变，"教育感化是公安监所教育转化在押人员的一种独特的教育形式，是指施教者通过对被教育者的心灵沟通、情感交流，使被教育者受到震撼和感动，从而自觉自愿地按照施教者的要求，规范自己行为的一种有目的的活动"[2]。人本主义心理学崇尚的是教育的功能，罗杰斯将教育的目标定为使被教育者成为"自我实现者"，并且提到，"自我实现的创造性是'放射到'或发散到或投射到整个生活中的，正如一个振奋的人没有目的地、没有谋划地，甚至也不是有意地'放射出'兴奋一样"。[3]

对于已决犯，看守所的教育矫正功能是消除他的主观恶性，避免再犯；对于未决被羁押者，按照无罪推定的原则，教育感化的目的是确保

〔1〕　车文博：《人本主义心理学》，浙江教育出版社2003年版，第400页。

〔2〕　冯德文："谈公安监所教育转化工作中的感化教育"，载《辽宁警专学报》2009年第3期。

〔3〕　[美]马斯洛："自我实现者的创造力"，载[美]马斯洛等：《人的潜能和价值》，林方主编，华夏出版社1987年版，第253～254页。

诉讼顺利进行和保障被羁押人合法权利。其实，无论是对哪种被羁押者，看守所的教育功能在于以机体潜能为基础，强调人的未来发展的可能性及其乐观前景。如果在教育观上脱离了感化或矫正的目标，那么对于被羁押人来说，即便他们文本上的权利得到了保障，那么也没有达到"自我实现"的程度，随之而来的后遗症凸显。例如已决犯在执行完刑罚后，在社会上难以实现回归。再如，未决被羁押者在遭受刑讯逼供后，他们的"'探求意义的意志'也会受挫，弗兰克尔把这称为'生存挫折'。这种挫折根源于人在生活中所感到的'生存空虚'，而且它主要表现为一种厌倦状态"[1]，致使未决被羁押者被迫认罪，甚至出现冤假错案。

4. 方法论：被羁押人权利保障措施上的依据

无论是《刑事诉讼法》的规定，还是监管法规的要求，如何有效地实现被羁押人权利保障，需要监管人员采取可行的措施。在人本主义心理学中，有三种研究方法，即整体分析法、现象学方法、个体特征研究法。人本主义心理学在强调回归到人的本质问题的同时还突出人的经验和主观体验的重要性。这实际上是逻辑思维主张的现象学方法，即对人的意识体现的直接描述法。至于整体分析法和个体特征研究法，既是将人作为一个整体，又突出人的个体性，既强调人与现实情境的关系，也强调个体组织结构之间的关系。基于此，罗杰斯提出了"功能完备的人"这一概念，"这种理想的个体将代表人类自我的最终实现。这样一个人可以体现来自重要他人的无条件积极尊重，因为没有价值条件存在，个体就能体验到无条件自我尊重"。[2]

在看守所，被羁押人的多方面权利受到了限制，这是实现追诉功能或惩罚功能的要求。而在无罪推定原则下，被羁押人更应当是"功能完备的人"，对他们权利的限制也是暂时性的。监管人员在监管的过程中，

---

〔1〕［美］沃克："存在的焦虑与创造性的生活"，载［美］马斯洛等：《人的潜能和价值》，林方主编，华夏出版社1987年版，第401页。

〔2〕［美］Robert D. Nye：《三种心理学——弗洛伊德、斯金纳和罗杰斯的心理学理论》，石林、袁坤译，中国轻工业出版社2010年版，第146页。

通过采用人本主义心理学的三种方法掌握每个被羁押人的特点，这在完善被羁押人的分类、防范牢头狱霸、避免被羁押人的过激行为都是必要的指导。当然，这不是深挖犯罪，而是更有助于被羁押人获得及时审判、自愿认罪、真诚悔改。

三、被羁押人权利体系的再完善

就被羁押人权利保障的尺度而言，我们需要回归到人作为人这个核心问题上，并以被羁押人作为非自由人的特殊性为依据，借鉴人本主义心理学在人性论、价值论、教育观、方法论上的理论，为我们在被羁押人权利体系的再完善方面提供思路和方法。

（一）明确被羁押人各项权利的内涵

看守所对被羁押人权利的保障首先应明确被羁押人享有的各项权利及其内涵和要求等。具体到我国而言，对于被羁押人享有的各项权利，截至目前已颁布的三份《国家人权行动计划》均对其具体内容进行了明确规定。《国家人权行动计划（2016—2020 年）》（以下简称《计划》）的"获得公正审判的权利"这一部分，概括式列举了最重要、最核心的各项权利。尽管这一部分并未明确其权利主体，但结合其具体内容以及《刑事诉讼法》的相关规定，可从中推出看守所中的被羁押人享有的各项权利。

1. 人格尊严

在权利保障中，人格尊严——或称人的尊严——居于核心地位。《世界人权宣言》在序言中强调："对人类家庭所有成员的固有尊严及其平等的和不可剥夺的权利的承认，乃是世界自由、正义与和平的基础。"第 1 条规定："人人生而自由，在尊严和权利上一律平等。"《经济、社会及文化权利国际公约（International Covenant on Economic，Social and Cultural Rights）》和《公民权利和政治权利国际公约》均在序言中进一步重申："依据联合国宪章所宣布的原则，对人类家庭所有成员的固有尊严及其平等的和不可剥夺的权利的承认，乃是世界自由、正义与和平的基础"，"确认这些权利源于人的固有尊严"。1993 年世界人权大会通过的《维也纳宣言和行动纲领（Vienna Declaration and Programme of Action）》在序言中强调，"承认并肯定一切人权都源于人与生俱来的尊严和价值"。[1]羁押执行的本质就是对在押人员人身自由权及其附属与附带权利的剥夺或限制。被羁押人因身处看守所，处于被限制人身自由的状态，其人格尊严等权利极易受到侵害，除上述国际公约等对所有人的人格尊严予以确认外，被羁押人作为一类特殊的权利主体，其人格尊严等也得到了额外的肯定和确认。如联合国《公民权利和政治权利国际公约》第 10 条第 1 项规定："所有被剥夺自由的人应给予人道及尊重其固有的人格尊严的待遇。"联合国《保护所有遭受任何形式拘留或监禁的人的原则（Body of Principles for the Protection of All Persons under Any Form of Detention or Imprisonment）》原则 1 规定："所有遭受任何形式拘留或监禁的人均应获得人道待遇和尊重其固有人格尊严的待遇。"

《计划》明确指出，"禁止让刑事在押被告人或上诉人穿着具有监管机构标识的服装出庭受审"。虽并未明确出现"人格尊严"或"人的尊严"，但这一规定指出了保障被羁押人人格尊严的具体措施，明确禁止了侵犯被羁押人人格尊严的行径。毋庸置疑，被羁押人在看守所内的人格尊严在其所享有的权利中应居核心地位。这不单单是由人格尊严在人权中的特殊地位所决定的，更是出于对被羁押人人格尊严处于弱势和不利地位的考量。并且，人格尊严的内涵极为丰富，更容易受到侵害，且侵权主体并不单一，侵害手段极多。譬如《看守所条例》中以"人犯"指代未决被羁押人，使得公众将其视为确定犯罪的、等同于"罪犯"的人，甚至导致看守所民警等管理人员也有这种错误的认识，从而在其言行中贬损被羁押人人格尊严，这些都是对被羁押人的人格尊严的不尊重甚至是侵犯。此外，《计划》中所明确指出的疑罪从无原则[2]，亦可视为对被羁押人人格尊严的尊重。《公民权利和政治权利国际公约》第 14 条第 2 款规定："凡受刑事控告者，在未经依法证实有罪前，

---

〔1〕 上官丕亮："论宪法上的人格尊严"，载《江苏社会科学》2008 年第 2 期。

〔2〕 《国家人权行动计划（2016—2020 年）》："贯彻疑罪从无原则，严格实行非法证据排除规则，进一步明确非法证据的范围和排除程序。"

应有权被视为无罪。"疑罪从无原则是无罪推定原则的一项派生标准。看守所以对待"罪犯"的态度、称呼和方式等对待未被定罪的被羁押人，违反了疑罪从无原则和无罪推定原则，侵害了被羁押人的人格尊严。

2. 生命权

生命权是人权体系中最为基本的权利。《世界人权宣言》第3条规定："人人有权享有生命、自由和人身安全。"《公民权利和政治权利国际公约》第6条第1款明确规定："人人有固有的生命权。这个权利应受法律保护。不得任意剥夺任何人的生命。"被羁押人的人身自由虽受到限制，但其生命权却不应因此而被轻视乃至遭受侵犯。尤其人身自由受限情形下，被羁押人的生命权更加脆弱，其身处的环境不利于生命权的实现与保障。而被羁押人生命权受到侵害的事件却屡次三番出现在公众视野中，其中尤以看守所非正常死亡事件最为严重，被羁押人的生命被剥夺，其生命权自然随之消逝，更遑论其他权利。生命权的内涵丰富，而生命不被他人任意剥夺无疑最为基础，同时也是其他内容的前提和先决条件。非正常死亡事件产生的原因各异，其中故意杀人案多次见报。故意剥夺他人生命是对生命权最直接的侵犯，是最恶劣的侵害手段之一。而这皆由看守所管理疏忽、对暴力事件和被羁押人的求助视而不见等原因造成的，在这种意义上，看守所虽非"杀人犯"，却亦可被视为剥夺被羁押人生命的"帮凶"。无论被羁押人日后被定罪抑或被无罪释放，无论其身份是犯罪嫌疑人抑或罪犯，被羁押人的生命权都应当受到平等对待，应当免于危险和威胁，其生命安全更应当得到最基本的保证。看守所作为保障被羁押人权利的主要责任人，平等对待其生命权仅仅是保障权利的开端和基础，但现实往往并非如此。因此，进一步强调被羁押人生命权的保障并非多此一举，生命权应当得重视仍有待加强。

3. 健康权

笔者认为，倡导保障看守所被羁押人的健康权是最契合人本主义心理学要求的，具体可以分为硬件和软件两方面。硬件方面的权利主要是生活质量的基本保障权，包括分类隔离、住宿、医疗、饮食等方面，

《看守所建设标准》规定提升了看守所的硬件配备。即便如此，也并不能简单地认为各地看守所都能够达到规定的标准，这就需要各级财政资金的支持，并建立考核机制，在各地看守所达到基本要求的基础上，各地可以根据各自条件提升相应的配备。

硬件上的健全固然重要，但是监管者如果在管理理念、管理方法上落后于被羁押人的身心利益诉求，硬件应有的效果难以体现。软件方面所涉及的主要是心理健康权的保障。对未决被羁押者来说，他们从自由人转变为非自由人，他们的心理乃至精神通常会因此而受到冲击；对于已决犯来说，他们的余刑虽然不长，但他们对自由渴望至极，如何让他们稳定地接受改造，心理上的疏导至关重要。

被羁押人的心理健康权已经得到了我们国家的重视，并且被纳入其权利范畴。《国家人权行动计划（2009—2010 年）》提出，进一步完善被羁押者的处遇制度，推广和深化心理咨询和心理健康教育；《国家人权行动计划（2012—2015 年）》提出，健全被羁押人权利保障机制完善对被羁押人的心理干预；《〈国家人权行动计划（2012—2015 年）〉实施评估报告》指出，对被羁押人心理干预制度和工作机制不断完善；《中国司法领域人权保障的新进展》指出，截至 2015 年，全国有 2169 个看守所建立被羁押人心理咨询室。2016 年 10 月，中共中央、国务院印发《"健康中国"2030 规划纲要》提出，"立足全人群和全生命周期两个着力点，提供公平可及、系统连续的健康服务，实现更高水平的全民健康"。2016 年 12 月国家卫生疾控中心颁布了《关于加强心理健康服务的指导意见》，在"重视特殊人群心理健康服务"部分提出，"健全政府、社会、家庭'三位一体'的帮扶体系，加强人文关怀和心理疏导，消除对特殊人群的歧视，帮助特殊人群融入社会"。此处的特殊人群就包括被羁押人。

由此，在健康中国的概念下，被羁押人的心理健康权有了明确的政策依据，基于被羁押人心理问题的普遍性和严重性，有必要保障被羁押人心理健康，同时在看守所的职能上增加心理疏导功能。具体来说，加强监管人员的心理咨询能力和心理疏导能力，建立心理督导机制，也就是在提升被羁押人心理健康的同时，避免监管人员在心理上被感染。[1]

4. 获得律师帮助的权利

《公民权利和政治权利国际公约》第 14 条第 3 款规定："在判定对他提出的刑事指控时，人人完全平等地有资格享受以下最低限度的保证：……有相当时间和便利准备他的辩护并与他自己选择的律师联络……"《保护所有遭受任何形式拘留或监禁的人的原则》原则 11 规定"被拘留人应有权为自己辩护或依法由律师协助辩护"，"被拘留人与其如果有的律师，应及时获得完整的通知，说明拘留的任何命令及拘留理由"。对于获得律师帮助的权利，2012 年《刑事诉讼法》第 37 条第 2 款规定："辩护律师持律师执业证书、律师事务所证明和委托书或者法律援助公函要求会见在押的犯罪嫌疑人、被告人的，看守所应当及时安排会见，至迟不得超过 48 小时"；第 3 款规定："危害国家安全犯罪、恐怖活动犯罪、特别重大贿赂犯罪案件，在侦查期间辩护律师会见在押的犯罪嫌疑人，应当经侦查机关许可。上述案件，侦查机关应当事先通知看守所。"被羁押人获得律师帮助的权利在 2012 年《刑事诉讼法》中得到了进一步的强调，看守所应依法保障被羁押人的这项权利，为被羁押人获得律师帮助清除障碍，排除可能对该项权利的实现造成困难的人为因素和客观因素，彻底解决"会见难"的问题。

我国十分重视这一权利，《计划》中明确指出："加强诉讼过程中律师的知情权、申请权、申诉权等各项权利的制度保障，落实相关法律赋予律师在诉讼中会见、阅卷、收集证据和发问、质证、辩论等方面的执业权利，保障律师依法行使辩护权、代理权。健全完善侦查、起诉、审判各环节重视律师辩护代理意见的工作机制，落实听取律师意见制度。禁止对律师进行歧视性安检，为律师依法履职提供便利。"通过多次强调律师帮助的权利，并详细地指出该权利的内容，从而引起看守所

---

[1] 特别需要指出的是，对于 60 周岁以上老年被羁押人、患有一定精神障碍的被羁押人、对于孕产妇被羁押人、未满 18 周岁的被羁押人，他们属于特殊类群体，应当采取有利于他们健康或成长要求的关押原则，并在他们生活中或教育方面给予特殊的保护。因与其他章节存在重合，在此不做赘述。

对这一权利的重视，督促其在工作中落实对该权利的保障。

除上述权利以外，《计划》还对被羁押人的知情权、陈述权等予以强调："强化诉讼过程中当事人和其他诉讼参与人的知情权、陈述权、辩论辩护权、申请权、申诉权的制度保障，落实刑事诉讼法及相关配套法规制度关于法律援助的规定。"这些权利的内涵同样需要被明确，才能使被羁押人权利保障免于沦为空谈。

（二）完善被羁押人权利体系

除上述重要权利的提取，相关研究对被羁押人权利的归纳、分类等，亦有不同标准。在各项权利及其内涵得以明确之后，通过一定的标准予以类型化，更有利于被羁押人权利体系的建构和完善。

如《刑事诉讼法》及其配套规定对被羁押人权利的规定为诉讼内权利（即诉讼权利），而在看守所中立原则和侦羁分离原则下，在看守所内被羁押人除了作为被追诉者这种刑事诉讼身份外，还作为被监管者享有诉讼外权利。就诉讼内权利而言，这些权利的规定和行使既能够彰显诉讼生态，也能以看得见的方式供公众评判。被羁押人诉讼权利的保障标准是程序正义和实体正义，具体体现在刑事诉讼的全过程。看守所对被羁押人实行羁押行为的依据来自于公安机关的刑事拘留决定、人民检察院的批准或决定或者人民法院的决定，看守所实施羁押这种诉讼行为，所保障的是诉讼活动的顺利进行，同时也保障被羁押人有效行使诉讼权利。会见通信、讯问录音录像、视频提审等是看守所行使羁押权所包含的管理性内容。

而诉讼外权利实际上关乎被羁押人在被监管中身心的利益，它以监所管理局制定的政策或规范性文件为依据，以监管环境和监管人的监管行为为保障。诉讼外权利的保障标准是被羁押人作为人应当达到的基本的身体健康和心理健康。当然，被羁押人终究是非自由人，保障他们的身心利益不可能达到普通社会人的诉求，所以他们的身心利益是一种有助于刑事诉讼进展、保障他们生存权的底线标准，以此也要杜绝看守所成为一块"寄生地"。

此外，以程序权利和实体权利为标准划分，被羁押人权利体系则呈现出不同结构。如被羁押人享有的程序权利包括：不受任意羁押的权利；被通知羁押理由的权利；被及时带到司法机关的权利；在合理时间内接受审判或被释放的权利；对羁押提出异议的权利等。实体权利则包括：受到人道待遇的权利；获得辩护的权利；对非法羁押得到赔偿的权利等。[1]程序权利与实体权利既有明确的界限又有内在的联系，实体权利是程序权利的基础，程序权利则是对实体权利的保障。

依据何种标准作出划分？以何种标准为核心纳入和排除各项权利？如何建构被羁押人权利体系？这些都是与被羁押人权利体系相关的重要问题，围绕这些问题来建构这一体系，可以获得不同视角与思路，均有利于达到完善体系的目的。

被羁押人权利体系的建构、细化、完善，是保障被羁押人权利的依据，是权利保障的开端。以此为基础，围绕被羁押人具体的权利，在法律法规的制定、羁押场所的管理与监督、诉讼过程之中，落实具体的权利保障措施。但是，权利体系的完善是开端而非终点，在司法体制改革中，相应举措的实施才能真正将被羁押人权利保障落到实处。

四、改善被羁押人权利保障状况的思路

（一）实现看守所的中立性

笔者认为，看守所的中立性是保障被羁押人权利的先决条件。被羁押人暂时被限制人身自由，在此种情形下，被羁押人的其他权利也极易受到忽视甚至遭受侵犯。人身自由一旦受到限制，个人对自身权利保障的基本条件缺失，保障自身权益几乎成为空谈。即使将侵犯权利的情形排除在外，仅仅被羁押人自身权益无法得到满足、各项权利无法实现，被羁押人的权利状况可谓堪忧。而作为限制被羁押人人身自由的执行机关，根据前文所述，其职能决定看守所应当承担保障被羁押人权利的重要责任，尤其在被羁押人权利难以依靠自身实现的情形下，看守所的作为甚至可以被视为被羁押人权利能否得到保障的唯一的决定因素。在羁押期间，被羁押人的人身自由被限制在其身处的看守所之内（更准确地

---

〔1〕　参见蔡沁宸："未决被羁押人权利保障研究"，苏州大学 2013 年硕士学位论文。

说是限制在某一监室之内），看守所对被羁押人进行依法管理。看守所作为国家机关，在实现其基本职能的同时，必须关注被羁押人的权利状况，承担保障被羁押人权利的责任。

关于看守所中立性的实现，人权领域、刑事诉讼领域的学者予以极大的关注，并立基于各自的研究提出了不同的改革方案建议。根据是否需另设国家机关，学界的主张可大致划分为两类不同的改革思路。其中一种改革思路主张，从中央到地方均另设机关来统辖各级看守所，且该机关独立于公安机关。而对于该机关应隶属于司法系统或人民政府，仍存在不同意见。这种思路是将看守所从公安系统中独立出来的最直接的办法，"侦押分离"，看守所脱离刑事侦查机关，通过此种思路即可完全实现，看守所的中立性亦能得到最直接的保证。然而脱离了公安系统，看守所应何去何从需更为谨慎。有学者建议，看守所体制变革，可将"看守所由公安机关划归司法行政机关管理，这一意见被视为彻底革除看守所多年累积弊端的唯一出路"[1]。然而，新设机关的隶属问题，能否在合理、可控的新增成本内实现预期效果，依旧是这一改革思路不得不考虑的重要问题。此外，能否在现有体制内实现这一改革方案也尚无定论，新增管辖机关或会引起体制改革，带来一系列的影响与变化，或言之，新设机关或会牵一发而动全身，必然会带来其所在系统内部乃至外部的一系列的相应变化。而如何应对预料之外的这些变化和可能出现的新形势、新问题，或许比实现这一方案本身更值得思量，也面临更多的挑战。

另外一种改革思路认为无需新设管辖机关即可实现看守所的中立性，或从成本与效益的角度来看，现有体制可以更小成本来实现看守所的中立性。例如，程雷教授提出，"县市两级看守所实行省级人民政府统一管理，为县市两级看守所中立行使羁押管理职权进一步创造条件，以抵御地方公安机关对看守所施加侦查破案的压力。这一改革方案参考

---

〔1〕参见程雷："看守所立法问题探讨"，载《江苏行政学院学报》2015年第5期。"……截至目前已经开展的三轮中央司法体制改革过程中，虽然这种意见多次被论证，但始终未被纳入到改革方案中。"

了当下正在进行的新一轮司法改革中为解决司法地方化问题而提出的省以下检法两家人财物实行省级管理的改革思路"，与前一种改革思路相比，这种改革方式并未改变公安机关管辖看守所的现状，"但通过县市两级看守所的人财物实行省级公安厅（局）统一管理，无需体制变革即可实现看守所中立化的改革目标"。[1]

然而，在之前发布的《中华人民共和国看守所法（公开征求意见稿）》中，看守所依旧隶属于公安机关。笔者认为，看守所脱离公安机关的管辖是极为必要的，而意见稿却并未对看守所的中立性予以充分重视。就具体改革方案而言，笔者认为，第二种改革方案结合了当下司法改革的最新思路，在现有体制下为看守所摆脱变相"服务"于刑事侦查乃至以押代侦寻求出路，最大限度地利用了当下体制中与司法改革思路相适应的部分，突破了体制内改革的限制，在维持现有体制的前提下，以体制内改革实现现有体制的完善，为看守所的中立性创造了极为有利的条件。而将看守所归于政府管理并非此思路下唯一可行的方案，笔者认为，看守所隶属于各级司法局管理或由省级人民政府统一管理，均是在体制内实现中立性的突破性可行之策，需进一步实地调研及征求社会意见，而后权衡利弊，择一良策。意见稿的发布正是各方发声，并通过理论论证、实地调研等完善实现看守所中立性相关方案的契机。看守所中立性的实现，实非一日之功，而实现的关键一环在于今后制定出来的《中华人民共和国看守所法》（以下简称《看守所法》）能否将此明确规定。当然，经论证的可被采纳的改革方案，还需实践的检验。对此，可以在多地实行试点，以观成效，看守所可否中立于公安机关，中立性的实现可否切实改善被羁押人权利状况等，都可在实践中得以窥见，以实践为据，以理论立基，才能找到切实可行且效益最大的改革路径。

（二）重新定位看守所的职能

看守所承担什么样的职能，与被羁押人权利体系和保障思路密切相

---

〔1〕　参见程雷："看守所立法问题探讨"，载《江苏行政学院学报》2015 年第 5 期。

关。当前，看守所承担的安全、教育、改造、侦查职能，是在惩罚犯罪的任务和实体真实的目的以及隶属公安机关的产物。在实践中出现的刑讯逼供、超期羁押、深挖犯罪等侵犯被羁押人权利和违背司法规律的现象与看守所的职能定位和隶属体制息息相关。

从域外的情况来看，在美国，《联邦刑事诉讼规则》规定，未决羁押的执行由监狱机关负责，并且监狱与警察机构相分离，承担羁押职能。在法国，根据《法国刑事诉讼法典》可知，看守所隶属于司法机关，只负责执行相关司法机关的命令，即承担关押和看守职能。在我国的羁押体制中，除了秦城监狱隶属于公安部外，其他监狱均隶属于司法行政机关；看守所承担羁押未决犯和部分已决犯职能，但看守所隶属公安机关。笔者认为，坚持看守所中立原则是理顺看守所职能、保障被羁押人权利的基本原则，这就需要重新定位看守所的隶属问题，也将看守所转归司法行政机关，实现侦羁分离。从体制和机制上重新定位看守所的职能，就是保障刑事诉讼顺利进行，保障被羁押人权利以及监管、教育、改造职能。

关于刑讯逼供，侦查机关在看守所讯问犯罪嫌疑人、被告人应同步录音、录像，即便是送羁之前的 24 小时或 48 小时内也要求如此，加之非法证据排除规则和以审判为中心的诉讼制度改革，讯问者实施刑讯逼供的勇气和动机已经大打折扣。所以杜绝刑讯逼供是一项联动工作，当侦羁分离后，刑讯逼供又增加了一道监督的丈尺。对于超期羁押，具体执行羁押的看守所进行报告或提示可对羁押决定机关形成监督。至于深挖犯罪，既然侦羁分离，看守所如果实施了侦查行为，就会因为越权而担责。

（三）完善看守所依法管理与监督机制

看守所中被羁押人权利状况堪忧的原因来自于许多方面，除看守所无法保障中立性之外，还要归咎于内部管理混乱、缺乏有力监督等问题。

我国绝大部分看守所建造时间已久，未及时进行翻新和后续建设，硬件设施相对监狱而言较为落后。多人共用一监室、卫生设施较少、卫生条件较差等，是目前全国多数看守所仍然存在的问题。而刻意安排与狱霸同一监室或条件极差的监室等问题，经常会成为处在公安机关审讯过程中的被讯问者所担心甚至害怕之处，而公安机关则以此来诱使其"招供"。狱霸的存在并不难发现，但有时看守所干警的"视而不见"会导致这种现象滋生并愈演愈烈，这种"视而不见"甚至是变相的刑讯逼供，是变相辅助公安机关的侦查工作。此外，检察院等监督不力也是看守所监督体制中的漏洞与疏忽。以检察院驻看守所检察室为例，"由于人员素质水平、物质条件有限，不能有效开展监督工作"[1]；"预防性监督不到位，在押人员（被羁押人）控告、申诉机制不顺畅"[2]；查处工作不及时，尤为严重的是，在非正常死亡事件发生后并未及时展开调查。此外，上级对下级监督巡视不够、驻检室许多工作需与看守所合作或依赖看守所而完成等现实因素，同样在很大程度对看守所的监督体制的实现与完善带来困难。

除看守所中立性对保障被羁押人权利具有重要意义外，看守所内部管理体系以及对被羁押人员的依法管理也对被羁押人权利的保障至关重要。众所周知，对于看守所的管理，至今仍以 1990 年 3 月 17 日颁布的《看守所条例》为核心。《看守所条例》出台至今已有数十年，作为一部行政法规，它在看守所管理中发挥了不可磨灭的作用。然而，无论是经济社会的发展，还是我国法制的进步，与 20 世纪 90 年代都已不可同日而语。特别是 2012 年《刑事诉讼法》的修订，是刑事诉讼领域的重大进步，对相应的法律法规和作为刑事羁押机关的看守所，都提出了更高的要求。近年来，多次有人大代表和政协委员在两会上提出制定《看守所法》，也有不少学者通过调研等方式对制定《看守所法》的可行性和必要性等进行研究和分析。

《看守所条例》虽较为全面地对看守所工作和管理作出了详细的规定，但却有一些技术性问题和观念性问题不能适应 2012 年《刑事诉讼法》的变化。譬如，在《看守所条例》中，将被羁押人称为"人犯"，在全文中共出现了 71 次，且并未明确"人犯"的概念及意义。笔者认

---

[1]　容向东："被羁押人非正常死亡现象的法理分析"，载《法制与社会》2014 年第 35 期。
[2]　容向东："被羁押人非正常死亡现象的法理分析"，载《法制与社会》2014 年第 35 期。

为，"人犯"一词的使用是不恰当的，不仅与时代脱节，更无法适应权利保障新环境的需要。如前所述，看守所中的被羁押人绝大多数是"未决被羁押人"，他们尚未经过法院的审判和判决，并不是以"罪犯"的身份被羁押于看守所中。而"人犯"这一称呼应当如何理解，是否与"罪犯"同义或等同于"罪犯"，倘若作此理解，那么以"人犯"一词来指称未被定罪的"未决被羁押人"十分不当，同时，还有可能误导公众，使公众产生"看守所中的'未决被羁押人'就是确定的罪犯"等类似的错误认知。这是对"未决被羁押人"性质的"误解"，而对尚未定罪且最终可能被判无罪的被羁押人而言，这是对其人格尊严的中伤，更是对其人权的严重侵害。我国在1996年修订《刑事诉讼法》时取消了将"被追诉人"统称为"人犯"的做法，而《看守所条例》却未能随之作出修改。此外，将未决被羁押人称为具有"罪犯"意味的"人犯"，在某种意义上与我国《刑事诉讼法》的"无罪推定原则"相悖。而2012年修改《刑事诉讼法》，更是将"尊重和保障人权"原则写入其中[1]。由此可见，《看守所条例》不能适应《刑事诉讼法》的修改，不能严格遵守其中原则，更无法实现与2012年修改后的《刑事诉讼法》的对接，这对我国的刑事诉讼体系的完善极为不利。

除此之外，作为一部行政法规，从地位和作用方面来看，《看守所条例》都无法替代基本法律。在刑事诉讼体系中，看守所的重要地位已无需赘言，而看守所的管理和工作依据却存在基本法律上的缺失，仅仅一部《看守所条例》不足以满足通过依法管理看守所使之发挥在刑事侦查中的重要作用的需要。而我国《刑事诉讼法》经过1996年和2012年两次修改，为适应我国法制化建设事业作出了极大的调整和改变。就保障权利的意义而言，不论是摒弃"人犯"一称，对被追诉人以"犯罪嫌疑人"和"被告人"予以区分，或是将"尊重和保障人权"写入

---

[1]《刑事诉讼法》第2条规定："中华人民共和国刑事诉讼法的任务，是保证准确、及时地查明犯罪事实，正确应用法律，惩罚犯罪分子，保障无罪的人不受刑事追究，教育公民自觉遵守法律，积极同犯罪行为作斗争，维护社会主义法制，尊重和保障人权，保护公民的人身权利、财产权利、民主权利和其他权利，保障社会主义建设事业的顺利进行。"

法条之中，抑或其他对被追诉人权利的确认等，都是通过立法来明确对被追诉人权利的高度重视和尊重，使被追诉人权利及其他基本权利的保障有了明确的法律依据。然而看守所作为刑事诉讼中的重要羁押机关，却并不具备相应的配套法律，其工作依据更是以多年前的《看守所条例》为核心，与2012年修改后的《刑事诉讼法》不能保持协调一致。而制定并出台《看守所法》却可以作为《刑事诉讼法》的配套法律，完善刑事诉讼的法律体系。就我国国情而言，我国已关注到看守所管理中所存在的问题，部分地区也已针对相应问题采取了一些改革措施，大部分措施确有成效，取得了显著成果。而大多这些改革并不是全国性的，更未通过立法等途径予以确认。以小见大、从下而上的这种改革方式虽已见效，但只有将其上升为法律后，这些卓有成效的改革举措才有了法律的确认，更有利于在全国范围内推动看守所体制的大变革。此外，2013年10月，第十二届全国人大常委会公布了未来五年的立法规划，《看守所法》也被列入法律草案规划之中，2016年出台的《国家人权行动计划（2016—2020年）》在第二部分"公民权利和政治权利"下的"人身权利"这一部分中强调："制定看守所法，提升被羁押人权利保障的立法层级，完善配套法律法规和规章制度。"我国立法机关对《看守所法》立法工作的重视可见一斑。但"立法机关将《看守所法》的起草位列立法规划的第二梯队，并不属于'条件比较成熟、任期内拟提请审议的法律草案'，而是属于'需要抓紧工作、条件成熟时提请审议的法律草案'，而'提请审议机关或牵头起草单位'为国务院"。[1]《看守所法》草案虽已提上日程，但距离其正式出台仍需假以时日。2017年6月5日，公安部起草并发布了《看守所法（公开征求意见稿）》，向全社会征求意见。[2]这一意见稿的发布，向社会释放了推进立法工作的信号，更是迈出了《看守所法》制定与出台的重要一步。

〔1〕　程雷："看守所被羁押者的人权保障"，载《人权》2015年第2期。

〔2〕　参见"公安部关于《中华人民共和国看守所法（公开征求意见稿）》公开征求意见的公告"，载公安部网站，http://www.mps.gov.cn/n2254536/n4904355/c5728120/content.html，2018年5月21日。

该意见稿提出，将"尊重和保障人权"写入总则第 1 条"立法目的"中，并提出将对被羁押人的称谓改为"犯罪嫌疑人、被告人"。这是对《宪法》和《刑事诉讼法》"尊重和保障人权"原则的贯彻，是对被羁押人权利的确认和强调，顺应了我国加强被羁押人权利保障的趋势。

此外，依法管理对于被羁押人的权利保障而言具有极为特殊和重要的意义。看守所的内部管理主要依赖其管理人员，因而看守所能否得到依法管理、被羁押人人权能否得到保障便取决于其内部管理体系及其管理人员。根据《看守所条例》的规定，看守所主要配备干警、武警、医务人员等，其中，看守所的管理主要由干警负责。或言之，看守所干警是看守所权限的真正实行者，是看守所职责的直接承担人。看守所能否在权利保障的前提下履行其职责，在极大程度上依赖于看守所干警的作为。这便在看守所干警自身职责的范围外，对其提出了更多的要求。首先要正视工作职责，充分认识和重视自己所承担的责任，正确认识被羁押人的身份，充分了解被羁押人享有的各项权利，摒弃对被羁押人的"有罪推定"的错误观念，尊重和履行无罪推定原则，尊重和保障被羁押人的各项权利。

外部监督在看守所改革中必须得到足够的重视，采取更多有力可行的改进举措。《计划》中明确要求："健全刑事羁押必要性审查制度。发现不需要继续羁押或患有严重疾病不适宜羁押的，应当释放犯罪嫌疑人、被告人或变更强制措施。""加强刑事羁押期限监督。预防和清理久押不决案件，严格落实换押制度、超期羁押报告制度及责任追究制度。"对于任何公权力而言，监督机制是必不可少的，这既是其自身的内在要求，又是防范权利受到公权力侵害的外部需要。现有的检察院驻看守所检察室是对看守所进行外部监督的主要措施，正如前文所述，现实中存在的弊端已体现出外部监督机制的不完善，其中预防性监督不足的问题亟需解决。"刑事羁押必要性审查制度"和"刑事羁押期限监督"所提出的具体要求正是对预防性监督的针对性举措，羁押前对刑事羁押必要性与羁押期限进行严格的审查，利于预防非必要羁押、超期羁押以及因身体健康而出现的非正常死亡事件。而在被羁押人在押期间，仍须严格审查和监督其羁押必要性和羁押期限，以及时采取矫正和补救措施。即使在被羁押人权利遭受侵害后，健全的审查监督机制和责任追究制度对权利救济亦有重要意义。之前发布的《看守所法》征求意见稿充分重视对看守所的监督，并单独成章。该章明确了人民检察院对看守所予以监督的责任的具体内容及措施：人民检察院应当对看守所的收押、换押，羁押犯罪嫌疑人、被告人，安排讯问、提解、律师会见等执法活动进行法律监督，发现看守所有违法情形的，应当提出纠正意见。看守所对于人民检察院提出的纠正意见，应当在5个工作日之内予以纠正并告知人民检察院纠正结果；对于人民检察院提出的纠正意见有异议的，应当在2个工作日内向人民检察院书面提出复议，人民检察院应当在2个工作日内进行复议，并将复议结果书面通知看守所。[1]而2012年《刑事诉讼法》第93条规定的"羁押的必要性审查"[2]也出现在该意见稿中。此外，该意见稿明确规定，看守所"应当主动公开有关办事程序和监督方式，接受社会监督"，"应当聘请执法监督员，建立执法监督员巡查制度"，"应当定期邀请人大代表、政协委员视察看守所，接受人大代表、政协委员监督"。[3]监督员巡查制度及人大、政协的监督，是社会监督的重要举措，多种监督措施并举，有利于弥补内部管理及检察院监督的不足，将看守所的内部管理和被羁押人权利保障现状置于公开透明的环境之下，使忽视和侵犯权利的行为在各方注视下无处遁形。

（四）完善权利救济机制

权利救济是权利保障的重要一环。权利的保障始于侵害发生之前的防范，这是权利保障的预防措施，是为权利筑起的保护高墙。而预防或

〔1〕"公安部发布看守所法征求意见稿：人犯改称犯罪嫌疑人、被告人"，载澎湃新闻网：http://www.thepaper.cn/newsDetail_forward_1712091，2017年9月1日。

〔2〕《刑事诉讼法》第93条：犯罪嫌疑人、被告人被逮捕后，人民检察院仍应当对羁押的必要性进行审查。对不需要继续羁押的，应当建议予以释放或者变更强制措施。有关机关应当在10日以内将处理情况通知人民检察院。

〔3〕"公安部关于《中华人民共和国看守所法（公开征求意见稿）》公开征求意见的公告"，载公安部网站：http://www.mps.gov.cn/n2254536/n4904355/c5728120/content.html，2017年9月1日。

防范等事先保障措施，绝非不可突破的屏障，不可能阻挡一切侵害的发生。然而，侵害的发生并不能归咎于预防措施的"百密一疏"。正如徐显明教授所指出的，"人权侵害与人权保障总是结伴而行的。没有不受侵害的人权，也没有不受保障的人权，是侵害产生了保障制度"。[1]也就是说，对权利的侵害并不意味着人权保障的整个防火墙的坍塌，侵害的产生仅仅突破了权利保障的最初环节。侵害的发生刺激了保障的出现及完善，倘若没有侵害，权利仿佛被置于真空环境，倘若侵害不具可能性，保障便无从谈起。有学者指出："当宪法和法律所许诺的人权面临威胁时，必须通过法律上的救济手段才能实现人权从应然性向实然性的转变。"[2]而侵害发生后，仅仅追究个中原因并不能使侵害所带来的损失有所减少，只有救济才能降低或弥补损失。对权利的救济理应成为权利保障的最后环节。

尽管当代权利体系日趋完善，各项权利的具体内容日益明确，然而仅仅停留在纸面上、止步于宪法和法律以及各种国际公约中的权利，对于权利主体而言终归是华而不实的，甚至给人以"空头支票"[3]之感。此外，获得权利救济的权利是各国及国际社会明示或默示所承认的一项重要的保障性人权。

根据耶利内克（Jellinek）的"地位理论"，个人之于国家的积极地位衍生出个人对国家的请求权以及国家对个人给付的责任和义务[4]。获得权利救济的权利就是公民要求国家作出一定的作为以实现权利救济，是个人对国家的请求权，与之相对应，国家有着为公民提供救济途径以保障其权利救济权的实现的责任和义务。个人对国家的请求权的实现与否依赖于国家的作为。获得权利救济权的实现和保障便需要国家在法律中明确这一权利的地位和内容，为个人提供畅通有效的救济渠道和

---

〔1〕　徐显明："生存权论"，载《中国社会科学》1992 年第 5 期。

〔2〕　苗连营："公民司法救济权的入宪问题之研究"，载《中国法学》2004 年第 5 期。

〔3〕　"宪法上、法律上规定很多权利，但是如果没有救济的途径提供给权利主体，那么就相当于开的是空头支票，很难兑现，其实也就等于没有权利。"参见林来梵：《宪法学讲义》，法律出版社 2015 年版，第 398 页。

〔4〕　参见于文豪：《基本权利》，江苏人民出版社 2016 年版，第 37 页。

途径，使得个人能够在权利受到侵害时向国家提出权利救济的请求并得到国家的给付作为。

由此可见，权利救济不仅仅是权利保障的重要途径，其本身便是一项权利的具体内容。因而权利救济既是获得权利救济权的实现，又是其他受侵害的人权的保障。或言之，权利缺乏救济的途径或得不到救济，不只是权利保障的缺陷，亦是对获得权利救济权的侵害。权利救济的双重属性更凸显了其在权利体系以及权利保障中的关键性。故而权利救济是权利实现的必要保障，是人权保障的最后一道屏障，在环环相扣、层层递进的权利保障体系中居于关键的地位。

权利救济的途径以及获得权利救济权的具体内容不一而足。例如，林来梵教授曾指出："获得权利救济权，也可以简称为'权利救济权'，其包括三项具体内容：第一是裁判请求权；第二是我国现行《宪法》第41条所规定的提起申诉和控告的权利，当然其中的一部分已经包含在裁判请求权当中了；第三则是国家赔偿或补偿请求权。"[1]《公民权利和政治权利国际公约》第9条第5款规定："任何遭受非法逮捕或拘禁的受害者，有得到赔偿的权利。"补偿请求权在国际公约中得到明确，而权利救济权的具体内容又衍生出权利救济的途径与手段，国家赔偿便是其中之一。我国《中华人民共和国国家赔偿法》（以下简称《国家赔偿法》）第17条规定："行使侦查、检察、审判职权的机关以及看守所、监狱管理机关及其工作人员在行使职权时有下列侵犯人身权情形之一的，受害人有取得赔偿的权利：①违反刑事诉讼法的规定对公民采取拘留措施的，或者依照刑事诉讼法规定的条件和程序对公民采取拘留措施，但是拘留时间超过刑事诉讼法规定的时限，其后决定撤销案件、不起诉或者判决宣告无罪终止追究刑事责任的；②对公民采取逮捕措施后，决定撤销案件、不起诉或者判决宣告无罪终止追究刑事责任的；③依照审判监督程序再审改判无罪，原判刑罚已经执行的；④刑讯逼供或者以殴打、虐待等行为或者唆使、放纵他人以殴打、虐待等行为造成

---

[1]　林来梵：《宪法学讲义》，法律出版社2015年版，第397页。

公民身体伤害或者死亡的；⑤违法使用武器、警械造成公民身体伤害或者死亡的。"该法条明确了受害人享有取得赔偿的权利仅限于"人身权"遭受侵犯的诸项情形，此处使用的"人身权"乃民法上的概念，而非宪法中的基本权利。尽管如此，对各情形进行分析，其中涉及非法拘留、超期羁押及非正常死亡等，这些均是对被羁押人权利的侵害，尤其是对生存权等权利的侵害。国家赔偿作为获得权利救济权的内容之一，是被羁押人权利救济的主要途径。而《国家赔偿法》详细规定了国家赔偿的方方面面，使得国家赔偿得以成为权利救济的合法有效途径。其中详细规定了"受害人有取得赔偿的权利"的各种情形，成为被羁押人获得权利救济的明确详细的法律依据。这些情形虽不能涵盖被羁押人权利遭受侵害的所有可能性，但确以被羁押人权利的现实状况为依据，切合实际。

除林来梵教授对权利救济权内容的分类外，从作为权利保障手段的角度来审视权利救济的具体内容和途径，亦存在其他分类方式或研究角度。以司法救济为例，司法救济是权利救济的一项重要内容和主要途径。"依据人权保障的一般原理，哪项权利不能提起诉讼，哪项权利就没有护卫屏障。司法救济是人权的防波堤，它的意义在于阻遏来自国家和社会的生存冲击。"[1]司法救济与国家赔偿、裁判请求权等在内容上有重叠之处，而相较于后者，司法救济更为内容丰富、层次分明。司法救济主要包含：公民有权向法院提起诉讼，有权接受法院正当法律程序的审讯；法院"应当确保司法程序公平进行以及当事人各方的权利得到平等尊重并应依照法律规定作出公正裁决审判活动"[2]。司法救济的各项内容若能被全面落实和实现，被羁押人权利保障的层层屏障定会愈加坚固。权利救济机制的完善和救济途径的畅通是实现权利救济权的前提和基础，使被羁押人明确其权利救济权的内容，以免其对自己的权利认识不清、权利意识淡薄而放弃行使自己的权利。司法机关应及时为被羁押人提供法律援助，在审判过程中保障其接受正当法律程序的审讯，在

---

〔1〕 徐显明："生存权论"，载《中国社会科学》1992 年第 5 期。
〔2〕 苗连营："公民司法救济权的入宪问题之研究"，载《中国法学》2004 年第 5 期。

权利受到侵犯后，帮助其通过诉讼等途径获得救济。

（五）其他思路

除上述思路之外，我国司法改革中确立的非法证据排除制度，对于看守所被羁押人权利状况的改善将产生直接影响。有学者指出，"非法证据排除制度在我国刑诉法中的确立是现代刑事诉讼程序正义、人权保障机能等理念的重要体现，亦是刑法客观主义的必然要求"。[1]

2010 年，我国颁布了《关于办理死刑案件审查判断证据若干问题的规定》和《关于办理刑事案件排除非法证据若干问题的规定》，这两个司法解释标志着我国司法改革关注非法证据排除制度的相关问题。2012 年《刑事诉讼法》第 50 条规定：严禁刑讯逼供和以威胁、引诱、欺骗以及其他非法方法收集证据，不得强迫任何人证实自己有罪。第54 条规定：采用刑讯逼供等非法方法收集的犯罪嫌疑人、被告人供述和采用暴力、威胁等非法方法收集的证人证言、被害人陈述，应当予以排除。收集物证、书证不符合法定程序，可能严重影响司法公正的，应当予以补正或者作出合理解释；不能补正或者作出合理解释的，对该证据应当予以排除。在侦查、审查起诉、审判时发现有应当排除的证据的，应当依法予以排除，不得作为起诉意见、起诉决定和判决的依据。2017 年，我国颁布《关于办理刑事案件严格排除非法证据若干问题的规定》，涵盖非法证据获得方式、排除标准等多方面的问题，细化了非法证据排除规则。该规定"从实体和程序两个方面对非法证据排除做了系统性规定"[2]。2018 年再次修订的《刑事诉讼法》对非法证据排除规则条款作出修改，并成为此后非法证据排除制度建立的原则——第52 条规定：审判人员、检察人员、侦查人员必须依照法定程序，收集能够证实犯罪嫌疑人、被告人有罪或者无罪、犯罪情节轻重的各种证据。严禁刑讯逼供和以威胁、引诱、欺骗以及其他非法方法收集证据，

---

〔1〕 宋建国、彭辉："非法证据排除的司法困境及对策研究"，载《河北法学》2017 年第 11 期。

〔2〕 王秀哲："非法证据排除的共通性宪法权利基础及其启示"，载《河北法学》2018 年第 3 期。

不得强迫任何人证实自己有罪。必须保证一切与案件有关或者了解案情的公民，有客观且充分地提供证据的条件，除特殊情况外，可以吸收他们协助调查。

非法证据排除制度直指被羁押人权利状况中所面临的多方面的威胁，如上文所涉的刑讯逼供等，在《刑事诉讼法》"非法证据排除"条款中被明令禁止。此外，《关于办理刑事案件严格排除非法证据若干问题的规定》中，明确涉及看守所外部监督的相关规定，如在看守所内，对被羁押人进行身体检查、审问等一系列涉及与嫌疑人接触的活动中，检察人员都应当在场，又如，派驻看守所的检察官应当在侦查终结前核查是否存在刑讯逼供等。[1] 由此可见，通过原则的确立、规则的细化、制度的完善这一系列举措，在排除非法证据时，兼具加强对看守所的外部监督的措施，有利于将侵害被羁押人权利的诸多现象一并剔除，对其权利状况而言是最为直接的改善。

另有学者认为，应对非法证据排除的基本权利基础予以明确。无论是美国以宪法正当程序权利为基础的非法证据排除规则，还是德国通过《德国基本法》中基本权利条款的适用而进一步发展的证据禁止规则，都是以基本权利为支撑而建构起来的。[2] 通过对其基本权利基础的确认，能够涵盖被羁押人的多项权利，在此基础之上再对具体权利内涵予以明确，更有利于发挥非法证据排除制度的权利保障功能。由此可见，我国的非法证据排除制度仍面临诸多理论争议和现实困境，而其对于被羁押人权利保障的价值和意义毋庸置疑，因此，在这一制度的完善过程中，被羁押人权利保障应成为其目标和方向之一，并通过这一制度的实施和落实来发挥实际作用。

五、小结

被羁押人权利保障的重要性和迫切性已无需赘述。当前司法改革与

---

〔1〕 参见文哲："非法证据排除的规则发展与制度完善"，载《江西社会科学》2018 年第 12 期。

〔2〕 参见王秀哲："非法证据排除的共通性宪法权利基础及其启示"，载《河北法学》2018 年第 3 期。

权利保障更需关注的是，如何在《宪法》人权条款的指导下、在《刑事诉讼法》修订和《国家人权行动计划》出台的新背景下取得被羁押人权利保障事业的突破性进展，这需要理论与实务双管齐下；需要立法、司法与行政多方努力。在我国基本权利保障事业的视阈下，无论是以看守所为主体展开的被羁押人权利保障的改善，还是以重申并强调被羁押人具体权利而推进的基本权利保障，或是通过权利救济机制为权利保障塑造最后的堡垒，都尚需进一步的完善以及实践的检验。《看守所法（公开征求意见稿）》的发布，无疑推动了立法进程。而该意见稿更是再度引起了社会各界对看守所管理以及被羁押人权利的关注和重视，更是引发了更多的讨论，相关意见亦层出不穷。现下局面对于被羁押人权利保障而言是极大的机遇，在各方的努力下，看守所内被羁押人的权利保障已然呈现良好的发展态势。

第八章　涉罪未成年人信息性隐私权的保障[*]

如何定义隐私权仍然是学界争论的话题，望文生义地判定隐私权是保障"隐私"的权利，只能是学界之外普通大众的片面性理解。近年来的多数学术成果关注隐私权的客体，少有成果将关注点置于隐私权的主体研究。鉴于涉罪未成年人因其越轨行为而受到权利决定、权利控制和权利支配的缩减，本文着眼于涉罪未成年人信息性隐私权，梳理刑事诉讼过程中的相关制度，找寻其可能的不足点，以期形成体系化的涉罪未成年人信息性隐私权保障研究。

一、涉罪未成年人信息性隐私权

在讨论问题之前，首先应当对讨论问题的概念做一界定，辨析未成年人隐私权与成年人隐私权的区分点，厘清涉罪未成年人隐私权与一般未成年人隐私权的差异，以及涉罪未成年人信息性隐私权保护的特殊性与可能性。

（一）涉罪未成年人的含义

世界各国对于自然人"成年"的界定标准不尽相同。现代社会中未成年人的判断标准通常是年龄，联合国《儿童权利公约》第 1 条规定："为本公约之目的，儿童系指 18 岁以下的任何人，除非对其适用之法律规定成年年龄低于 18 岁。"《中华人民共和国民法典》（以下简称《民法典》）也将 18 岁定为成年人年龄基准，但我国《刑法》的刑事责任年龄与民法规定略有差异。《刑法》第 17 条规定"已满 16 周岁的人

---

* 连雪晴，中国海洋大学马克思主义学院，讲师。

犯罪，应当负刑事责任。已满 14 周岁不满 16 周岁的人，犯故意杀人、故意伤害致人重伤或者死亡、强奸、抢劫、贩卖毒品、放火、爆炸、投毒罪的，应当负刑事责任"，因而部分 14 至 18 周岁（未满 18 周岁）的未成年人可能因越轨行为而被判以自由刑处罚。立足国内规范，本文将探讨 14 至 18 周岁的涉罪未成年人的特殊权利保护。

（二）隐私权的含义

《民法典》对隐私的定义是："隐私是自然人的私人生活安宁和不愿为他人知晓的私密空间、私密活动、私密信息。"隐私权最初属于民法尤其侵权法讨论的重点，但近年来受到公法学者的瞩目。相对于其他类型基本权利，宪法隐私权的构建并不完善。有学者认为，"作为基本权利，宪法隐私权具有高度的概括性和抽象性，就其本质而言，它是对于个人领域事务内的控制权，目的在于强调个人在其自身内的自主地位，排除外来的，包括公共权力和他人的侵扰，甚至可以对于政府或他人为一定的要求以确保个人事务的完整性"。[1]但有学者提出反对意见，"'个人自治'并非宪法隐私权追求的唯一目标。宪法隐私权还必须兼顾诸如人格发展、人际交往、公共利益、社会秩序等价值。宪法隐私权并非具有单一目的的'强硬意义上的权利'，而是一种具有多元目的且广受限制的开放性权利"。[2]虽然对宪法隐私权的定义及内涵存在争议，但肯定隐私权作为人格尊严的一部分而受到宪法保护是主流观点。互联网引发大数据时代的来临，个人信息作为隐私权的权利客体，掀起宪法隐私权的又一波讨论。笔者认为，对于宪法隐私权的定义，至少需要从以下三方面考量：其一，从隐私权的权利性质入手，隐私权是宪法人格尊严价值涵盖下的权利，是公民对于自身私人事务的决定、控制和支配权，是公民独立人格和意思自治的一种体现；其二，从隐私权的权利主体考察，隐私权具有强烈的自然人属性，法人等财产拟人化组织并不具有隐私权；其三，从权利客体考察，隐私权主要集中于私人信息（纸质

---

〔1〕　王洪、刘革："论宪法隐私权的法理基础及其终极价值——以人格尊严为中心"，载《西南民族大学学报（人文社会科学版）》2005 年第 5 期。

〔2〕　刘泽刚："宪法隐私权的目的是保护隐私吗？"，载《社会科学家》2008 年第 5 期。

或电子版个人独有的符号信息）、私人事物（身体、住所、行李等）和私人空间（私人生活及私人参与社会生活）。

（三）涉罪未成年人信息性隐私权的含义

未成年人隐私权与成年人隐私权的区分点在于权利客体范围受限。未成年人隐私权较成年人隐私权的权利客体范围更为狭窄。未成年人群体内权利的享受也因年龄能力的区分而表现出差异性。牙牙学语的幼儿与青春期的少年对隐私的理解显然相去甚远。但本文仅讨论涉罪未成年人，也即 14 至 18 周岁未成年人的隐私权。此阶段未成年人的心理和智力趋于成熟，对于大部分私人信息、私人事物和私人空间具有决定、支配和控制力，但以我国现行监护制度为出发点，未成年人隐私权受限于"监护人与被监护未成年人利益一致"的设定，其部分隐私权因监护权而消失，随着未成年人年龄的增长，监护权权能逐渐减弱，但未成年人隐私权始终因监护权的存在而受到限制，如涉及婚姻的隐私便不在未成年人隐私的权利客体之中。

涉罪未成年人与普通未成年人的基本区分点在于人身自由。涉罪未成年人因越轨行为而被限制人身自由，其隐私权的享有必然受到限制，自我决定、自我控制、自我支配的可能性被二次削减。现代的隐私权可以分为三类：其一，物理性隐私权，侧重保护住宅、办公场所等物理空间内的隐私利益，且空间内的私人生活不受侵扰；其二，自治性隐私权，侧重权利人对私人生活的自主决定，不受非法干预；其三，信息性隐私权，侧重权利人对私人信息的支配，不受非法收集、传播和使用。[1]就主体行使权利的可能性分析，涉罪未成年人因其越轨行为而受到公权力机关调查，其个人居所、私人生活环境均将受到公权力介入，其物理性隐私权因自身越轨行为而得到限制。如若涉罪未成年人被公权力控制人身自由，其自治性隐私权也失去可能的存在环境。因而，涉罪未成年人唯一可能的隐私权客体是私人信息，也即通说中的"信息性隐私权"。

---

〔1〕 李延舜："论未成年人隐私权"，载《法制与社会发展》2015 年第 6 期。

与涉罪未成年人隐私权保护密切相关的法律同样指向涉罪未成年人信息性隐私权。《未成年人保护法》第 58 条明确："对未成年人犯罪案件，新闻报道、影视节目、公开出版物、网络等不得披露该未成年人的姓名、住所、照片、图像以及可能推断出该未成年人的资料。"《刑事诉讼法》也于 2012 年在第五编"特别程序"下专设"未成年人刑事案件诉讼程序"一章，其第 274 条规定："审判的时候被告人不满 18 周岁的案件，不公开审理"，第 275 条规定："犯罪的时候不满 18 周岁，被判处 5 年有期徒刑以下刑罚的，应当对相关犯罪记录予以封存"。从法律规范分析，相关法律偏重于保护涉罪未成年人的私人信息，任何可能泄漏涉罪未成年人信息的传播途径均被禁止，未成年人轻罪犯罪记录也被有条件地封存。根据隐私理论与法律规范，笔者试图为涉罪未成年人信息性隐私权下一个定义：涉罪未成年人信息性隐私权是指，涉罪未成年人在刑事诉讼过程中，任何身份信息不得被任何单位或个人非法侵犯、搜集、利用和传播，包括获得不公开审理与犯罪记录封存权利。

因此，下文所有的讨论将围绕如何保障涉罪的 14 至 18 周岁未成年人在刑事诉讼过程中，身份信息不被任何单位或个人非法侵犯、搜集、利用和传播展开，并关注现实中的问题，提出基础性保护原则与可能的解决方式。

二、制度的失效与权利的侵犯

虽然我国现行《刑事诉讼法》《未成年人保护法》均明文规定保障涉罪未成年人信息性隐私权，但在实践中，各类权利侵犯现象层出不穷。伴随着自媒体的兴起，媒体泄漏涉罪未成年人信息事件时有发生，设想良好的社会调查报告制度、轻罪犯罪记录封存制度因为配套制度不完善、执行标准不统一等原因而未能取得预期的功效，反而从侧面泄漏涉罪未成年人信息，造成涉罪未成年人信息性隐私权遭到侵犯。

（一）社会调查报告制度的"双面性"

我国当前未成年人刑事诉讼过程中最为"著名"的未成年人权利保护制度便是社会调查报告制度。《刑事诉讼法》第 279 条规定："公安机关、人民检察院、人民法院办理未成年人刑事案件，根据情况可以对未成年犯罪嫌疑人、被告人的成长经历、犯罪原因、监护教育等情况进行调查。"《最高人民法院关于适用〈中华人民共和国刑事诉讼法〉的解释》第 476 条第 2 款规定："必要时，人民法院可以委托未成年被告人居住地的县级司法行政机关、共青团组织以及其他社会团体组织对未成年被告人的上述情况进行调查，或者自行调查"。社会调查报告制度也被称为"人格调查""品格调查""审前调查"，[1]虽然社会调查报告制度在审前阶段进行，具有证据属性，目的在于促使量刑合理化，但它的服务对象包括庭审阶段和执行阶段，具有多元化作用。

然而实践中，设想美好的社会调查报告制度极易侵犯涉罪未成年人信息性隐私权。其一，调查报告的制作主体不确定。对涉罪未成年人进行调查，是一项对专业知识及职业道德均要求较高的工作。一份良好的社会调查报告需要含括涉罪未成年人基本的主观情况和客观情况，主观情况包括涉罪未成年人的年龄、性格、心理状态、兴趣爱好等，客观情况包括成长环境、学校教育等。鉴于调查报告的目的在于充分了解涉罪未成年人的情况，以便于合理量刑及教育感化，调查报告的内容追求最大可能的完整。而如果调查报告的制作主体如果没有良好的职业能力与道德标准，极易在实践中肆意调查涉罪未成年人信息，造成其不必要的信息性隐私的泄漏。虽然法律规定，公检法均可以进行未成年人社会报告调查。但实践中各地区的调查主体不尽相同，主要包括：法院内部固定的社会调查员、中立社会机构以及少年法庭的法官。主体的不确定性必然造成规则的不统一，调查主体对于涉罪未成年人信息性隐私的调查与保护，难以达到预期的目标，容易出现侵犯涉罪未成年人信息性隐私权的现象。其二，调查报告的方法。社会调查报告的调查方法通常包括：走访调查、通信调查以及委托调查等方法。其中极易泄漏涉罪未成年人隐私的方式存在于走访调查，譬如对涉罪未成年人居所邻里的询问，调查人员如果不表明自己的身份及调查目的，难以获得真实可信的信息材料，而一旦调查人员表明身份及调查目的，被调查者在访问后无

---

〔1〕 李国莉："未成年人刑事案件社会调查制度研究"，2015 年吉林大学博士学位论文。

意或有意均可能泄漏涉罪未成年人的案情信息，甚至造成邻里范围对涉罪未成年人的歧视，阻碍涉罪未成年人的再社会化。因此，如何在保留社会调查报告制度的积极作用基础下，尽可能避免对涉案未成年人信息性隐私权的侵犯，也是社会调查报告制度完善进程中需要回答的重要问题。

（二）媒体平台的侵犯不止

2013 年李某某等五人强奸案曾一度引起轩然大波，各类媒体大肆报道未成年人李某某案件的当事人信息、案件经过以及事实证据，虽然法院始终未公开过任何被告人的真实姓名、图像或者照片，但是在各方媒体的推波助澜下，一例不公开审理的案件被彻底曝光在公众视线之中。这也引发了学界的思考，不公开审理未成年人案件，真的能够最有效地保障未成年人隐私权吗？虽然《刑事诉讼法》第 285 条规定："审判的时候被告人不满 18 周岁的案件，不公开审理"，但以李某某案为例，新闻媒体的过度报道、公众对于"富二代"的好奇心理，导致李某某的个人隐私被完全泄漏。诚然目前法院审理未成年人案件应适用不公开审理制度，但允许相关人员旁听是否侵犯涉罪未成年人的信息性隐私权？2012 年最高人民法院《关于适用〈中华人民共和国刑事诉讼法〉的解释》第 467 条规定："开庭审理时被告人不满 18 周岁的案件，一律不公开审理。经未成年被告人及其法定代理人同意，未成年被告人所在学校和未成年人保护组织可以派代表到场。到场代表的人数和范围，由法庭决定。到场代表经法庭同意，可以参与对未成年被告人的法庭教育工作。对依法公开审理，但可能需要封存犯罪记录的案件，不得组织人员旁听。"从此司法解释规定至少可以推断出，虽然涉罪未成年人案件适用不公开审理制度，但法院允许相关人员旁听。只有对可能需要封存犯罪记录的未成年人案件，才适用禁止任何人员旁听规则。旁听案件审理规则设置的出发点是更好地教育涉罪未成年人向善，但也极易造成涉罪未成年人信息性隐私的传播。《刑事诉讼法》第 202 条第 1 款明确规定："宣告判决，一律公开进行"。法院公开宣判使得未成年人案件不公开审理与犯罪记录封存制度的实施效果难尽其意，涉罪未成年人信息性隐私极易扩散。

如前文所述，《未成年人保护法》第58条明确："对未成年人犯罪案件，新闻报道、影视节目、公开出版物、网络等不得披露该未成年人的姓名、住所、照片、图像以及可能推断出该未成年人的资料。"法条措辞中使用"可能推断出"类似的宽泛性用语，类似于《刑法》中的兜底条款，目的在于禁止任何可能侵犯未成年人信息性隐私权的方式。但在实际媒体报道中，新闻媒体在谈及未成年人姓名、图像、案情信息时可能做出马赛克的特殊处理，但在走访其亲友、近邻或老师时，并没有对相关人员进行模糊处理，从而侧面泄漏涉案未成年人的身份资料。"转发500次"的规定面向网络谣言与诽谤，如果自媒体传播的信息并未有假，且涉及涉罪未成年人信息，即便转发次数远超500次，也没有相关的法律予以规制。追究自媒体平台的侵权责任也面临着言论自由与涉罪未成年人信息性隐私权的冲突问题，二者权利价值孰高孰低，并不是简单的判断问题。因此，从一定程度上分析，虽然法律明确规定禁止可能侵犯涉罪未成年人信息性隐私权的行为，但该条款只能成为书面性禁止。

（三）涉罪未成年人轻罪犯罪记录封存管理制度不完善

一定程度上，未成年司法制度所有的工作均离不开未成年人再社会化这一目的，再社会化是一个宽泛的概念，不仅要求涉罪未成年人自身能力的提升，更要求社会的接纳。犯罪记录封存制度无疑是社会接纳、涉罪未成年人再社会化的重要保障。2012年修订后的《刑事诉讼法》第275条规定："犯罪的时候不满18周岁，被判处5年有期徒刑以下刑罚的，应当对相关犯罪记录予以封存。犯罪记录被封存的，不得向任何单位和个人提供，但司法机关为办案需要或者有关单位根据国家规定进行查询的除外。依法进行查询的单位，应当对被封存的犯罪记录的情况予以保密。"未成年人轻罪犯罪记录封存制度虽然被《刑事诉讼法》肯定，但其配套制度仍需完善，实践中相关制度冲突的矛盾层出不穷，需要更详细的规则予以支撑。譬如，规范中"有关单位"如何界定，法条并没有给予详细的阐述。我国现行《刑法》第100条规定了前科报告制度，即："依法受过刑事处罚的人，在入伍、就业的时候，应当如实向有关单位报告自己曾受过刑事处罚，不得隐瞒。犯罪的时候不满18周岁被判处5年有期徒刑以下刑罚的人，免除前款规定的报告义务。"根据此条规范，涉罪未成年人的轻罪犯罪记录可以不告知招兵办和就业单位，但是5年有期徒刑以上刑罚则必需告知招兵办和就业单位。如果招兵办有权获知未成年人的犯罪记录信息，暂且不议轻罪或重罪，学校（招生办）是否有权获知未成年人的犯罪记录信息？《中华人民共和国教育法》第40条规定："国家、社会、家庭、学校及其他教育机构应当为有违法犯罪行为的未成年人接受教育创造条件"。根据法条逻辑分析，如若学校没有知悉未成年人犯罪记录的权利，则此条款将处于实践无效状态。如若学校具有知悉未成年人犯罪记录的权利，则学校可以被解释为《刑事诉讼法》第286条的"有关单位"。学校作为"有关单位"，可以依法对涉罪未成年人的全部犯罪记录进行查询。而此时"学校"一词该做何种解释——限缩解释亦或扩张解释？私立学校是否被含括在"学校"之内？学校知悉权必然需要落实到具体自然人，学校校长、招生办人员、班主任甚至专业课教师，是否均有权得知涉罪未成年人的犯罪记录信息？我国目前并没有相关的法律解释回答上述问题，也即上述问题均可以做出肯定回答（扩张解释），也均可以做出否定回答（限缩解释）。因此，未成年人轻罪犯罪记录封存制度只是一项原则性规定，并不能杜绝实践中未成年人轻罪犯罪信息被大量传播的可能性。

此外，轻罪犯罪记录封存制度还需要回答以下几个问题：其一，封存决定书何时做出，需要送达哪些相关部门？其二，如若相关部门责任人消极对待，没有及时封存，造成涉罪未成年人信息的泄漏，如何追究其责任（内部责任或刑事责任）？其三，未成年人轻罪犯罪记录封存制度的"有限封存"只符合联合国未成年人司法准则的最低要求，可否逐步实现未成年人全部犯罪记录封存制度？虽然未成年人轻罪犯罪记录封存制度是一项设想良好的制度，但因为缺乏相关配套制度，使得其宣示性效力远大于实践性效力，侵犯涉罪未成年人信息性隐私权事件仍层出不穷。

侵犯涉罪未成年人信息性隐私权的案件屡次发生，其背后有着制度配套不完善、执行标准不统一等客观因素，但主观因素在于执行人员以及普通民众保护涉罪未成年人信息性隐私权的观念与制度不相协调。在解决实践问题之前，应当首先明确保障涉罪未成年人信息性隐私权的基础性原则。

三、儿童利益最大化与比例原则

未成年人是权利主体中的弱势群体，涉罪未成年人更是处于弱势群体中的底层。保护弱势群体的权利不仅体现着社会良心，更蕴含着理论支持。辨析权利保护中的基础原则，可以促进观念的完善，刺激实践的脉搏。

（一）儿童利益最大化原则

儿童利益最大化原则要求在涉及未成年人权利问题时必须从未成年人视角出发，当其他利益与未成年人利益冲突时，必须优先考虑未成年人利益。作为1959年联合国《儿童权利宣言（Declaration of the Rights of the Child）》基本原则之一，儿童利益最大化原则事实上是对成年人权利进行设限。继承并发展其的《儿童权利公约》第3条第1款明确规定"涉及儿童的一切行为，不论是由公立或私立社会福利机构、法院、行政当局或立法机构执行，均应以儿童的最大利益为一种首要考虑"。根据该公约要求，儿童权利最大化原则应当是处理未成年人一切事物的准则，应当成为未成年人司法制度的基础原则。不同的文化传统、历史背景可能会影响儿童权利最大化原则的实施，我国传统文化中家庭和未成年人权利保护密不可分，未成年人权利的保护是以家庭为出发点还是以个体利益为出发点是未成年人权利保护中易于混淆的问题。虽然儿童权利最大化原则具有概括性特征，但应当承认个体利益的最大化是这一原则实施的基点。未成年人在该公约之前通常只作为权利的客体存在，正是该公约的出现，肯定了未成年人权利主体的地位。概括性虽然具有不确定性的劣势，但概括性也给予各国实践更多的空间，使得原则具有灵活性和纲领性。我国涉罪未成年人信息性隐私权保护可以此为纲领，最大限度地保护涉罪未成年人权利。然而理论与实践一直未能突破固有问题的束缚,"在理论建构和制度设计上,现行隐私权体系受困于'成年人预设'和'监护人、管理人与未成年人利益一致预设'而无法对其隐私利益加以有效保护;在司法实践中,也存在着'未成年人隐私侵权责任构成要件匮乏'和'诉讼救济途径效果差'两大难题"。[1]笔者认为,现存两大问题的突破关键在于合理界定未成年人年龄。以本文探讨涉罪未成年人隐私权保护为例,14 到 18 周岁的未成年犯罪人已经进入青春期,虽然心智、行为不成熟,但已经初步具有理性成年人的基本能力,一定程度的"隐私合理期待"是合理且可行的。我国未成年人刑事诉讼制度深受国家亲权理念影响,国家亲权理念强调"未成年人应当得到帮助,而不是控告,国家介入一个未成年人的生活时应当试图提供个性化的对待而不是惩罚或者报应",[2]因而存在"监护人、管理人与未成年人利益一致预设"问题。但问题少年的家庭通常并不是圆满完整的和睦家庭,监护人利益无法与未成年犯罪人利益完全一致,因而保障涉罪未成年人信息性隐私权时必须关注涉罪未成年人权利的特殊性,最大限度保障涉罪未成年人信息性隐私权,避免陷入"监护人、管理人与未成年人利益一致"的束缚。

(二) 比例原则

比例原则要求处理涉罪未成年人案件时必须遵循个案衡量规则,避免对涉罪未成年人造成二次伤害。保护涉罪未成年人信息性隐私权时必须进行个案衡量,14 至 18 周岁的涉罪未成年人具有一定的信息性隐私权,其保护原则必须遵循适当性、必要性和狭义比例原则。适当性原则要求行为与目的具有适合关系,司法机关所采取的手段必须能够实现司法目的。譬如在处理涉罪未成年人案件时,所采取的侦查手段必须只能用于查明案件事实,绝不能超出侦查目的,无边界地调查涉案未成年人信息隐私。本可采用任意侦查措施,却采用强制侦查措施,必然违反比例原则的要求,对涉案未成年人的隐私造成侵犯。必要性原则要求司法

---

〔1〕 李延舜:"论未成年人隐私权",载《法制与社会发展》2015 年第 6 期。

〔2〕 Herbert A. Bloch and Frank T. Flynn, *Delinquency: The Juvenile Offender in America To-day*, New York: Random House, 1956, pp. 305 ~ 337.

机关在众多司法手段中，选取对涉案未成年人信息性隐私权侵害最小的手段开展司法活动。以社会调查报告为例，询问涉案未成年人情况时，可以将学校教师约至附近公共场所进行询问，避免对未成年人隐私的不适当披露。狭义比例原则要求司法机关为实现惩罚犯罪的利益目的，需要对涉案未成年人信息性隐私权进行限制时，必须对利益与限制进行衡量，如果限制手段大于目的范围，则不应当采取该限制手段。自由刑惩罚确实能够带来积极的社会效应，但是其所带来的负面效应（交叉感染等）同样不容小觑。因而必须在个案中进行衡量，自由刑所带来的利益是否大于限制手段的损害，而这二者无法空洞地进行比较，必须在个案中得到权衡。因而在处理未成年人刑事案件时，必须在具体案情中进行具体考量，无论是侦查手段、审理方式、执行场所，都必须在符合比例原则的条件下进行，从而最大限度保护未成年人信息性隐私权。

涉罪未成年人独特的司法体系可以说是刑罚个别化的延伸，因为未成年人独特的心理、生理特点决定了刑事司法活动必然要对未成年人的隐私权进行不同于成年人的特殊保护。未成年人始终处于发育成长阶段，一旦被卷入刑事程序，面对国家权力强有力的震慑，未成年人很难再继续良好地成长。如若案件情况无休止地被新闻媒体披露，势必导致未成年人信息性隐私的泄露，阻碍涉案未成年人的再社会化。隐私权的行使必然导致权利冲突，[1]自媒体时代带来的不仅是大数据的崛起，更是言论自由的活跃。权衡个体言论自由与涉罪未成年人的信息性隐私权保护，同样无法脱离个案衡量中的比例原则。个人无底线地公开涉案未成年人的情况必然超越言论自由的边界，但提示性非直接地讨论属于言论自由的可能范围还是侵犯涉案未成年人信息性隐私权的行为，则是必须在个案中进行讨论的问题。

自媒体时代的到来，颠覆了传统的权利保障方式，如何在各项权利冲突之间寻求一个平衡点，必然需要比例原则的出场，避免对涉罪未成年人的二次伤害，从而实现涉罪未成年人信息性隐私权保护的最大化。

---

〔1〕 马特：《隐私权研究——以体系构建为中心》，中国人民大学出版社 2014 年版，第286 页。

四、制度的完善与责任的判定

我国目前没有针对涉罪未成年人信息性隐私权保护的单独法律，相关的规范散见于《未成年人保护法》《刑事诉讼法》以及相关司法解释。相关规范用语模糊度较高，以原则性作用为主，在实践中经常变成"丢掉齿牙的老虎"，没能发挥预期的效果。因而解决上述问题的总体思路是完善配套制度并将具体责任（侵权、不履行）划归到个人。

（一）权利保护开始时间前移

根据我国现行刑法修正案以及《刑事诉讼法》的规定可以看出，我国对于涉罪未成年人信息性隐私权保护开始于"审理时"，下一步的发展应当是自涉罪未成年人相关刑事程序启动时便对涉罪未成年人信息性隐私权予以保护。以社会调查报告为例，可以对以下几个方面予以改善：

第一，统一调查主体。当前社会调查报告的调查人员资质的不统一与不确定，使得调查过程易因调查人员的非专业性而泄漏未成年人隐私。试想，法院工作人员对涉罪未成年人的亲邻进行调查，任何自然人均有逻辑能力推断出相关未成年人可能涉嫌刑事责任追究，造成"流言与八卦齐飞"的现象，从侧面泄漏涉罪未成年人信息性隐私。因而，笔者认为建立专业独立的社会调查组织更有利于保护涉罪未成年人信息性隐私权。法制的专业化，是现代法制重要进步现象之一。[1]中立的社会调查组织具有独立性、专业性且具有较高的职业准入门槛，一定程度保障了调查人员的高素质与高水平。专业独立的社会调查组织也容易形成统一的行业规范，使得调查过程更为规范与严密，从而降低侵犯涉罪未成年人信息性隐私权的可能性。

第二，更新调查方法。传统调查方法集中于纸质问卷调查、走访交谈调查。这样的调查方法虽然具有成效性，但过于传统且容易泄漏涉罪未成年人信息。在网络技术的辅助下，视频调查方法具有实践的可能

---

〔1〕　朱胜群编著：《少年事件处理法新论》，三民书局 1976 年版，第 137 页。

性，且能减少工作人员在走访涉罪未成年人住所邻里或学校时对未成年人造成的负面影响。传统纸质资料如果密封保管不当，也容易造成涉罪未成年人隐私的泄漏，加密式电子调查问卷则可以有效解决这一问题，而加密式电子调查问卷实质是电脑程序代码，成本较低且具有可实现性。因此，调查人员不能局限于过往的调查方法，应当在现代科技条件的辅助下，适用更适合当下环境的调查方法。

第三，落实追责制度。任何权力的行使必然需要监督，否则容易造成权力滥用。如若建立起专业独立的社会调查组织，公检法三家承担监督责任，是可能有效的权力监督方式。但目前我国社会调查报告制度自身并没有完善的运行机制，试图建立起配套的监督机制无疑是"书斋里的对策"。因而笔者建议，明确调查人员在调查过程中造成涉罪未成年人权利侵害事件时的个人责任，虽然追责制度从结果入手，难以从根源上制止权利侵害事件，但追责制度适应当下公检法部门工作人员进行社会调查的现实背景，公务员内部的追责机制有利于约束调查人员的调查行为。

（二）不公开审理的完善与平台责任的明确

为保障未成年人信息性隐私权，涉及未成年人的刑事案件通常适用不公开审理，联合国相关公约也确定了不公开审理未成年人案件的基础原则。联合国《公民权利与政治权利国际公约》第 14 条规定，"所有的人在法庭和裁判所前一律平等……由于民主社会中的道德的、公共秩序的或国家安全的理由，或当诉讼当事人的私生活的利益有此需要时，或在特殊情况下法庭认为公开审判会损害司法利益因而严格需要的限度下，可不使记者和公众出席全部或部分审判；但对刑事案件或法律诉讼的任何判刑决应公开宣布，除非少年的利益另有要求或者诉讼系有关儿童监护权的婚姻争端"。联合国《儿童权利公约》第 40 条第 2 款规定，缔约国应当确保任何"儿童的隐私在诉讼的所有阶段均得到充分尊重"。通过规范分析现行《刑事诉讼法》及相关司法解释的规定，未成年人案件不公开审理原则仍需要进一步完善实施规则。不公开审理的原则，应当包括对公众不公开、对新闻媒体不公开、宣判不公开以及对犯罪档案的保密。[1]因此，笔者建议：其一，未成年人案件审理时以禁止人员旁听为原则，以组织相关人员旁听为特殊规则；其二，为更好配合当前轻罪犯罪记录封存制度，涉罪未成年人若被判处5年以下有期徒刑，采取不公开宣判方式；其三，明确传播平台法律责任。

自媒体兴起的时代，带来了言论自由的活跃，也造成了权利冲突、权利侵害现象的暴增。任何一项权利的行使均具有边界，言论自由不可能无限度地扩张。许多自媒体为吸引公众关注，谄媚社会热点，追求言论的"感官刺激性"，公开涉罪未成年人的真实信息、夸张相关案情的自媒体报道甚嚣尘上。言论自由与涉罪未成年人信息性隐私权孰轻孰重，并不是一个可以在假定文字中讨论的问题。但明确传播平台法律责任是实践中可以采取的方式。传播平台应当对自媒体稿件的审核承担一定责任，一旦出现侵犯涉罪未成年人隐私权稿件的扩散，追究传播平台的法律责任。如此规定，可以增强传播平台的监管责任，也可以缩小侵犯涉罪未成年人隐私权行为的传播范围。操作维度中，追究传播平台法律责任较追究网络背后真实发言人的责任也更为直接便捷，从而节省了司法资源。当然，此处所提的措施并不意味着限制自媒体言论自由，只是在具体案件中，通过比例原则进行利益衡量，选取一个更为上位的权利作为优先保护对象。

（三）轻罪犯罪记录制度的规则细化

现行《刑事诉讼法》中未成年人轻罪犯罪记录封存制度具有一定的"宣示性作用"，缺少细化的规则支撑。明确封存决定书的制作方与送达方，建立统一的未成年人犯罪记录档案管理系统，严定查询主体身份，制定严格的责任追究制度，方是轻罪犯罪记录制度的可能走向。

第一，明确封存决定书的制作方与送达方。目前法律没有明确犯罪记录封存的主体，只是泛谈涉及未成年人轻罪犯罪记录的机构均应成为犯罪记录封存的主体，包括司法机关、看守所、拘留所、未成年犯管教所、社区矫正机构等多个责任主体。笔者建议，将封存决定书制作权归

---

〔1〕　温小洁：《我国未成年人刑事案件诉讼程序研究》，中国人民公安大学出版社2003年版，第110~115页。

于检察院与法院。具体而言，检察院在决定不起诉后 1 到 2 个工作日内，作出封存决定书，并送达公安机关、看守所、拘留所。法院在审理结束后 1 到 2 个工作日内，对于需要进行犯罪记录封存的案件，作出封存决定书，并送达检察机关、公安机关、看守所、拘留所、未成年犯管教所以及社区矫正机构。

第二，构建统一的未成年人犯罪记录档案管理系统。2012 年，"两院三部"联合印发《关于建立犯罪人员犯罪记录制度的意见》的通知，要求建立犯罪人员信息库，建立犯罪人员信息通报机制。以实践便利性为考量，可以在已建立的信息库中抽出单独的子系统，以便规范化与保密化管理未成年人犯罪记录档案。对于需要犯罪记录封存的档案，设置较高的安全系数进行统一管理。以免出现档案管理主体多元而泄漏涉罪未成年人信息的事件。以目前司法实践为出发点，建立以法院为主的档案管理制度更为合理，少数不起诉案件由检察院将相关案情档案上传至管理系统，此后档案管理权收归法院，以便于法院进行未成年人犯罪记录档案的统一管理，降低主体多元造成的信息泄漏可能性。

第三，严格规定违法主体的法律责任。虽然《刑事诉讼法》没有细化违反未成年人轻罪犯罪记录封存制度的法律责任。但笔者认为，至少应当从责任主体与责任形式两方面细化法律责任：其一，责任主体包括档案管理主体和档案查询主体。若档案管理主体可以统一于法院，当出现档案违法泄漏事件时，可追究法院内部人员责任、法院监管责任。档案查询主体目前没有统一的范围，可以通过相关司法解释限缩规定档案查询主体，对于越权查询的主体，明确其越权造成的法律责任。其二，责任形式包括行业责任、内部责任和刑事责任。譬如高校招生办越权查询涉罪未成年人犯罪信息，可暂停其招生资格，进行教育行业责任处罚。内部责任主要针对法院、检察院内部人员违规行为，包括记过、警告等处罚。刑事责任则面向侵犯涉罪未成年人信息性隐私权且造成实际侵害后果的违法人员。

未成年人轻罪犯罪记录封存制度的讨论焦点还有一个不可忽视的问题，即是否可以逐步实现未成年人全部犯罪记录封存制度。笔者认为，在我国现阶段，社会利益保护与未成年人信息性隐私权保护的平衡仍处于不稳定的波动阶段，骤然扩大未成年人信息性隐私权的保护范围，容易激发社会民众的不安情绪，造成多类社会问题。因而，完善轻罪犯罪记录封存制度，细化管理规则，严定侵权责任，才是可能的方向。

五、小结

近年来国内涉罪未成年人信息性隐私权保护问题研究，或涉罪未成年人权利保护，均离不开未成年人司法制度的讨论。作为一个法学"舶来品"，未成年人司法制度一直以国外少年司法制度、少年法院制度为学习模版。许多学者尝试用西方的实践制度、域外的学者观点来解决当下中国的本土问题，类似的尝试在初期可能会"卓有成效"，但随着我国本土制度的发展完善，国内独特性问题的产生，一味寻求他国"治病良药"的方式并不符合当前的中国实际情况。讨论如何保障涉罪未成年人信息性隐私权，应当在本土问题、民众意识、现实制度的框架内进行，为涉罪未成年人信息性隐私权的保护提供智识支持。

第九章　公诉案件被害人诉讼权利的保障*

对于被害人而言，在刑事案件中所遭受的伤害不仅限于因犯罪所受损害本身，对此学界提出了"三次被害"理论[1]。第一次被害自然是指所遭受到的犯罪的直接侵害，第二次被害是指由负面的社会反应所带来的伤害。而第三次被害，指的是被害人在遭受前两次伤害后，心理状况逐渐恶化，形成自我伤害的倾向，更有甚者，在极端情形下由于心理扭曲而转化成新的犯罪人。可见，被害人所遭受的伤害不仅存在于一瞬之间，更是一个持续不断的过程，哪怕司法过程业已终结，可能仍然存在着伤害，并会造成各方面的严重后果。因此，对被害人这个群体重视之余，一套完善的被害人保护机制更是不可或缺的，而且不仅要对被害人作出人身上的保护，还应重视对其权利行使的保障。

随着人权理念的普及，被害人的权利日益受到关注，鉴于绝大多数犯罪嫌疑人或被告人都将要或者已经进入刑事诉讼的程序之中，最为被害人关心的莫过于其所享有的诉讼权利，因此，如何从保障诉讼权利的角度帮助被害人减轻第一次伤害的程度，并尽量避免二次、三次被害，是本文的主要目的所在。

一、被害人诉讼权利保护的理论和现实基础

近年来，被害人诉讼权利的保护问题日益受到重视，不少学者纷纷

---

* 王天娇，山东大学法学院博士研究生。

〔1〕 李川："三次被害理论视野下我国被害人研究之反思"，载《华东政法大学学报》2011年第4期。

撰文，呼吁补充和完善被害人的诉讼权利，比如赋予其上诉权等。[1] 不过，同时也引发了反思之声，认为过度强化了被害人的权利。[2] 的确，权利的配置有其科学性，并非能够简单地以数量衡量，因此，要想有的放矢，首先应明确被害人诉讼权利保护的理论基础和现实需要。

（一）对人权保障的深化理解

随着人权保障理念在国际范围的普及，一个国家对人权的保障程度成为衡量其民主与法治发达程度的重要指标，而刑事诉讼法作为与人权联系最为紧密的"小宪法"，自然首先践行着保障人权的职责。然而，在相当长的一段时间内，不论国内外，谈及人权保障，更多是指对被追诉人权利的保障，鲜少会关注被害人。究其原因，一则并非所有的刑事案件都有被害人这一角色，而且即便有被害人的存在，在很多情况下被害人或已死亡；二则国家公诉制度建立后，被害人的利益为国家利益所包容，被害人与被追诉人之间的对抗上升为国家与被追诉人的直接接触，因而更令人担心的是弱小的被追诉人个体如何与强大的国家权力抗衡，对被追诉人权利的保障便成为刑事诉讼中人权保障的重心。在我国，对被害人的忽视还有着特殊因素的影响。过去，"严打""命案必破"等刑事政策的推行对一部分被追诉人的权利造成了严重的侵害，甚至遗留了一批至今仍未肃清的冤假错案，随着人权理念的普及，以及刑讯逼供等侵害被追诉人权利现象的曝光，越来越多的学者和民众密切关注对被追诉人人权的保障，从而忽视了被害人这一群体。还有的学者认为刑事诉讼中的人权特指正当程序权，就其性质而言，就是不受政府恣意追究的权利，包括"不被任意逮捕拘禁""不被秘密审讯""无罪推定""迅速审判"等，而在刑事诉讼中，被害人不是政府追究的对象，用不到这些权利，因此，只有犯罪嫌疑人、被告人才是刑事诉讼人权的主体。[3]

---

〔1〕　姜福先、张明磊："论刑事公诉案件被害人的上诉权"，载《中国刑事法杂志》2005 年第 2 期。

〔2〕　张泽涛："过犹未及：保护被害人诉讼权利之反思"，载《法律科学（西北政法大学学报）》2010 年第 1 期。

〔3〕　易延友："刑事诉讼人权保障的基本立场"，载《政法论坛》2015 年第 4 期。

20世纪50年代左右，各国开始将一部分注意力转移到被害人群体上，对被害人权利保障的研究也逐渐增多。联合国于1985年通过了《为罪行和滥用权力行为受害者取得公理的基本原则宣言（Declaration of Basic Principles of Justice for Victims of Crime and the Abuse of Power）》，即《犯罪被害人人权宣言》，对受害者如何取得公理和公平待遇以及赔偿、补偿、援助等权利作出了相应的规定。而我国也顺应世界潮流，在把保障人权写进《宪法》后，对人权的问题有了更加深化的理解，力图实现对每一个人人权的保障，因此，在2012年修订《刑事诉讼法》时，不仅加强了对犯罪嫌疑人和被告人权利的保障，同时也对被害人的相关权利给予了重视。有学者指出，从人权保障的视野中仅仅得出刑事被告人的权利保障在逻辑上显然是以偏概全的，刑事诉讼的当事人绝非只有被告人一方，即便从保护弱势群体的理念而言，也不应该得出这种结论。[1]而且，如果认为刑事诉讼人权仅指犯罪嫌疑人、被告人的人权是以权利是否受到政府影响为依据，那么在刑事诉讼中，被害人的权利也常常受到忽略、限制，甚至剥夺，因此，并不能将被害人排除在人权保障的范围之外。正如陈光中教授所言，刑事诉讼中人权保障的基本内容是由犯罪嫌疑人（被告人）以及被害人双方的诉讼权利保障共同构成的，对其中任何一方的忽视都是片面的、不适当的。[2]加强而非忽视被害人的诉讼权利，才是对人权保障理念的全面理解。

（二）对程序正义的深入贯彻

与被害人地位的处遇类似，程序正义也被忽视了很长一段时间。尤其在我国，重实体、轻程序的传统为人诟病至今。《公民权利和政治权利国际公约》规定受刑事控告的人不被强迫作出不利于自己的证言或是承认自己的罪行，即明确了沉默权。1998年，我国正式签署了该国际公约，虽未完全吸纳沉默权等规定，但是，"正义不仅应当实现，而且要以看得见的方式实现"的呼声日益强烈。于是，不管在学术研究上，还是2012年对《刑事诉讼法》的修订中，程序正义应与实体正义并重

---

〔1〕 张剑秋：《刑事被害人权利问题研究》，中国人民公安大学出版社2009年版，第24页。

〔2〕 陈光中："加强司法人权保障的新篇章"，载《政法论坛》1996年第4期。

的理念都得到了明显的回应。现实社会中，被害人是指受到犯罪嫌疑人或被告人犯罪行为侵害的对象，然而，犯罪嫌疑人或被告人一旦进入刑事诉讼流程，就《刑事诉讼法》的实施而言，犯罪嫌疑人或被告人反而成了潜在的"被害人"，他们常常被担心会受到强大的国家公权力的不当侵犯。所以，与人权保障类似，程序正义在刑事诉讼中的崛起，一开始也是为了保护犯罪嫌疑人或被告人的利益。例如，非法证据排除规则即是所谓程序正义的鲜明标志之一，对非法证据予以排除，被认为有利于遏制刑讯逼供等现象，保障犯罪嫌疑人或被告人的合法权益。

然而，在推行和完善非法证据排除规则之时，却鲜少有人关注该制度会给被害人一方带来怎样的不利影响，也许就因为排除了关键证据，使得被害人难以讨回公道，而在我国广袤的大地上一定不乏"辛普森案"。当然，非法证据排除对程序正义的积极意义无可非议，只是通过这一矛盾的现象，可以窥探到被害人的利益与国家利益的不同之处。正因如此，在1996年修改《刑事诉讼法》时，被害人被赋予了当事人的地位。其实，在面对被害人问题时，"重实体、轻程序"的弊端亦长期存在。这是因为，基于对被害人的片面认识，往往认为被害人只不过想要讨回公道、获得赔偿，只要最后能够为其实现该诉求，将犯罪嫌疑人、被告人绳之以法，并给予被害人足够的赔偿、补偿，那么被害人是否参与刑事诉讼的过程并不重要，相应地，其所享有的权利也意义甚微。显然，这有悖于程序正义的精神。既然同为刑事诉讼的当事人，就应当共同享有程序正义所带来的裨益。不过，正义的具体涵义应当在不同的语境中有着不同的诠释。鉴于犯罪嫌疑人、被告人一方与被害人一方在属性、参与刑事诉讼的目的等方面的诸多差异，程序正义对刑事诉讼各方的意义及实现方式也有所不同：于犯罪嫌疑人、被告人而言，程序正义旨在保障其不受恣意追究，约束公权力；就被害人而言，应当着重于保障其知情权、参与程序的权利和获得赔偿、补偿的权利等诉讼权利的享有和实现。只有兼顾参与刑事诉讼各方的程序利益，才是对程序正义的深入贯彻，乃至于正义的应有之义。

（三）对司法实践的深切反思

除了人权保障和程序正义等理论支撑，基于对司法实践的反思，加强对刑事案件被害人诉讼权利的保护也具有一定的现实基础。随着司法公开的推进和媒体的介入,越来越多的刑事案件进入公众的视野,甚至引起轩然大波,李某奎案便是其中之一。一直以来,学界谈及李某奎一案,都是把它作为民意影响司法的典型来讨论或批判,从二审改判死缓,到再审改判死刑立即执行,李昌奎的死亡被认为是由以被害人一方为首所掀起的民意推动的。民意或许对最终的改判产生了一定的影响,这也的确是个足以令所有法律人为之担惊受怕的潜在危险,以至于只能集中精力先解决这一危险,而把其他相对不重要的问题搁置一边,比如在此案中被害人一方的权利是否得到了足够的保障。据悉,该案被害人家属(被害人均已死亡)并没能参与二审的庭审,更是没能及时获知二审的判决结果,而这与我国法律规定都是不相符合的。不妨设想一下,倘若被害人一方的权利能够得到确实的保障,是否还会不顾已故亲人的名声将该案不断发酵、扩散?那么所谓的重要危险——潜在的舆论审判——是否也能通过该途径避免发生?

　　司法实践中,因被害人一方不满而产生的矛盾比比皆是,虽然不是都像李某奎案这样轰动,但也对司法工作以及司法公信力等带来了不良的影响。被告人服判息讼,被害人却缠闹上访,不得不引起反思。在这些上访的被害人或其近亲属中,自然不乏理性缺失或者故意报复讹诈等群体的存在,然而,还有相当一部分上访人群,是因基本的权利未得到保障,以致受到了不公的待遇,或因权利的模糊,根本诉求无门。就连公安司法人员自身对于被害人保护问题亦颇感忧虑。有学者曾就被害人问题对广西南宁的公安机关、检察机关以及法院做过实证调研,在谈到"对现行被害人保护力度的评价"这个问题时,超过三成(31%)的受访者认为"不足",认为"严重不足"的也超过了一成(10.6%)。[1]被害人是刑事诉讼中的重要当事人,保障其参与有利于案件的侦破,从而作出公正的裁判。而且,加强对被害人诉讼权利的保护,也能够减少不必要的冲突,提高被害人对判决结果的接受度,对司法公信力的提升和

---

　　[1]　张鸿巍:《刑事被害人保护的理念、议题与趋势——以广西为实证分析》,武汉大学出版社 2007 年版,第 288 页。

司法权威的维护皆具有积极意义。可见，被害人诉讼权利保护不仅是司法实践的未竟课题，也具有现实紧迫性。

二、被害人诉讼权利保护的现状考察

在我国，刑事案件的起诉方式有公诉和自诉之分，自诉案件中，被害人独立行使起诉权、诉讼参与权等，享有完全的当事人地位，而公诉案件中，虽然被害人也属于当事人，但是从诉讼的提起到诉讼的过程，其所享有的权利是有限的，其权利的行使亦是障碍重重，因此，探讨如何保护公诉案件中被害人的诉讼权利是本文的重点，如无特殊提及，文章中被害人所指皆是针对公诉案件而言。另外，被害人权利可分为程序性权利和实体性权利，实体性权利包括赔偿权和补偿权等，程序性权利包括知情权和参与权等，本文主要论述的是与被害人程序性权利有关的诉讼权利。关于被害人诉讼权利保护的总体现状，从我国立法、司法实践以及学术研究中可见一斑。

（一）立法

自 1996 年《刑事诉讼法》将被害人的诉讼地位定位成当事人后，又经过了 2012 年和 2018 年《刑事诉讼法》的修订，我国立法对于刑事案件被害人诉讼权利的规定日臻成熟。

在侦查阶段，被害人有权报案和控告侵犯自己人身、财产权利的犯罪嫌疑人。对于将被用作证据的鉴定意见，被害人有知情权，并且可以提出申请进行补充鉴定或者重新鉴定。自案件移送审查起诉之日起，被害人有权委托诉讼代理人。在检察机关对案件进行审查时，被害人有发表意见的权利。在审判阶段，被害人对于开庭日期和裁判结果皆享有知情权，而且，在庭审时，被害人有权申请合议庭组成人员、书记员以及公诉人等相关人员的回避，还享有法庭调查、法庭辩论等环节的参与权。

没有救济，就没有权利，除了上述权利外，《刑事诉讼法》等法律和相关司法解释还赋予了被害人部分相应的救济性权利。比如，被害人对于认为公安机关应当立案却不立案的，有权向检察机关提出申诉，被害人对于有证据证明应当追究被告人刑事责任，而公安机关、检察机关却不予立案的，被害人有权直接向法院提起自诉。在审查起诉阶段，检察机关决定不起诉的，被害人可向上一级人民检察院进行申诉，若上一级人民检察院维持不起诉决定，被害人则可以直接向法院提起诉讼，不过，被害人也可以不经过申诉，直接向法院起诉。在公诉案件中，被害人不服判决结果的，对于附带民事诉讼部分可以直接提起上诉，对于刑事部分虽不能上诉，但有权请求检察院提出抗诉。最后，对于已经发生法律效力的判决、裁定，被害人不服的，还可以向法院或检察院提出申诉。

此外，2012 年修订《刑事诉讼法》时，在特别程序中增加了"刑事和解"一章，被害人因而享有了进行和解的权利，即对于因民间纠纷引起，涉嫌《刑法》分则第四章、第五章规定的犯罪案件，可能判处 3 年有期徒刑以下刑罚的，以及除渎职犯罪以外的可能判处 7 年有期徒刑以下刑罚的过失犯罪案件，且犯罪嫌疑人、被告人在 5 年之内未曾故意犯罪的，犯罪嫌疑人、被告人真诚悔罪，通过向被害人赔偿损失、赔礼道歉等方式获取被害人谅解，从而使得被害人自愿和解的，双方即可以和解。对于达成和解的案件，犯罪嫌疑人、被告人自然可以获得从宽处理、处罚。因此，从我国立法上的沿革也可以看出，被害人在刑事案件中的地位逐渐受到重视，权利也在不断得到扩充。

（二）司法实践

无论法律规定如何，一旦投入复杂的实践中去，经常会产生变形甚至扭曲。当然，有时实践中产生的智慧亦能够推动立法的变革，不过，在相反的情形下，则是对立法权威的削弱，同时还伴随着对相关权益的侵害，而被害人的诉讼权利问题即是如此。虽然立法中对被害人在刑事诉讼过程中享有的权利作出了上述规定，但在司法实践中，这些权利却未必能够尽数实现。例如，法律规定法院应当将开庭时间和裁判结果送达被害人，二审开庭审理的，也应当在审理中听取被害人的意见，然而，实践中存在着大量的类似于李某奎案那样的案件，即二审已经审结，被害人一方不仅未能参与庭审，也未获知判决结果。就法庭审判而言，虽然法律赋予了被害人当事人的地位，以及参与法庭调查、法庭辩论等一系列权利，但在实践中检察机关通过将被害人当作控方证人的方式，巧妙地改变了被害人的身份，同时也间接地限制了其旁听、辩论等权利。

除了这些有意为之的情形外，在司法实践中，被害人诉讼权利未能得到有效保障，有时也是公安及司法机关的无奈之处。仍然以被害人的知情权为例，对于被害人享有知情权的事项，公安及司法人员需向被害人告知或送达通知性文书，一般是通过电话或邮寄等方式，然而，实践中经常出现联系不上被害人的情形，而这多半是由于对被害人信息的采集不到位，毕竟在侦查阶段时间紧迫，被害人的存在感也不甚强烈，对其联系方式的询问或出现遗漏。再如，鉴于有的被害人在发表意见时会带有情绪，甚至在意见不被采纳时做出极端举动，所以，在审查起诉阶段，检察机关对于是否切实给予被害人发表意见的机会也经常犹豫不决。

一般来说，立法和法学理论对某一问题的日益重视，通常也会引起司法实践的回应，但是，在被害人这一问题上，在司法实践中，既有从主观上不重视被害人的地位，随意限制、剥夺被害人诉讼权利的现象，同时也有即便想要遵循法律、尽量维护被害人权利，却无从实现的困境，总体而言，对被害人诉讼权利保护的司法实践现状是不容乐观的。

（三）学术研究

随着人权保障的推进和被害人学的发展，与被害人相关的学术成果也越来越丰硕。就被害人的诉讼权利而言，学者们主要是沿着补充被害人缺失的权利以及完善被害人现有的权利保障两条思路进行研究的。在保障现有权利的讨论中，虽然各学者的侧重点有所不同，以及具体的举措有所差异，在原则上并没有较大的分歧。然而，在谈及被害人所可能缺失的诉讼权利时，学界出现了显然不同的声音，其中，是否应当赋予被害人上诉权以及量刑建议权，可谓争议最为激烈的两个问题。

有些学者主张，同样作为刑事诉讼中的当事人，被害人应当享有与被告人对等的上诉权，而不是只能请求检察院抗诉，一旦检察院不同意抗诉，被害人一方便无力启动二审，只能坐等申诉[1]。赋予被害人独

---

[1] 姜福先、张明磊："论刑事公诉案件被害人的上诉权"，载《中国刑事法杂志》2005年第2期。

立的上诉权，符合重视被害人和加强对其保护的趋势，不仅使得被害人享有实质意义上的当事人地位，对于缓解法院、检察院应对申诉的压力也具有一定的积极作用。而且，赋予被害人上诉权还有域外立法例的支撑，同属大陆法系的德国就规定公诉案件的被害人与自诉案件的被害人一样，享有独立的上诉权，且不受限制；俄罗斯的刑事诉讼法也规定了被害人及其诉讼代理人有权对刑事判决提起上诉。反对者则认为，不应当赋予被害人上诉权，原因是会对"上诉不加刑"原则造成冲击，在"上诉不加刑"原则仍然将只有被告人提出上诉作为前提的情况下，被害人则可能通过行使自己的上诉权而有意阻止该原则的适用，使得"上诉不加刑"原则被架空。不仅如此，赋予被害人上诉权也会冲击我国现有的刑事诉讼结构，而这被认为是"违背程序公正和三角结构诉讼模式的基本要求的"。[1]

关于被害人是否应当享有量刑建议权，也存在着类似的争论。支持者认为，赋予被害人量刑建议权，能够帮助缓解被害人的仇恨情绪，提高被害人对于判决结果的认可度和接受度，同时，由最为熟悉案情的被害人提出与量刑有关的事实和建议，也能促使法官作出更加公正的裁量。在美国，被害人的诉讼地位虽为证人，但《刑事被害人权利法（Crime Victims' Rights Act）》仍然规定，对于涉及释放、认罪、量刑以及假释事项的公开程序，应当合理听取被害人的意见。但是，有些学者却认为，不应赋予被害人量刑建议权。他们提出的理由是被害人往往带有较为强烈的报复倾向，所做建议可能超乎理性。而且，虽然我国法律尚未赋予公诉人量刑建议权，但实践中公诉人通常会在发表公诉意见时对量刑问题做出建议，倘若赋予被害人量刑建议权，那么难免会出现被害人与公诉人的建议不一的情形，对法院的裁判造成新的困扰。

笔者也不赞成赋予被害人上诉权以及量刑建议权。但是，就上诉权而言，并非是出于担心其对"上诉不加刑"原则的冲击，一旦通过立法赋予被害人这项新的权利，与之相联的制度和原则势必也要做出相应

---

〔1〕 张泽涛："过犹未及：保护被害人诉讼权利之反思"，载《法律科学（西北政法大学学报）》2010 年第 1 期。

的调整，重新进行协调，与"上诉不加刑"的冲突可通过技术手段予以解决。之所以不同意赋予被害人上诉权，主要是因为，由古至今，在世界范围内刑事诉讼的本质已演变为"国家兴讼"，这就意味着在公诉案件中，被害人将自己的一部分诉权转让给了公诉机关，其中即包括起诉权。只有在自诉案件中，被害人才享有起诉权。而上诉权是为起诉方和被告方两方所设计的，既然没有起诉权，又何来上诉权？退一步讲，假使赋予被害人上诉权，在公诉案件中，被害人上诉，公诉人却没有提起抗诉，那么二审究竟属于公诉案件还是转为自诉案件，就变得难以自圆其说。之所以不同意赋予被害人所谓的量刑建议权，是因为该权利过于虚化，即便其提出了量刑建议，法官将如何对待该建议，不得而知，也是无法规制的，在被害人与公诉人的量刑建议相差甚大时，恐会在法官、公诉人以及被害人之间引发新的矛盾。

（四）对现状考察之反思

由上可见，立法对于被害人诉讼权利的保护呈愈加重视的趋势，虽仍有可待完善之处，但相比于司法实践，情况要乐观许多。同刑事诉讼中的大多数问题一样，如何保证司法实践忠于立法的指导，并在此基础上推动法治发展也是存在于被害人诉讼权利保护中的一大难题。尽管有立法的保障、学者的推动，倘若司法实践不能同步发展，甚至落后太多，那么对被害人诉讼权利的保护只会变成立法者和学者们的"乌托邦"，只能止步于美好畅想。所以，对于司法实践中被害人诉讼权利保护不足的原因及对策等，将于后文重点分析。

虽然在国家追诉模式下，公诉人与被告人是直面对立的控辩双方，但在刑事诉讼中，利益冲突最严重的当属被害人与被告人两方，毕竟被害人才是直接遭受人身、财产损害的主体。利益的针锋相对意味着，被害人与被告人任何一方权利的变动，都与对方的切身利益息息相关。过去，一味地偏重被告人的权利保障，忽视了被害人的存在，引发了学界的反思，才使得越来越重视对被害人的权利保护。但是，倘若保护的天平又向被害人一方过度倾斜，就会逐渐走向另外一个值得反思的极端。因此，加强对被害人诉讼权利的保护，并不意味着将所有可能的权利皆赋予被害人，这既不现实，对被告人来说也是极为不公平的，且有违程序正义的初衷。而且，即便域外有着立法先例，但法律所附着的土壤不同，虽然美国通过"被害人影响陈述制度"等为被害人提供量刑建议的机会，但美国与我国的一个基本差异就是其量刑程序是独立的，而我国定罪与量刑程序尚未分离，在此基础上借鉴其有关量刑的制度，不得不谨慎行事。

学术研究成果使我们进一步确信被害人的诉讼权利问题受到了学界长足的重视，在强化被害人现有权利的实现之余，欲尽可能地扩充被害人的诉讼权利，使其充分具有当事人能力，其中，更是有学者主张将现有的控、辩、审三方构造打造成加入被害人的四方构造，以致于引起了"过犹不及"的批判。因此，在被害人受到冷落多年的背景下，理应加强对被害人权利保护的重视，但是，仍需遵循适度的原则，更是不能脱离刑事诉讼的基本规律，否则，将是对其他法益的侵害，得不偿失。

三、实践中被害人诉讼权利保护不足的原因

从被害人诉讼权利保护的现状可以看出，在立法上，虽然我国尚未像有些国家那样制定专门的被害人保护法，但《刑事诉讼法》《刑法》等法律中都有关于被害人的规定，特别是《刑事诉讼法》的屡次修订，极大地提升了被害人的诉讼地位，明确了被害人的诉讼权利，在被害人保护问题上不断取得进步。在学术研究上，虽有一定程度的反思之声，但主流观点仍然是强化对被害人诉讼权利的保护，所提建议亦皆是旨在保障被害人诉讼权利的行使，维护被害人的合法权益。然而，立法以及理论的发展终究仍是纸上谈兵，目的是在实践中使权利保护落到实处。可是，通过前面的分析可见，这恰恰反映出司法实践现状不容乐观。因此，本文选取的角度是从司法实践入手，探索实践中对被害人诉讼权利保护不足的原因何在，从而对症下药，使得被害人的诉讼权利能够获得切实的保障。

（一）立法上的缺漏

相较而言，立法对于被害人诉讼权利保护的重视程度多过司法实践，但并不意味着立法已尽善尽美。立法指导着司法实践的运行，所以当实践的发展出现问题时，从公安及司法人员的主观属性分析有两种可能：一是主观上是恶的，即有意与法律精神或法律条文背道而驰，在这种情况下，只有使立法几近完备，才有可能阻止一意孤行者故意规避法律或钻法律的漏洞；二是主观上的状态是善，即主观意愿是尽可能地维护法律的尊严以及人民的利益，在这种情况下，当立法存在缺漏时，也会使得公安及司法人员无法可依，从而造成实践中的各种困境。在对实践中的公安司法人员进行调研时，其中认为对被害人保护不足的，亦将原因归结为人员因素或者制度的缺失两类。[1]因此，无论司法实践人员的主观选择如何，要解决实践中的问题，必须追溯到立法上查缺补漏。

第一，对被害人诉讼权利的保护缺乏《宪法》的支撑。我国被害人享有的诉讼权利多散见于《刑事诉讼法》中，虽然其具有"小宪法"之称，但仍停留在具体法条的操作层面，并未上升到精神层面的指引。我国《宪法》第33条规定"国家尊重和保障人权"，虽泛指任何公民的基本权利，但并未进一步细化。于犯罪嫌疑人或被告人而言，宪法中尚有诸如"任何公民，非经人民检察院批准或者决定或者人民法院决定，并由公安机关执行，不受逮捕"等条文，而被害人的权利保护问题却未被单独提起，以致《宪法》依据不明，支撑不力。

第二，现有的被害人诉讼权利保护的立法规定不尽完善。一方面，有些应当赋予被害人的诉讼权利被忽略，导致权利缺失。另一方面，在立法已赋予被害人的诉讼权利中，存在着缺乏保障的情形，以致权利虚置。

就权利缺失而言，最为提倡的是赋予被害人上诉权和量刑建议权，对此笔者并不赞同，不再赘述。但是，在《刑事诉讼法》中，的确存在对被害人诉讼权利的忽视。比如，《刑事诉讼法》第35条规定了对于符合条件的犯罪嫌疑人、被告人，应为其提供法律援助。然而，同一部法律却并没有赋予被害人获得法律援助的权利。与此相关，2012年修订《刑事诉讼法》后，犯罪嫌疑人委托辩护人的时间

─────────────

〔1〕 张鸿巍：《刑事被害人保护的理念、议题与趋势——以广西为实证分析》，武汉大学出版社2007年版，第289页。

提前到被侦查机关第一次讯问或采取强制措施之日，被害人则是在案件移送审查起诉之日才有权委托诉讼代理人，而且相比对于辩护人权利的详细规定，被害人的诉讼代理人所享有的权利则受到了限缩，亦或不详。

就权利虚置而言，《刑事诉讼法》赋予被害人的诉讼权利有相当一部分都缺乏实现的保障措施，而这也是实践中被害人诉讼权利得不到保障的一个重要原因。比如，知情是参与的前提，《刑事诉讼法》赋予了被害人对于用作证据的鉴定意见以及开庭的时间和裁判结果等一系列事项的知情权，却并没有规定当被害人的知情权得不到保障时的救济措施，导致实践中侵犯被害人知情权的现象多有发生，有的被害人甚至不知道案件在何时完结。此外，在实践中，被害人的救济性权利得不到保障的现象也十分严重。以检察机关作出不起诉决定为例，《刑事诉讼法》不仅赋予了被害人相应的救济权利，而且被害人可做两种选择，在检察机关决定不起诉时，既可以向上一级检察机关申诉，也可以直接向法院提起诉讼。可是，在实践中，不论哪一种选择，都有着难以逾越的障碍。上一级检察机关并不会轻易推翻下级检察机关的决定，而且，不排除下级检察机关在作出决定时业已征求上一级检察机关的意见，在这种情况下，企图通过申诉改变不起诉的决定，基本难以实现。而直接向法院提起诉讼，也往往会因证据的缺乏而得不到受理。

（二）被害人诉讼权利保护意识的薄弱

在我国，被害人的诉讼地位和诉讼权利被忽略了很长一段时间，尽管现在有所好转，但对被害人诉讼权利进行保护的意识还是相对薄弱。而且，与被害人同在的犯罪嫌疑人、被告人一方，后者的权利被认为更容易受到侵犯，从而获取了更多的关注，愈加分散了集中于被害人身上的目光。对被害人诉讼权利的忽视，究其根本，是对被害人利益的错误理解或不当轻视。除自诉案件外，被害人对于任何刑事案件都不享有不追诉的决定权，这是因为，这些犯罪行为虽然直接侵害的是被害人的人身权、财产权，却更是对国家利益的侵犯，必须由国家公诉机关行使追究犯罪的权力，由此，对被害人自身的利益产生了两种不同看法：一种是认为被害人的利益已完全为国家利益所吸收，国家即代表着被害人，被害人利益与国家利益无异，在这种情况下，自然不需要单独关照被害人的利益。另一种态度虽然认识到被害人利益有时与国家利益相冲突，被害人也有自己的利益需求，但是，由于认为国家利益先于个人利益，所以，被害人的利益仍然得不到应有重视。

在立法中，除了上述立法规定不完善的情形外，很多条文也都间接体现出对于被害人利益的保护意识的缺乏。比如，除了将犯罪嫌疑人、被告人绳之以法，获得物质赔偿也是被害人的一大夙愿，且与被害人的切身利益息息相关。然而，在查封、扣押、冻结犯罪嫌疑人的财物、财产制度中，却并没有兼顾被害人的需求，作出对被害人获得赔偿有利的规定。实践中被害人的物质求偿权得不到实现的情况比比皆是，倘若能够在类似的财产制度设计中适当地吸纳被害人的利益需求，那么对于被害人权利的实现也将有所裨益。所以，在被害人权利保护的问题上，即便有着丰富的立法支撑，但通过此例即可看出，保护被害人权利的意识敏感度仍然有待提升。对于被害人的实体性权利尚且如此，遑论更容易被忽视的诉讼权利。比如，我国《刑事诉讼法》规定，在接到报案或控告后，若决定不立案，应通知控告人。然而，控告人并非都是被害人一方，在被害人不是控告人时，是否就意味着无权得知案件是否已立案？知晓案件的进展情况应属于被害人最基本的知情权，立法本意并非剥夺，而出现这种错漏，皆因尚未完全树立起对被害人诉讼权利保护的意识。

司法实践中，被害人诉讼权利保护意识薄弱的现象更是体现得淋漓尽致，可以说是造成实践中大多数弊病的源头所在。一方面，绩效考核制度的施行，使得公安及司法人员在应对案多的压力之余，还要努力向考核指标靠拢。如此，即便是学界大张旗鼓所提倡的尊重和保障犯罪嫌疑人、被告人的权利都难以顾全，遑论被忽视已久且对于办案人员来说在刑事诉讼中功用并不大的被害人群体。另一方面，因被害人缠闹上访现象的频发，司法人员对于被害人有负面情绪，加之其他既有的偏见，如被害人往往背负怨恨超越理性等，司法人员并没有与被害人产生过多交集的欲望，且不信任被害人有足够的参与刑事诉讼的能力，因而司法人员选择规避法律所规定的应当对被害人履行的义务，导致了被害人的诉讼权利得不到保障，当被害人诉求无门时，便又会引发信访，如此便形成了恶性循环。此外，由于公安及司法人员对于被害人的诉讼地位缺乏恰当的认知，往往将其归为民事诉讼的当事人，所以，当被害人行使自己在刑事诉讼中的诉讼权利时，便难以得到支持和保障，而这皆与对被害人诉讼权利保护的意识薄弱不无关联。

四、改善被害人诉讼权利保护现状的应对之策

由于立法上的疏漏，以及对于维护被害人利益的意识不足等原因，实践中被害人诉讼权利保护的现状并不乐观，亟需改善。不过，在讨论被害人诉讼权利时应坚持适度的原则，即在遵循刑事诉讼规律的基础上，适度地赋予和保障被害人相应的诉讼权利。笔者结合前述对被害人诉讼权利保护现状的考察及原因分析，提出以下几点建议：

（一）提高有关被害人立法的等级性和专门性

在我国，根据《宪法》和《立法法》所规定的立法体制，法律位阶分为六级，其中，最高位阶的法是根本法，即《宪法》。《宪法》作为我国的根本法，调整着社会生活中最重要的利益关系，即国家的权力归属及其分工配置，以及公民人权的尊重与保障。2004年3月14日，第十届全国人民代表大会第二次会议通过了《宪法》修正案，在第33条中增加了"国家尊重和保障人权"的内容，对我国来说，具有划时代的意义。虽然在刑事诉讼中，尊重和保障人权往往是与犯罪嫌疑人、被告人的权利挂钩，但即便是对犯罪嫌疑人、被告人的人权保障，在《宪法》上也并没有被明确指出，仅在人身自由和住宅不受侵犯等条文中有所涉及而已，将尊重和保障人权作为犯罪嫌疑人、被告人权利保护的《宪法》依据，也不过是学者的努力。对于被害人而言，则更是没有单独提到其权利保护问题。随着我国法治水平的不断提高，以及社会生活中利益关系的日益复杂，将保障人权的条款进一步细化既是可行的，也是十分必要的。因此，应在《宪法》中明确对被害人以及被害人权利的保护，才能以此作为指导，完善下位法对于被害人权利的规定。

除了提高对被害人权利保护的立法的位阶，还应加强立法的专门性。自20世纪50年代起，被害人逐渐受到重视，各国不仅在《刑事诉讼法》等法律中增加了对被害人权利的规定，还纷纷制定专门法，以保护被害人。例如，在美国，有《被害人与证人法》《犯罪被害人法》《被害人权利和赔偿法》《刑事被害人权利法》等，在将被害人定位为当事人的德国，有《被害人保护法》《被害人权利改革法》等，在这些法律中，不仅有关于被害人人身、财产等权利的保障，也有对被害人诉讼权利的规定。反观我国，虽然通过对《刑事诉讼法》的修改，改变了被害人的诉讼地位，赋予了被害人一系列权利，但这些规定过于分散，亦缺乏连贯性，极易导致对被害人保护的疏漏及保障不力等情形。因此，在我国，可考虑制定对被害人保护的专门立法，将与被害人有关的事项一并纳入，既有利于保证立法的统一和连贯，也能够使得被害人受到更为全面的保护。

（二）重视和发挥律师在保护被害人诉讼权利中的作用

根据《刑事诉讼法》的规定，被害人在委托诉讼代理人时，除了律师以外，还可选择人民团体或者被害人所在单位推荐的人以及被害人的监护人、亲友。但在实践中，凡是有条件的，大多委托律师作为自己的诉讼代理人。作为普通民众，被害人一般都不具备专业的法律知识，且面对突如其来的灾难，心理上的崩溃和情绪上的波动也会影响其参与刑事诉讼的能力，通过找更具专业素养的律师作为诉讼代理人，不仅可以有效地维护自己的合法权益，也能帮助推动刑事诉讼的顺利进行。实践中，在有律师代理的案件中，被害人会比较满意判决结果，审判质量也相对较高。[1]可见，在刑事诉讼中，律师对于当事人的作用是无可取代的，不仅对犯罪嫌疑人、被告人而言是这样，对被害人亦是如此。因此，应进一步重视和发挥律师在被害人诉讼权利保护中所起的重要

---

〔1〕　郭建安主编：《犯罪被害人学》，北京大学出版社1997年版，第248页。

作用。

第一，应在《刑事诉讼法》中明确被害人申请法律援助的相关权利，并保障其实现。我国《刑事诉讼法》对于犯罪嫌疑人、被告人申请法律援助以及获得指定辩护等作出了详细的规定，然而，被害人的相应权利却一直处于空白状态。当然，这并不意味着我国被害人没有法律援助权。早在 2003 年 7 月出台的《法律援助条例》（以下简称《条例》）中，就明确了不论是公诉案件的被害人，还是自诉案件的被害人，因经济困难而没有委托诉讼代理人的，都享有申请法律援助的权利。可是，在《条例》实施后，与犯罪嫌疑人、被告人相比，获得法律援助的被害人的比例非常低，与被害人的实际数量极不相称。[1]仅在层次较低的《条例》中对被害人的获得法律援助权作出规定，不仅得不到司法机关和法律援助机构等的重视，甚至至今仍有被害人并不知晓自己享有该项权利。对于律师，被害人有着与犯罪嫌疑人、被告人同等的需求，而且，因经济问题或其他原因没有能力委托律师作为诉讼代理人的被害人不在少数，赋予被害人法律援助的相关权利实属必要。因此，应在《刑事诉讼法》中予以明确，在被害人因经济困难或其他原因没有委托诉讼代理人的，可向法律援助机构提出申请；对于有着某些特殊情况，如盲、聋、哑、精神疾病等，却没有委托诉讼代理人的，司法机关应通知法律援助机构为其指派律师作为其代理人。而且，在赋予被害人法律援助权之余，还应加强对权利保障机制和监督救济机制的探索，以确保相关权利的实现状态。

第二，应进一步完善被害人诉讼代理人所享有权利的相关规定。综观《刑事诉讼法》，被害人的诉讼代理人所享有的权利与犯罪嫌疑人、被告人的辩护人相比是极其不平衡的。就进入刑事诉讼的时间而言，被害人与犯罪嫌疑人作为当事人，是同步的。然而，根据《刑事诉讼法》的规定，犯罪嫌疑人在第一次被讯问或者采取强制措施起就有权委托辩护律师，而被害人则是自案件移送审查起诉之日起，才有权委托诉讼代

---

〔1〕 高贞："论刑事被害人法律援助权及其实现"，载《法学》2008 年第 11 期。

理人。被害人在侦查阶段也享有一定的权利，亦即需要诉讼代理人的辅助，在此阶段诉讼代理人的空缺，有悖赋予被害人委托诉讼代理人权利的初衷。而且，实务部门的工作人员称，在财产型犯罪中，关键性的追赃等工作大多是在侦查阶段决定的，没有诉讼代理人的介入将对被害人造成不利影响。[1] 所以，将被害人委托诉讼代理人的时间延后到审查起诉阶段，缺乏合理依据，且不利于被害人诉讼权利的保护及刑事诉讼的进行。除了介入时间滞后，与辩护人相比，被害人诉讼代理人所享有的权利也颇受限制。2012 年对《刑事诉讼法》的修订明确并扩张了被害人诉讼代理人的部分权利，如申请回避权，对司法机关阻碍其诉讼权利行使的申诉、控告权等，然而，这些权利不足以支撑诉讼代理人帮助维护被害人的合法权益。在德国，虽然被害人不能直接阅卷，但被害人的律师享有阅卷权，从而有利于对案件情况的掌握。我国《刑事诉讼法》中并没有被害人诉讼代理人阅卷权的规定，最高人民检察院颁布的《人民检察院刑事诉讼规则》规定，诉讼代理人查阅、摘抄、复制案卷材料的，需要经过人民检察院的许可。需要经过许可才能实现的，其发挥作用的可能性值得怀疑，在实践中，代理律师向检察院申请查阅案卷时，往往要么被拒绝，要么阅卷的范围受到严格的限制。[2] 而对诉讼代理人与辩护人的差别对待由此亦可见一斑。因此，应在充分认识律师的作用的基础上，提前律师作为诉讼代理人的介入时间，而且，在由律师担任被害人的诉讼代理人时，应比照辩护人所享有的权利，结合被害人参与诉讼的特点等，适当拓宽诉讼代理人的权利，使得其能够更好地为被害人服务，帮助保护被害人的诉讼权利。

（三）保障被害人现有诉讼权利的实现

在适当扩张被害人的诉讼权利之余，保障被害人现有权利的实现也是解决实践中对被害人保护不足问题的一个重要方面。在实践中，被害人的诉讼权利难以实现，除了与司法人员的自身因素有关，与立法中缺

---

〔1〕　陈为钢、肖亮："新刑诉法保障被害人权益若干问题研究"，载《东方法学》2013年第 2 期。

〔2〕　赵国玲主编：《中国犯罪被害人研究综述》，中国检察出版社 2009 年版，第 142 页。

乏相应的保障机制亦不无关联。比如，《刑事诉讼法》赋予被害人对裁判结果具有知情权，却未严格规定作出裁判结果的人民法院的告知义务，在知情权受到侵犯时，既没有规定被害人可诉诸的救济方式，也没有对义务机关作出制裁的举措，如此，权利实现效果堪忧。《刑事诉讼法》还赋予了被害人一系列救济性权利，如对公安机关不立案、对检察机关不起诉时的救济等，前面已分析过这些权利的实现难度，而且，这些虽为救济性权利，在实现不了时却没有再度的、切实有效的救济，这与对被害人诉讼权利的直接侵犯无异。知情是参与的前提，无救济即无权利，然而，被害人的知情权和救济权却都在实现上存在困难，遑论其他程序参与权。对此，在立法上可做两方面的努力，以使被害人现有的诉讼权利在实践中能够得到保障：一是详细地明确权利的行使时间、行使方式等事项，而不是仅作粗略性规定，单纯地赋予被害人某项权利的简单规定既不利于被害人权利的行使，也得不到司法人员的应有重视；二是针对被害人诉讼权利受到侵害的现象，利用程序性制裁等手段对有责机关和人员作出处置，使其承担相应的不利后果。

（四）加强保护被害人诉讼权利的意识培养

意识先行，不论是立法上还是司法上的建议与对策，都是基于对被害人诉讼权利保护有强烈的意识作为支撑。随着法治的发展与进步，被害人应在刑事诉讼中占有一席之地已成为基本共识，立法和理论界为探索被害人的诉讼权利也做出了相应的努力，然而，这并不意味着保护被害人诉讼权利的意识已根深蒂固，特别是在同时考察对犯罪嫌疑人、被告人权利的保障后，被害人的处遇不禁引人担忧。

加强对被害人诉讼权利保护的意识，应首先认识到被害人的利益也具有个体性，并不完全等同于国家利益，被害人参与刑事诉讼的目的与国家追诉犯罪的目的也不尽相同。如此，便能理解与体谅被害人积极争取权益的行为，从而在立法或司法实践中做出兼顾被害人利益的选择，减少被害人与司法机关的冲突等不和谐现象。其次，应对被害人的诉讼地位有明确的认识。虽然在我国被害人并不享有上诉权、量刑建议权等权利，但并不影响其参与刑事诉讼的当事人地位，倘若被害人的诉讼地位得不到正确对待，那么其诉讼权利也就形同虚设。所以，将被害人作为刑事诉讼的当事人对待，也是培养保护被害人诉讼权利意识的一个重要方面。此外，不仅立法者和司法者应正视被害人，被害人自身也要对其诉讼地位以及享有的诉讼权利有清晰的认识，只有这样，才能合理地行使自己的权利，理性维权，以反向敦促司法机关对被害人权利的重视和保障。

第十章　服刑人员再社会化权利的保障*

作为人类文明发展取得的宝贵成果，人权保障同样应当被确立为行刑制度改革的价值目标。然而，服刑人员作为特殊的社会群体，其享有的人权保障水平往往落后于其他主体。但是，人们必须充分认识到，服刑人员的人权保障状况不仅是相关评估的重要指标，而且具有形象化的"符号"意义。正因为如此，这里必须明确指出，"曾受刑事处罚人员的人权保护是一个不容忽视的问题"。[1]有鉴于此，对服刑人员的再社会化权利及其保障展开分析和探讨就显得异常重要。为更好地围绕服刑人员的再社会化权利进行论述，在此不妨从刑法目的实现、行刑社会化、社区矫正、犯罪记录的管理与控制以及被遗忘权等角度分别展开。

一、服刑人员的再社会化权利与刑罚目的的实现的协调统一

在传统社会中，重刑主义思想和"因果报应"观念在人们的内心根深蒂固。之所以如此，是因为国家和社会寄希望于通过刑罚的威慑效用预防和遏制犯罪，而普通民众始终持有朴素的正义观念，只有以恶报恶能够满足他们的泄愤之需。随着人类社会的不断发展，从对肉刑和死刑的普遍适用到现代社会中的监狱行刑，再到缓刑和罚金等替代性措施以及非监禁刑，甚至是以赔偿与和解为主要内容的恢复性司法。[2]可以

---

　*　曹晟旻（1992—），中国海洋大学马克思主义学院讲师、法学博士后科研流动站研究人员，研究方向为权利哲学、人权法学。

　〔1〕　齐延平、于文豪："中国人权法学的学科独立性初探——以 2008 年的研究成果为基础"，载《山东大学学报（哲学社会科学版）》2009 年第 3 期。

　〔2〕　参见郭建安："刑罚的历史趋势呼唤行刑体制改革"，载《犯罪与改造研究》2000年第 10 期。

说，这反映出人们对正义的追求和倡导更加务实，在解决问题的同时还注重不断"向后看"。但是，相比于"以牙还牙，以眼还眼"的同态复仇，现有规范层面的惩罚制度并没有改变以惩罚本身为目的的观念和立场，其同样认为"刑罚包含着犯人自己的法，所以处罚他，正是尊敬他的理性的存在"。[1]尽管威慑刑试图从报应刑中有所突破，但其无非是依赖于重刑对个人所施加的心理强制。实际上，这些对刑罚目的的理解不仅是畸形的，而且远远落后于社会发展，因此必须予以彻底否弃。

随着人类社会不断发展，人们逐渐认识到惩罚本身仅能体现刑罚的工具性价值，却不能涵盖预防犯罪的全部内容。换言之，惩罚性只是刑罚的特征之一。毕竟，刑罚本身还包括"善"作为目的。通过惩罚使人们不再犯罪固然必要，但更为重要的还是以此为基础引导和帮助服刑人员顺利完成社会复归。如果说惩罚犯罪是国家义不容辞的责任和义务，那么保障服刑人员实现再社会化则同样不容忽视。为此，人们尝试对刑罚理念及其发展方向重新进行思考，试图倡导"使处罚与被判刑人的个性相适应，扩展非监禁刑，以社会教育帮助措施来辅助刑罚，以被判刑人的再社会化为目的来安排刑罚执行，减轻刑满释放人员重返社会的阻力，唤起社会对刑满释放人员的共同责任感"。[2]在这种情况下，包括社区矫正等在内的非监禁刑纷纷应运而生，甚至有课题组通过研究提出构建"监狱社区"的基本构想。[3]当然，有人会对非监禁刑的使用是否会削弱刑罚效果产生顾虑。对此，需要说明的是，惩罚本身不能涵盖刑罚的所有内容，更为重要的是从根源上预防和化解犯罪。

通常而言，个人往往习惯于从社会中寻求对自身权利与自由的满足，为此还制定出相应的法律制度加以维系。就此而言，法律制度本身就旨在捍卫个人的权利和自由。正因为如此，法律制度能够保证社会的有效延续，其所包含的刑罚正义与否是由权利系统的正义价值所决定

---

〔1〕　［德］黑格尔：《法哲学原理》，范扬、张启泰译，商务印书馆1961年版，第103页。

〔2〕　［德］汉斯·海因里希·耶塞克、托马斯·魏根特：《德国刑法教科书·总论》，徐久生译，中国法制出版社2001年版，第18页。

〔3〕　参见陕西省监狱管理局课题组："建立'监狱社区'的构想"，载《中国司法》2014年第5期。

的，而国家刑罚权直接指向的就是对权利的普遍保护。[1]就此而言，缺乏权利保障的刑罚制度必然是不正义的。尽管如此，相比于作为其自身承载体的法律制度，刑罚本身不会更具正义性。当然，任何刑罚目的都是历史性的，同时还需要指出的是，罪行轻重与人身危险性没有必然联系。按照刑罚目的二元论的要求，刑罚轻重不仅是由罪行大小所决定的，而且要对人身危险性作出充分考量。[2]这样就能够分别考虑到不同服刑人员的特殊情况，以此为基础实现刑罚个别化，进而更好地实现再社会化。实际上，行刑人道化和经济化的重要理念理应体现在刑罚目的的实现过程之中，其科学性与合理性在于能够促成对服刑人员的教育改造，达到惩罚功能与保障机制之间有效协调的理想状态，进而实现预防犯罪的最终目的。

然而，随着再社会化理念被提出，自由刑与刑罚目的之间的矛盾和冲突就愈发加剧：一方面，自由刑必然导致服刑人员被囚禁在监狱之中。另一方面，再社会化理念却要求服刑人员非但不能被隔离在社会之外，反而要同社会保持积极联系和有效互动。很显然，两者相互间的冲突和背离可见一斑。虽然，监狱行刑能够发挥某种程度的惩罚功能，但其在改造方面的作用却极为有限。毕竟，监狱作为封闭环境，其有别于真实的社会生活，而且本身会将外界很多的正面刺激阻隔在外，这不利于服刑人员进行学习和改造。更何况，监狱行刑会为社会增加很多额外负担。[3]就此而言，一味依赖于监狱行刑绝对不可能达到刑罚的理想效果。对此，有学者指出："监狱环境的人工化和隔离状态，本身是监狱治疗失败的一个重要原因，监狱生活的孤立性与完全制度化使罪犯被非社会化了。之所以形成这样的局面，其症结不在于监狱管理人员是否做出努力，而在于监狱本身，在现代化的工业社会里，社会生活的一切都在经常不断发生着变化，如果让罪犯蹲在大墙的后面，罪犯与社会生活

---

〔1〕 See Thomas Green, *Lectures on the Principles of Political Obligation*, Longmans, 1941, p. 189.

〔2〕 参见屈耀伦："预防与报应：刑罚目的的二元构建"，载《法学评论》2006年第1期。

〔3〕 参见袁登明：《行刑社会化研究》，中国人民公安大学出版社2005年版，第216页。

的联系必然丧失。"〔1〕之所以如此，是因为在监狱环境中，惩罚者与被惩罚者之间的角色关系必然会出现某种程度的矛盾和对立，这是不可否认和客观存在的，对此非但不能过分强调，反而要尽量扭转服刑人员对刑罚目的的认识和理解，从而为其再社会化奠定良好基础。

从更深层次讲，不同学科对犯罪本质的认识是结合各自角度分别展开的。其中，古典学派将犯罪视为受自由意志支配的孤立行为，刑事人类学派将犯罪界定为某种危险性人格或生物遗传现象，而刑事社会学派则将犯罪说成是人身危险性的特定表征。时至今日，人们对犯罪本质的分析和探讨仍旧没有停息，而这些均为刑罚理念的发展提供了良好的理论基础和实践依据。当然，不可否认的是，惩罚始终是刑罚的基本特征和固有属性，其构成维护社会正义的最后一道防线。正如有学者所指出的，"刑罚的本质是惩罚，惩罚的内容是使罪犯权利受到剥夺和限制，从而遭受一定的损失和痛苦。否则，刑罚就不成其为刑罚"。〔2〕甚至可以说，即使刑罚可以完全不顾及服刑人员的矫正和复归，也不能将惩罚性排除在外。实际上，包括社区矫正在内的非监禁刑本身就包含惩罚性，只是程度不同而已。正因为如此，现代社会中的刑罚目的就会呈现出报应与功利并存、一般预防和特殊预防并举的多元化特征。仅当个人权利与自由受到威胁或侵犯时，刑罚目的是报应主义的，而在其他情况下，则是威慑性和恢复性的。从这种意义上说，犯罪必须是已然发生的客观事实。但需要注意的是，刑罚的表现形式却是多元化的，其不能仅仅满足于惩罚本身，而必须最终指向再社会化的现实需求。进言之，最为科学和合理的刑罚制度必须保证报应、威慑和再社会化的内在统一。

由此可见，"罪犯再社会化实现与法律社会化实现面临同样的问题，即社会期望值也就是理想目标与实现值也就是尽可能实现的程度之间的差异问题。刑罚目的是预防犯罪，即通过适用刑罚，一方面将罪犯改造

---

〔1〕　［德］汉斯·约阿希姆·施奈德：《犯罪学》，吴鑫涛、马君玉译，中国人民公安大学出版社1990年版，第927页。

〔2〕　柳忠卫："罪犯特许权论——以罪犯与其配偶同居权为分析对象"，载《法商研究》2008年第4期。

成为守法公民，另一方面告诫社会上一般人为避免惩罚应遵守法律"。[1]在此，需要说明的是，谈及服刑人员的再社会化权利，就需要区分社会化、再社会化和监狱化这三个不同概念。其中，社会化是指服刑人员追随社会发展趋势的具体过程，再社会化是指服刑人员重新学习社会规范和获得基本生活技能的具体过程，监狱化是指服刑人员学习和接受监狱文化的具体过程。从某种程度上说，服刑人员的监狱化过程具有明显的反社会化倾向。对此，有学者曾经形象地说道："将一个人数年之久关押在高度警戒的监狱里，告诉他每天睡觉、起床的时间和每日每分钟应做的事，然后再将其抛向街头并指望他成为一名模范公民，这是不可思议的!"[2]出于这种考虑，西方国家从19世纪末开始倡导监外劳动，以此作为连接监狱与社会的中间地带，从而引导服刑人员更好地回归和适应社会生活。在理论层面，很多学者通过重新思考刑罚目的和行刑效果，提出行刑社会化的思想观念，进而推动刑罚执行实现跨越式发展。

总体而言，服刑人员的再社会化产生于特定的社会背景和历史环境之中，而且正在不断趋于发展和完善。但需要指出的是，再社会化实现的前提和基础是对犯罪能力的剥夺，以便使服刑人员能够从中获得社会救治，进而重新适应正常的社会生活。在现实领域内，其表现为欧美国家在20世纪50年代开展的重返社会（rehabilitation）和再社会化（resocialization）思潮，而这主要源于对第二次世界大战的深刻反思，以此为基础充分认识到尊重和保障人权的重要意义，同时将民主价值和人道主义精神提升至新的高度。当时，以马克·安塞尔（Mark Ancel）为代表的学者们提出，服刑人员享有再社会化权利，其非但不能被排斥在社会之外，反而需要被更好地融入社会生活中。在这种趋势下，很多国家开始探索再社会化的有效之道，为此提出很多切实可行的实施方案和解决办法，其旨在帮助服刑人员顺利重返社会，而这已经成为世界各国达成

---

〔1〕 池应华："论罪犯再社会化"，载《中国司法》2005年第11期。

〔2〕 ［美］克莱门斯·巴特勒斯：《矫正导论》，孙晓雳、吴培栋、张述元译，中国人民公安大学出版社1991年版，第130页。

的重要共识。

在中国社会中，关于刑罚执行的制度和实践已经有某种程度的进步和提升，其具体反映在各个不同方面。就价值理念而言，行刑制度的理性建构已经实现从政治安全向法治保障的有效转变，[1]同时将"修复性司法"的价值理念贯穿于行刑过程之中。就社会功能而言，现有的刑罚执行已经抛却之前坚持的报应主义和功利主义的基本立场，至少不再单纯强调国家惩戒或社会报复，而是明显有促进社会保育的发展之势。就制度设计而言，此前的国家安全和政治稳定完全凭靠对人身自由的限制和剥夺加以实现。相应地，针对监狱就会在整体隔离基础上着重加强管理和控制。尤其是人们对服刑人员的认识正在发生变化，关于刑罚执行已经从最初的监禁关系发展出包括秩序关系、处遇关系、人际关系和社会关系等在内的多种模式理论，以至于有的学者会主张将其纳入社会管理的讨论范畴，由此使得行刑的社会性特征更加突出。就实施方式而言，行刑场所逐渐从监狱扩展至社会环境当中，其表现为由全封闭空间到半封闭空间乃至开放性空间的逐步过渡，而且在不断追求更高的开放程度。在此过程中，对人们相互间关系的修复和改善日益注重结合整个社会环境具体进行。在这种情况下，现有的刑罚执行在价值理念、功能定位和制度设计上就需要作出相应调整，以便在保证刑罚目的实现的同时，更好地促成服刑人员再社会化权利的具体实现。

二、行刑社会化中的服刑人员再社会化权利及其实现

通常而言，传统的监狱行刑主要借助外在压力促使服刑人员实现改造。相比之下，社会化的行刑方式却能够充分调动服刑人员内在的动力和积极性，这样就可以由他律转变为自律。行刑社会化理论认为，刑罚目的并非报复和惩罚，而在于针对服刑人员的教育和改造，尽可能淡化乃至消除其犯罪标签，帮助其实现人格完善和社会关系修复，从而促使其尽快适应正常的社会生活。

追根溯源，作为概念的"社会化"一词最早源于社会学领域，由

---

〔1〕　参见强世功：《惩罚与法治：当代法治的兴起（1976—1981）》，法律出版社2009年版，第16页。

此发展而来的行刑社会化体现的则是刑罚效益思想，指的是在刑法执行过程中，通过强化服刑人员与外界社会之间的联系，促使其形成健全的人格和信念，以便顺利回归社会。对此，甚至有学者直接指出，"社会复归的本质涵义是犯罪人的再社会化"。[1]退而言之，即便需要采取监禁措施，也应当保证服刑人员获得来自社会的教育和改造。可以说，社会化的行刑改革趋势既能克服传统刑罚观念的缺陷和不足，又能产生积极的经济和社会效益，因此符合人权发展的基本理念。关于行刑社会化的主要内容，在此不妨通过对照监狱行刑的封闭性与刑法执行的社会性，以此展开分析和阐释。

（一）监狱行刑的封闭性及其弊端

监狱与社会自始就是脱节的，其会本能地将社会力量排除在外。因此，各类社会团体和民间组织很难在就业、医疗、劳动和教育等方面为服刑人员提供有效帮助或发挥积极作用。不仅如此，从社会交往和心理学的角度来讲，服刑人员在封闭环境中难以感受到心灵归属和身份认同。尽管行刑的目的在于惩罚犯罪，但其同时还要兼顾人性，否则会使服刑人员的情感和认知更加扭曲，而"狱外关怀"在这时就会显得异常重要。此外，考虑到中国传统社会不仅强调国家和社会的重要性，更具有"德主刑辅"和"礼法合一"的显著特征，所以服刑人员的社会化非但不可能游离于国家和社会之外，而且必须充分意识到道德伦理的教化和感召会对其产生潜在而深刻的影响。可以说，相比于疾风暴雨式的刑罚执行，道德伦理的影响始终都是潜移默化的。有鉴于此，从监狱的封闭性逐渐适度地走向开放就显得尤为重要。这样，监狱通过借助社会力量就不至于同现实生活相脱节，同时还能够减少相应的刑罚成本。

（二）刑罚执行的社会性及其重要性

实际上，刑罚执行不单存在于法律领域内，而且同样是个重要的社会问题，其不仅需要体现刑事法教义学的科学性，同时还必须反映刑事政策的民主性和适应性，而这有赖于国家和社会的公共理性从中发挥积

---

[1] 刘军："该当与危险：新型刑罚目的对量刑的影响"，载《中国法学》2014年第2期。

极作用，也即根据现有情况不断调整刑罚执行的目标和旨趣。当然，刑罚执行的法定性是其社会性不可逾越的"李斯特鸿沟"[1]，但行刑效果的圆满程度必然离不开对社会性的关注和强调，或者至少要有社会力量提供支持。就此而言，视法律作为惩戒的强制性标准只是其中一面，而行刑本身的社会化也是不可或缺的。不难发现，中国传统文化既倡导家国情怀，又强调和谐价值。在这种情况下，中国社会"因无宗教化法律，早即重视'人情'，因有自然法灵魂，早即重视'天理'，国人今日仍以天理人情国法并称"。[2]从这种意义上说，如何在行刑过程中协调和利用各种社会力量就理所当然地成为人们需要审慎思考的重要问题。毕竟，这关系到管控犯罪的实际效果，以及对社会关系的有效修复。

（三）建立开放式的处遇制度

为尽可能减少监狱生活与外界社会之间的差异，大多数学者会提出建立开放式的处遇制度，也即取消手铐、栅栏和围墙等警戒设施，其旨在保证狱内行刑环境与日常社会生活是近乎一致的，以避免对服刑人员的自由造成任何限制。然而，这种限制的取消仅是形式意义上的，而行刑社会化所要取得的理想效果是实质性。起初，这种开放式的处遇制度最早在1891年由瑞士的开勒海尔（M. Kellerhals）提出，他认为传统的封闭式行刑方式会侵犯服刑人员的自由意志和人格尊严，这种行刑改革举措符合刑罚执行的人道主义趋势，其在实施后逐渐被其他国家学习和效仿。但是，这种开放式的处遇制度会导致很多问题，包括降低犯罪的成本和代价、有损刑罚的功能和作用以及对社会的稳定和安全再次构成威胁等。有鉴于此，有的国家和地区主张在开放式与封闭式的处遇制度之间，采取某些中间形态的行刑方式，比如美国的"周末监禁"、法国的"半自由刑"和"暂停刑罚执行"等。就中国目前情况而言，建立完全开放的处遇制度仍是不切实际的，尤其是考虑到中国传统的刑罚理

---

〔1〕　在此，需要说明的是，"李斯特鸿沟"指向的是区分刑事政策与刑法体系的基本主张，对此，克劳斯·罗克辛持有批判的态度和立场，他主要考虑到这种做法可能会将刑事政策与刑法体系之间的联系割裂开来。参见［德］克劳斯·罗克辛："刑事政策与刑法体系"，蔡桂生译，载陈兴良主编：《刑事法评论·第26卷（2010）》，北京大学出版社2010年版，第247页。

〔2〕　陈顾远：《中国法制史概要》，商务印书馆2011年版，第49页。

念和行刑模式，则更是如此。尽管如此，不妨尝试在国内实行半开放或准开放的处遇制度，也即在监狱和社会之间形成某种可以接触和联络的沟通交流机制，同时在此过程中为逐步趋向开放的处遇制度做好准备。

具体而言，对此主要可以从以下几个方面着手实施：其一，对于服刑人员会见对象的范围、次数、时间和条件可以适当放宽，以便切实考虑到服刑人员及其亲属和朋友的现实需求。其二，与外界接触联络的方式和渠道可以适当多元化，不要再拘泥于通常的会见和书信等形式，而要充分利用各种通信设备、新闻媒体和网络资源。在不涉及犯罪的情况下，对于相关信息的审查不必过于严苛。其三，对离监探亲制度需要作出系统而明确的规定。尽管，公安部已经在 2013 年 10 月 23 日发布《看守所留所执行刑罚罪犯管理办法》，但其规定的离所探亲仅适用于判处有期徒刑的罪犯，而不包括被判处死刑和无期徒刑的罪犯。实际上，离监探亲除需要满足较为严格的前提条件以外，其在时间方面的限制同样比较苛刻，由此导致现有服刑人员离监探亲的情况仅为少数个例，其仍是作为某种特殊奖励加以规定的。但从理论上讲，对服刑人员基本权利的保障应当普遍化和制度化。很显然，对此还需要做出更多的努力和尝试。其四，合理引导社会力量介入刑罚执行，同时对其进行巡查和监督。尽管离监探亲有其积极意义和重要作用，但考虑到在大多数时间内，服刑人员不可能走出封闭的监狱环境。在这种情况下，社会力量主动介入监狱的行刑和管理工作就更为方便和可行。可以说，监狱非但不能作为禁区之地同社会相隔离，反而应当以恰当的方式定期向社会开放，以保证其运行状况能够做到公开和透明，这样就能保障服刑人员的基本权利不受侵犯。在此，英国和我国香港特别行政区提供有很好的借鉴模式：由普通民众组成独立的监督委员会，以此行使重要的监督职责。[1] 当然，中国可以采取更为灵活的处理办法和实施方案，以便多方

---

〔1〕 该监督委员会行使和承担的主要职责包括对监狱的刑罚执行和管理情况进行定期检查、询问服刑人员的意见和诉求、参与调查处理发生在监狱内的违法犯罪事件以及依法向司法部监狱管理局汇报检查和监督的有关情况等。

面调动和吸收包括民间机构和社会组织等在内的各种力量。[1]毕竟，对服刑人员的矫治和改造是社会整体的责任和义务，而不能仅仅由国家来承担。

（四）行刑社会化的误区及其纠正

有学者认为，当前的行刑发展需要注重发展和利用社会力量，其中包括购买警务用于监狱行刑以及在社区矫正中开发警务。但需要注意的是，行刑社会化并非是指在刑罚执行过程中简单地引入社会力量，而意在帮助服刑人员获得回归社会的基本技能，同时为其提供适宜的环境支持，通过改善刑罚执行的内容和方式保证其更好地适应社会生活。就此而言，行刑社会化并非体现在刑罚执行的过程和手段上，而是要指向最终取得的积极成效。从这种意义上说，不管是购买警务用于监狱行刑，还是在社区矫正中开发警务，这些提升行刑效果的做法都是难以切中问题要害的。尽管如此，这仍是有其积极意义的，其主要体现在传统意义上的行刑权力为国家所独享，但现在提出的行刑社会化却会在某种程度上对其有所突破。实际上，这种引导社会力量介入刑罚执行的做法有其自身的理论依据。

从宏观上讲，行刑社会化符合民主政治文明发展的总体趋势。随着社会不断发展，代议制民主逐渐暴露出自身问题，其中就包括民主活力显著消退。对此，西方国家在20世纪后半叶以倡导人权发展和权利保障为契机，尝试提出参与民主、协商民主和审议民主等理论模式，由此导致国家治理模式发生重大变革，特别是强调将通过对话交往促成公众参与作为基本价值诉求。[2]很显然，这能够为刑罚执行的社会化提供坚实的理论依据和政治保证。

再者，为提升政府的服务质量和工作效率，西方国家从20世纪60年代末开始推行政府改革。在此过程中，某些管理权被授予社会组织行

---

〔1〕　具体而言，现有的新闻媒体、研究机构、宗教团体、医疗单位、教育机构、心理咨询辅导机构、社会志愿者组织以及保障青少年和妇女权益的相关机构，这些都是可以充分吸收和积极调动的重要社会力量。

〔2〕　参见［德］哈贝马斯：《在事实与规范之间：关于法律和民主法治国的商谈理论》，童世骏译，生活·读书·新知三联书店2003年版，第645～651页。

使，其中就包括部分行刑权，从而旨在减少行刑成本，提高社会治理效率。可以说，这不仅符合"最小国家理论"，而且能够使其相关部门体现"企业家精神"，而这些均构成行刑社会化的理论依据。

另外，行刑社会化是推行法治理论的必然要求。究其原因，法治理论的基本内容包括"良法"和"善治"两个主要方面。其中，善治意味着社会组织和政府在国家治理中享有平等的主体地位，尤其是这两者必须充分发挥各自的长处和优势，同时还要合理协调彼此间的发展关系，从而否定将相关的部门机构作为行使行刑权的唯一主体。

三、社区矫正：再社会化权利实现的主要途径

谈到行刑社会化，就必然绕不开社区矫正。从监狱行刑到社区矫正，其体现的是刑罚执行的不断优化和有效提升，这在理论和实践层面均符合善治的基本要求，尤其是在目前监狱受制于警力配备和硬件设施的现实情况下，则更是如此。如果说监狱行刑的依据是制度理论，那么社区矫正更多是在依靠具体经验加以实施，而事实证明后者能够取得更为积极的矫治效果。之所以如此，是因为犯罪事实和服刑人员的社会关系自始就带有很强的地域性，但制度理论却会带有明显的普适性特征。相比之下，依据社会经验的刑罚执行不仅具有针对性和实效性，而且更为直接和便捷。正因为如此，较之于传统的刑罚执行而言，包括社区矫正等在内的社会化的行刑方式就可以充分考虑到服刑人员在个案中的特殊性，同时能够及时关注和回应服刑人员作为个体所表达的强烈诉求。

从某种意义上说，服刑人员是社会教育失败的产物，为此需要暂时将其同社会隔离开来，但这并不是最终目的，而是要帮助其顺利回归社会。正因为如此，服刑人员自其被监禁开始起就需要为此后的再社会化奠定良好基础。就国内目前情况而言，监禁刑的迅速发展始终为人们所共睹，但非监禁刑的运行效率却较为低下。即便如此，但在各种社会化的行刑方式中，作为非监禁措施的社区矫正发展是最为迅速的。可以说，现有的行刑制度面对的是如何在"社会性"与"封闭性"之间抉择的关键性问题，而社区矫正能够为其提供很有价值的改革思路。尤其是考虑到传统的报应性司法理念存在诸多缺陷和不足，恢复性司法理念

逐渐被提出作为社区矫正制度的理论根基，其"所追求的并不仅仅是财产上的回复，更在于藉由犯罪者与被害人、社区关系的修复，进而发展彼此间未来的关系"，[1]由此反映出从"有害正义"向"无害正义"的实质转变。可以说，社区矫正是倡导恢复性司法的必然结果，其能够体现该理念的精神核心与价值意蕴。

在当前由政治国家和市民社会组成的二元格局下，以"国家本位"为基础的犯罪控制逐渐暴露出严重问题。对此，有学者指出既有的刑罚运行模式必须作出相应调整，也即将部分刑罚权从国家归还给社会，由此形成国家——社会的双本位格局，以此促成两种力量间的协调与配合。[2]换言之，如果要使服刑人员更好地回归社会，就必须让社会力量在监狱行刑过程中充分发挥作用。正如克莱门斯·巴特勒斯（Clemens Bartollas）所指出的，"矫正的任务包括在罪犯与社会之间建立一种密切关系，使其恢复与社会、家庭的联系"。[3]虽然，作为非监禁刑的社区矫正仍具有某种程度的惩罚性，但其通过采取开放式的处遇制度，却能够在服刑人员与社区之间建立联系，进而培养其逐渐形成符合社会规范的行为模式和生活样态。可以说，推行社区矫正符合行刑社会化的必然要求。

从字面上理解，社区矫正就是在社区中执行刑罚。更准确地说，所谓社区矫正，是指在不将服刑人员与社会分离的情况下，利用社区资源对其进行教育和矫治。通常而言，社区矫正的概念有广义和狭义之分。广义的社区矫正是指在违法者和犯罪者在社区环境中所进行的矫正，而狭义的社区矫正仅是指犯罪者在社区环境中所进行的矫正。在此，需要说明的是，本文所论及的社区矫正主要是指狭义的社区矫正。在大多数西方国家中，社区矫正对服刑人员的适用率已经超过70%，其中具体

---

〔1〕 周长军、高建明："恢复性司法理论对中国刑诉改革的可能意义"，载《山东大学学报（哲学社会科学版）》2008 年第 2 期。

〔2〕 参见储槐植：《刑事一体化和关系刑法论》，北京大学出版社 1997 年版，第 409～410 页。

〔3〕 ［美］克莱门斯·巴特勒斯：《矫正导论》，孙晓雳、吴培栋、张述元译，中国人民公安大学出版社 1991 年版，第 235 页。

包括假释、缓刑、社区服务和暂时释放等实施方式。如果按照广义的非监禁行刑方式进行统计，那么社区矫正的适用就会变得更为普遍和广泛。之所以如此，主要是因为社区矫正不仅可以节约司法成本，淡化"监禁人格"，而且能够保障服刑人员的各项基本权利。更为重要的是，社区矫正不是权力的"恩赐"，而是作为权利所包含的应有之义。

较之于西方社会而言，社区矫正在中国社会中的发展起步较晚，其在中国社会中的发展历程大致经历的是如下阶段：2003年7月10日，最高人民法院、最高人民检察院、公安部和司法部联合颁布《关于开展社区矫正试点工作的通知》，其中明确规定："社区矫正是与监禁矫正相对的行刑方式，是指将符合社区矫正条件的罪犯置于社区内，由专门的国家机关在相关社会团体和民间组织以及社会志愿者的协助下，在判决、裁定或决定确定的期限内，矫正其犯罪心理和行为恶习，并促进其顺利回归社会的非监禁刑罚执行活动。"就目前情况而言，社区矫正的适用范围仅限于被判处管制、被宣告缓刑、被暂予监外执行、被裁定假释的五类罪犯。有学者将社区矫正的主要特征概括为刑事惩罚性、行刑非监禁性和社区参与性三个方面。[1]

起初，社区矫正仅在北京、天津、上海、江苏、浙江和山东六个省（市）进行试点。2005年1月20日，河北、内蒙古、黑龙江、安徽、湖北、湖南、广东、广西、海南、四川、贵州、重庆这十二个省（区、市）又被列为第二批试点地区。2010年，司法部成立社区矫正管理局。2011年2月25日，《中华人民共和国刑法修正案（八）》（以下简称《刑法修正案（八）》）正式颁布，其中有关于被判处管制、缓刑、假释的犯罪分子实行社区矫正的明确规定。这不仅对行刑社会化具有标志性意义，而且是对前期试点工作的充分肯定。随后，最高人民法院、最高人民检察院、公安部和司法部于2012年1月10日联合印发《社区矫正实施办法》。2019年12月28日，《中华人民共和国社区矫正法》经十三届全国人大常委会第十五次会议表决通过，于2020年7月1日正式

---

[1] 参见马嫦云："新社会防卫思想在中国行刑社会化制度中的运用：以社区矫正为视角"，载《理论界》2011年第10期。

实施。自此以后，社区矫正在国内的全面实施有了更为系统而明确的法律依据。

然而，历史经验充分表明，"倘使社区矫正方案为刑事司法人员所不当或过度适用，那么基本的司法正义即可能被危及而无从实现。实际上，如何在惩罚与罪行之间寻找一个平衡点是相当重要的"。[1] 20 世纪六七十年代，美国社会就曾经因为过度推行社区矫正而遭受其滥用之殇。由于当时的很多危险分子和重刑罪犯在社区中完成行刑过程，从而导致社区矫正赖以存在的社会基础荡然无存，甚至使该制度险些面临夭折。有鉴于这次深刻教训，特别是考虑到假释和监外执行本身在国内就经常为人所诟病，所以就必须从理论和制度的源头将该问题理顺。

客观地讲，就中国目前情况而言，关于社区矫正的程序性规定有待继续细化完善，以免在实施过程中缺乏具体的操作依据，甚或使该项制度异化为滋生司法腐败的诱因和温床。当前国内社区矫正仍存在很多问题，包括社会意识薄弱、法律制度不健全、适用范围过于局限、负责执行和管理的主体机构有限等。之所以如此，在某种程度上是因为现有社区矫正得到的法律支持和组织保障仍不够充分。毫无疑问，当前需要不断健全完善关于社区矫正的法律制度，就社区矫正的执行主体、实施方式、运行程序和权利内容等作出更加细化的明确规定，在此基础上逐步推动社区矫正法的贯彻实施。

在此，需要指出的是，现有社区矫正的实施方式过于单一，其采取的手段和方法不仅要符合中国实际情况，而且要做到灵活多样。例如，美国的社区矫正就有包括劳动、教育和事前训练等各种不同的实施方式。此外，就社区矫正的执行主体而言，其主要会涉及公安机关、司法行政机关和基层组织等部门和单位。但是，现行模式主要是"司法牵头、公安配合"，由于不同主体之间分工不明确，因此难以取得理想效果。对此，可以尝试将司法行政机关作为社区矫正的管理和执行机关，这不仅是因为很多西方国家都会采取这种做法，而且业已取得理想效

---

〔1〕　林茂荣、杨士隆：《监狱学——犯罪矫正原理与实务》，五南图书出版公司 1993 年版，第 231 页。

果，更是考虑到司法机关的人力资源相对充足，其作为监狱行刑的管理和执行机关具有丰富经验。另外，目前各级政府均有社区矫正工作领导小组，负责领导各个街道的司法所开展具体工作。其中，从事社区矫正的工作人员主要由三部分组成，分别是专业社区矫正工作者、专职社会工作者和社区矫正志愿者。[1]在此，不仅要明确这些工作人员各自的职能和责任，而且要定期对其进行培训和考核，以确保其相互间能够做到协调配合。

不仅如此，社区矫正的适用范围还需进一步扩大。2020 年刚开始实施的《中华人民共和国社区矫正法》将社区矫正的对象界定为被判处管制、宣告缓刑、假释和暂予监外执行的罪犯，这对社区矫正适用范围的规定仍均过于局限。实际上，所有初犯、偶犯、轻刑犯、经济类犯罪、过失犯罪以及包括老、弱、病、残、孕和未成年人在内的特殊群体犯罪案件均应当被纳入社区矫正的范围之内。毕竟，这些案件的主观恶性和危害程度通常较小，实行社区矫正有助于使其更好地实现再社会化。当然，关于社区矫正还要建立起监督、考察和评价的配套制度。毕竟，针对服刑人员的社区矫正都是个体化的，其分别有各自不同的矫正方案。相应地，对各个矫正对象就需要根据其具体情况，以恰当的方式适时地进行监督和考察，以便准确而客观地作出评价。毫无疑问，这项工作是细致而琐碎的，但却具有重要的现实意义。

另外，需要特别指出的是，目前假释的适用程序会影响到社区矫正的有效实施。之所以如此，是因为假释的适用通常是由执行机关向中级以上人民法院提交建议书，由人民法院组成合议庭进行书面审理，以便裁定是否予以假释。很显然，假释程序本身带有鲜明的"行政化色彩"，是否假释取决于国家权力机关的单方面决定，而服刑人员根本没有机会参与其中。至少，服刑人员要有资格提出假释申请，而其所在的

---

〔1〕　具体而言，专业社区矫正工作者包括公安民警、司法所工作人员及其他有关部门成员，专职社会工作者是指通过公开招聘入职从事社区矫正的社会工作者，而社区矫正志愿者则是由致力于参与社区矫正的专家学者、人民教师、高校学生、社会团体、离退休人员、服刑人员的近亲属和原单位职工以及其他服务人员所组成的。

执行机关则负责提交假释建议书及其相关证明材料。此外，在人民法院认为有必要时，不能仅进行书面审理，而必须当面听取服刑人员的意见和诉求，甚至还要配有相应的听证和公示制度。

不难发现，人们在谈及行刑社会化时总会本能地联想到社区矫正。但实际上，刑罚执行的社会化不仅包括社区矫正，提高监狱行刑的社会化程度同样是行刑社会化的重要方式。甚至可以说，就目前国内情况而言，较之于社区矫正，引导公众和社会组织合理参与监狱行刑更为重要和关键，其旨在对个案中的服刑人员进行专业化和系统化的矫治，进而为其恢复和重建正常的社会关系。有鉴于此，公众和社会组织在刑罚执行中的功能和作用就必须得到进一步加强。尤其是在制度层面，社会力量参与刑罚执行需要逐渐实现法治化和规范化。其中，为鼓励相关社会组织得到长足的进步和发展，就必须对其设立条件、登记程序和扶持政策作出明确规定，同时还要通过法律规定社会组织的权利和义务，以及其所处的基本地位。

四、犯罪记录的管理与控制：再社会化权利实现的重要保障

从理论上讲，犯罪记录是指"国家专门机关对犯罪人员情况的客观记载"，[1]其包含的是"行为人的犯罪事实及其承担的相应的法律后果"。[2]关于犯罪记录的保存和管理必须充分考虑到如何对其进行合理使用，以及是否可能对个人权利造成侵犯。尤其是随着大数据时代的到来和网络信息技术的发展，这种顾虑和担忧就表现得尤为明显。为保证服刑人员更好地实现再社会化权利，就需要科学合理地构建对犯罪记录进行管理与控制的相关制度，尽可能同时兼顾到公共利益和服刑人员自身的权益诉求，从而促使其逐渐趋于专业化和规范化。不可否认，国内目前关于封存和消除犯罪记录的规定存在手段与目的相背离、初衷与效果不一致的问题。就目前情况而言，《刑事诉讼法》

---

〔1〕　娄超："未成年人犯罪记录封存的制度分析与配套设计"，载《预防青少年犯罪研究》2012年第12期。

〔2〕　于志刚："'犯罪记录'和'前科'混淆性认识的批判性思考"，载《法学研究》2010年第3期。

仅对未成年人规定有犯罪记录封存制度。更何况，该制度并不具有较高的现实可操作性，以致各地法院均期待能够出台具体的实施细则。在这种情况下，试图以犯罪记录制度为服刑人员的再社会化权利提供保障的愿望必然会落空。其实，各地法院并不缺少这方面的经验积累和实践总结，而关键在于始终没有将其细致化和体系化。总体而言，关于如何完善犯罪记录制度的实体内容和程序规定，这里主要从以下四个方面展开论述：

（一）犯罪记录的内容范围及其起止时间

关于管理和控制犯罪记录会涉及很多问题，主要包括其所涉及的内容范围（有鉴于包括免除处罚、不负刑事责任和受到治安管理处罚在内的非犯罪记录也会造成负面影响，对此是否同样可以封存和消除）及起止时间。就犯罪记录的内容范围而言，各地司法机关的做法存在明显差异。其中，广州市仅将刑事诉讼档案作为犯罪记录。与其不同，江苏省则将从开始侦查到行刑结束涉及的所有案件材料均纳入犯罪记录的范围之中。[1]事实上，考虑到非犯罪记录同样可能对服刑人员造成负面影响，其在这方面甚至会不亚于犯罪记录，所以对犯罪记录的范围理应作出适当的扩大解释，以便保证全部案件材料均能够被涵盖其中。就犯罪记录的起止时间而言，为更好地保障服刑人员实现再社会化权利，这里不妨在其行刑过程完成后规定相应的犯罪记录查询期间，以保证有关部门能够准确查询到其犯罪的内容信息。在此之后，则拒绝任何单位或个人查询该犯罪记录。就目前情况而言，各地司法机关通常会将从侦查开始到行刑结束作为其起止时间。但需要指出的是，这种时间跨度仍不能包含犯罪记录的全部内容。2013年10月23日，公安部发布《看守所留所执行刑罚罪犯管理办法》。该办法第2条明确规定，被判处有期徒刑且在被交付执行前的剩余刑期在3个月以下以及被判处拘役的罪犯，由看守所执行刑罚。这意味着看守所能够行使刑罚执行机关的职能，而

---

〔1〕 例如，《江苏省未成年人犯罪记录封存工作实施意见》第1条第3款明确规定："本意见所称的'犯罪记录'，包括涉及未成年被告人自侦查开始至刑罚执行完毕时记载其犯罪情况的全部案卷材料，包括电子档案。"

且有关犯罪记录由其管理和控制。不仅如此，在行刑结束后，服刑人员还会受到安置和帮教。就此而言，对犯罪记录的管理和控制不仅要涵盖刑事诉讼的整个过程，甚至还要根据情况适当延伸。其中不仅要有看守所羁押和行刑的相关记录，还要有行刑结束后社区矫正和帮教情况的相关记录。

（二）管理和控制犯罪记录的职能机关

就国内目前情况而言，由司法行政机关作为管理和控制犯罪记录的职能机关是最为合适的，其所具有的职能属性能够保证有效协调公安机关、检察机关和审判机关之间的明确分工和密切配合。更具体地讲，世界范围内包括德国、瑞典、荷兰、加拿大和澳大利亚等在内的国家和地区均是由国家层面的司法行政机关行使该项权力的。与其不同，美国是由各州的司法部管理和控制犯罪记录。尽管如此，但美国作为联邦制国家，其本身就按照各州的司法辖区行使刑事审判权。所以，在很大程度上，这种管理和控制犯罪记录的做法实际等同于从国家层面的具体实施。在中国社会中，在国家层面管理和控制犯罪记录能够体现权威性和规范性，而且便于将服刑人员在不同行政区域内的犯罪记录统一登记。与此同时，公安机关、司法机关和检察机关则应当积极为司法行政部门提供犯罪记录，将相关案卷材料交其妥善保存。

（三）犯罪记录封存的相关主体及其程序设计

客观地讲，国内现有法律对犯罪记录封存的规定并不明确，仅通过"应当封存"的表述强制赋予执行机关以法定义务，到底是"依职权封存"还是"依申请封存"始终存在反复争议。[1]不管是未成年人犯罪案件，还是其他的犯罪案件，其数量均较为庞杂，仅由依职权封存必将难以作出有效应对和确切实施，在此之外还需要采取当事人申请和司法机关审核相结合的方式。另外，考虑到制度规则的周密性和现实情况的

---

〔1〕　例如，关于未成年人轻罪记录消灭制度的模式选择，多数司法机关主张仅采取申请消灭模式，但有的司法人员认为自然消灭和申请消灭两种模式应当并存，还有的学者分别提出自动消灭和裁定消灭这两种不同方式。参见王邕："未成年人轻罪记录消灭制度理论与实践研讨会会议综述"，载《青少年犯罪问题》2009 年第 5 期。

多样性，再就是当事人或执行机关可能会对犯罪记录封存持有异议，所以有必要赋予监察机关相应的监督权，以便其提出封存建议，这样就可以为当事人及其他利害关系人提供救济途径，从而避免因封存错误而带来不利后果。

就封存和消除犯罪记录的实施主体而言，考虑到犯罪记录存在于从侦查起诉到行刑结束的不同阶段，所以封存和消除犯罪记录的实施主体就要全面涵盖包括公安机关、司法机关、检察机关和行政机关等在内的不同部门，甚至相应的羁押和帮教机构也应当被包括在内。就封存和消除犯罪记录的现实效果而言，国内现有关于犯罪记录的规定仅是针对未成年人的封存，而没有扩展到所有的服刑人员，更不包括消除犯罪记录的相关内容。毕竟，封存后还有解封的可能性，其有别于彻底消除犯罪记录。正因为如此，不管是在制度设计，还是在实践操作中，服刑人员的犯罪记录被封存后，都不能为其提供无犯罪记录证明。比较而言，如果说消除犯罪记录对服刑人员的保护是绝对的，那么封存对再社会化的促进作用就只是相对和适度的。另外，关于被封存的犯罪记录能否影响量刑，现有的法律规定并没有作出明确规定，而在实践过程中同样缺少经验可资借鉴。实际上，对于未成年人而言，现有法律规定其既不构成累犯，也没有前科报告义务，其目的就在于帮助未成年人顺利回归正常的社会生活。有鉴于此，当未成年人再犯罪时，就没有必要将其被封存的犯罪记录作为加重处罚的量刑依据。对此，《最高人民法院关于常见犯罪的量刑指导意见》关于"常见量刑情节的适用"的规定中第12条明确规定："对于有前科的，综合考虑前科的性质、时间间隔长短、次数、处罚轻重等情况，可以增加基准刑的10%以下。前科犯罪为过失犯罪和未成年人犯罪的除外。"但是，由于针对成年人并没有类似规定，而且成年人再次犯罪本身不仅意味着其不再符合封存犯罪记录的基本条件，反而能够说明其人身危险性程度较高，理应加重处罚，以此同未成年人犯罪相区分。

此外，在论述对犯罪记录的封存和消除时，有学者主张对规范性评价和非规范性评价加以区分，从而按照双轨制构建犯罪记录制度。[1]实际上，封存和消除犯罪记录仅能够使规范性评价缺少相应对象，但却不会对非规范性评价产生任何影响。毕竟，规范性评价指向的是"前科"，而非规范性评价指向的是"标签"，而这种标签包含的歧视极有可能导致服刑人员再次犯罪。[2]为避免社会公众对犯罪记录作出非规范性评价，就需要对隐私权加以保护。试想，在犯罪记录查询期间结束后，如果社会公众和新闻媒体继续谈论或扩散该犯罪记录，无疑会使前科消灭的效果发生严重折损。从这种意义上说，仅关注对犯罪记录载体的封存和消除是远远不够的，知悉犯罪记录内容的主体同样应当负有保密义务，而对其可以通过程序加以约束和限制。实际上，服刑人员在这时对其犯罪记录享有隐私权，任何传播或披露的行为都会构成侵权。只要充分认识到这点，就能够彻底切断和杜绝非规范性评价的继续出现，从而有助于服刑人员再社会化权利的有效实现。

（四）犯罪记录查询的适格主体及限制条件

针对未成年人的犯罪记录封存，《刑事诉讼法》第 286 条第 2 款明确规定："犯罪记录被封存的，不得向任何单位和个人提供，但司法机关为办案需要或者有关单位根据国家规定进行查询的除外。依法进行查询的单位，应当对被封存的犯罪记录的情况予以保密。"但是，就犯罪记录的查询主体而言，仅规定司法行政机关具备相应资格是远远不够的。实际上，当事人（包括自然人和法人）同样可以作为犯罪记录的查询主体。有所不同的是，当事人只能对自己的犯罪记录进行查询，但司法机关却不受此限。如果其他自然人或法人想要查询犯罪记录，那么就要向司法行政机关提出申请，具体由相应的司法机关代为查询。当然，即使是当事人查询自己的犯罪记录，也需要向司法行政机关提供身份证明，同时从该司法行政机关处取得查询结果。

尽管较之于当事人对犯罪记录的查询而言，司法机关在这方面享有

---

[1] 参见于志刚："中国犯罪记录制度的构建与司法资源的体系化整合——以最高人民检察院'行贿犯罪档案查询制度'为视角的展开"，载《江汉论坛》2016 年第 3 期。

[2] See Donald Black, *The Behavior of Law*, Academic Press, Inc., 1976, p. 118.

更多的自由空间，但对其同样需要规定必要限度。很显然，现有法律规定旨在通过例外查询避免司法机关对犯罪记录的查询过于宽松和肆意，甚或导致服刑人员的犯罪记录出现泄漏。对此，有学者明确提出，这里所依据的国家规定只能是"全国人民代表大会及其常务委员会制定的法律和决定，国务院制定的行政法规、规定的行政措施、发布的决定和命令"。[1]从某种程度上说，这种观点具有极为重要的参考价值和借鉴意义。事实上，不管是当事人还是司法机关，对于这些查询主体而言，这些限制条件本身就有助于促使服刑人员实现再社会化，因为其能够防止犯罪记录被随意泄露，进而引导服刑人员顺利融入正常的社会生活。

毫无疑问，针对犯罪记录的封存和消除始终较为敏感。因此，针对不同主体提出的查询申请，就需要不断完善和规范审核程序，同时还要强化相应的保密义务。就其审核程序而言，通过概括各地区的不同做法，就会发现对封存和消除犯罪记录的申请进行审核主要涉及三个方面的具体内容：一是申请人的身份信息，二是申请内容及其法律依据，三是封存机关作出的内部决定是否允许查询。就其保密义务而言，作为查询主体的当事人和司法机关必须严格依照法律规定使用所获取的犯罪记录，在此之前还要签署承诺书，以保证不会向外界披露相关信息，此举同样能够促使服刑人员更好地实现再社会化。

五、被遗忘权作为服刑人员再社会化权利的重要内容

在大数据时代下，"遗忘已经变成了例外，而记忆却成了常态"。[2]但是，信息失控的危机随时都可能阻碍服刑人员实现再社会化，这并非单纯是基于维护信息安全的考虑，而是关涉对个人基本权利的保障。有鉴于此，很多国家都极为重视对公民信息和个人隐私的保护，而被遗忘权的提出就是出于这种考虑，其构成服刑人员再社会化权利的重要内容。在此，需要说明的是，在刑事领域内，享有被遗忘权的主体不仅有

---

〔1〕 孟斌："犯罪记录封存制度的可操作性完善——基于实践操作的体系性反思"，载《法律适用》2015年第5期。

〔2〕 [英]维克托·迈克－舍恩伯格：《删除：大数据取舍之道》，袁杰译，浙江人民出版社2013年版，第6页。

犯罪嫌疑人和被告人，还包括被害人、自诉人、附带民事诉讼的原告人和被告人以及其他诉讼参与人等，而本文所研究的权利主体仅限于服刑人员。虽然，行使被遗忘权的本质在于删除相关数据信息，但其最终目的却是引导和帮助服刑人员有效实现再社会化。换言之，大数据时代可能发生的数据失控风险为被遗忘权提供有相当大的存在空间，但被遗忘权制度的具体实施必将会触及其他的权益和诉求，为此必须对其作出科学而合理的限制，以便实现不同权利和制度间的良性互动和理性发展。

从世界范围内来看，"被遗忘权"最初源于法国法，其是指服刑人员在改造结束后要求自己的犯罪记录免于公开的权利。[1]总体而言，在刑事司法领域内确立被遗忘权不仅有其现实基础，而且是有据可依的，其中包括英国在 1974 年制定的《罪犯自新法（Rehabilitation of Offenders Act）》、我国香港特别行政区在 1986 年颁布的《罪犯自新条例》以及加拿大在 1996 年出台的《犯罪记录审查法》。另外，新西兰在 2004 年 5 月 11 日通过《犯罪记录（消除）法》，其对犯罪记录消除的适格条件作出具体规定。不仅如此，该法还对法院拒绝作出相应命令规定有救济途径。此外，《法国刑事诉讼法典》专门对封存或消除未成年人的犯罪记录作出有相关规定。可以说，这些规定均为被遗忘权在刑事司法领域内的适用奠定着坚实基础，其有利于服刑人员更好地实现再社会化。

虽然，被遗忘权产生于刑事司法领域之中，但其近些年在国内却很少受到关注，甚至可以说，该项权利在刑事司法领域有逐渐被忽视和淡忘之势，由此同其在民商事领域内受到热烈讨论的情况相成鲜明对比。尽管如此，封存和消除犯罪记录的做法仍是得到支持和肯定的，只是现有的制度规定尚且局限于对未成年人的权益保障，而且不同法律规范和司法解释之间的内容存在重复。就目前国内情况而言，关于被遗忘权既缺少相关法律规定，更没有对其权利类型作出具体探讨，因此仍有巨大的适用场域和发展空间。更何况，《刑事诉讼法》第 286 条、《最高人民法院关于适用〈中华人民共和国刑事诉讼法〉的解释》第 487 条和

---

〔1〕 See Jeffrey Rosen，"*The Right to be Forgotten*，" Stanford Law Review，vol. 61，no. 13（February 2012），p. 88.

第 490 条以及《人民检察院刑事诉讼规则》第 482 条至第 487 条中存在针对未成年人犯罪记录封存的有关规定。从某种意义上说，这些均构成被遗忘权的原初样态。然而，现有这些制度规定偏重于强调司法机关在这方面的职责和义务，而没有真正将其作为服刑人员的权利来看待。尽管较之于被遗忘权而言，与关于封存和消除犯罪记录的制度规定仍相去甚远，但不妨暂且将其视为被遗忘权的原初形态，通过对其不断加以修正和完善就可以从中发展出理想的权利内容。由此可见，当前谈论对被遗忘权的深化尚且为时过早，而现在的首要任务则是推动该项权利尽快得以正式确立，其间需要分别对权利的主体范围、适用情形以及具体行使的程序和方式等内容作出规定。在此基础上，才能从单纯地封存犯罪记录逐渐发展至有条件地消除犯罪记录及其相关信息。

具体而言，犯罪记录所包含的数据信息是由服刑人员所产生的，其据此享有被遗忘权的主体地位。相应地，凡是作为权利主体的服刑人员向其提出请求以封存或消除犯罪记录的组织或个人，都可以构成被遗忘权的义务主体。从生理学意义上讲，遗忘原本仅是个人出于本能的主动行为，但被遗忘权的确立则标志着其业已变成某种社会性的被动行为，其旨在为信息失控提供某种救济途径，以便促使服刑人员更好地实现再社会化。在此，这种关于被遗忘权的表述必定会将该项权利归于请求权的范畴之中，从而使其表现出明显的相对性特征。由此可见，现有的被遗忘权并非绝对权。尽管如此，但要使服刑人员更好地实现其再社会化权利，则需要引导其逐渐向绝对性权利发生转变。

有鉴于此，对被遗忘权的行使不仅需要将主动实施的权责和职能赋予相应的权力机关，同时还需要采取申请和审查相结合的方式。毕竟，国内现有《刑事诉讼法》仅规定由义务机关对符合条件的犯罪记录予以主动封存，而没有赋予服刑人员以相应的申请权。在某种程度上，将申请权赋予服刑人员自然就会拓宽被遗忘权适用的案件范围，而不会导致该项制度仅针对的是未成年轻刑犯。当然，该申请最终能否得到批准仍由司法机关决定。可以说，这种做法能够促使犯罪记录封存从被动的制度实施转化为主动的权利行使。然而，仅仅满足于犯罪记录封存是远远不够的，在此基础上还要逐渐实现向犯罪记录消除的拓展和突破。对此，《法国刑事诉讼法典》在立法层面已经提供有典型先例。[1]

在此，需要特别指出，封存与消除之间是存在重要差别的。这里所说的消除是指彻底删除，作为被遗忘权的终极实现形式，其意味着犯罪记录及相关数据信息永远不可能被重新找回，因此不仅应当得到更为严格而慎重的对待，而且必须被限定在较为狭窄的案件范围内。不仅如此，为保障服刑人员更好地实现再社会化，不能局限于封存或消除其犯罪记录。毕竟，新闻媒体的报道同样会对其回归社会后的日常生活造成负面影响。尤其是在那些依服刑人员申请封存或消除犯罪记录的案件中，司法机关批准之前的新闻媒体报道所产生的影响效果可能会持续相当长时间。对此，理应允许服刑人员凭借司法机关作出的裁决要求新闻媒体删除相关报道。总之，只有充分考虑到上述三个方面，才能保证现有的犯罪记录消除制度更好地转化为真正意义上的被遗忘权。

不可否认，在刑事司法领域内确立被遗忘权是正当而合理的。尽管如此，但这难免会在价值和利益层面产生矛盾与冲突，尤其是会同个人知情权的实现相背离。毕竟，知情权作为民主社会的根基，其要求义务主体公开有关信息。[2]更何况，在大数据时代下，信息数据的开放程度逐渐增加，但被遗忘权的行使却有悖于这种趋势，这非但不利于监督权力行使，甚或会阻碍社会的发展和进步。实际上，相对于通过互联网公布生效裁判文书等举措而言，被遗忘权构成对司法公开的反向调整，但若是矫枉过正，则会造成某种程度的负面影响。此外，被遗忘权本身还会对新闻自由产生限制作用，其具体表现在媒体报道的时间、内容和范围等不同方面。原本，新闻媒体通过案件报道能够发挥法制宣传和监督司法权运行的重要作用，但被遗忘权的行使却会使由此产生的积极效果

---

〔1〕《法国刑事诉讼法典》第770条明确规定："对未满18周岁的未成年人做出的裁判决定，在此种决定做出后3年期限届满，如该未成年人已经得到再教育，即使其已经达到成年年龄，少年法庭得应其本人的申请或检察机关申请或依职权，决定从犯罪记录中撤销与前项裁判相关的登记卡；少年法庭做出终审裁判，经宣告撤销登记卡时，有关原决定的记述不得保留在少年犯罪记录中；与此裁判相关的登记卡应予销毁。"

〔2〕参见郭道晖："知情权与信息公开制度"，载《江海学刊》2003年第1期。

大打折扣。不仅如此，被遗忘权的实现还会对犯罪控制造成严重冲击和艰巨挑战。在刑事司法领域内，被遗忘权的行使意味着某些犯罪记录将会被封存或消除，但这必定会导致其中包含的数据信息的不完整，亦或会加大相关信息的查询难度，从而不利于实施针对犯罪的打击和预防，更难以取得运用数据资料和信息技术来控制犯罪的良好效果。

在刑事司法领域内，"权利或法益向来是多元的，不同的权利或法益代表了不同的价值取向，这些权利或法益在特定的条件下可能会发生冲突甚至对立的情形"。[1]大致而言，关于被遗忘权的适用始终存在个人权利与公共利益之间的矛盾和冲突。其中，个人权利主要指向的是服刑人员的再社会化权利，而公共利益包括权力监督、新闻自由以及通过犯罪控制实现的自由和秩序等。这里需要说明的是，较之于其他权益和诉求而言，被遗忘权并非在任何情况下均具有优先性。对此，在平衡不同权利和利益的过程中，有学者主张采用比例原则，以此作为分析和评价权力行使正当性的理论架构。[2]类似地，罗伯特·阿列克西（Robert Alexy）在比例原则基础上提出冲突原则，他认为不同宪法权利之间的优先顺位是可以调整的，进而试图通过利益衡量解决不同宪法权利之间的矛盾和冲突。但是，冲突原则的理论架构却是不同于比例原则的，这主要是因为受其宪法权利理论影响。具体而言，阿列克西将关于宪法权利的规定视为各项具体原则，而不同原则之间是存在冲突的。对此，他指出各项原则在不同案件中的重要程度是会发生变化的。换言之，具体

---

〔1〕 郑曦："'被遗忘'的权利：刑事司法视野下被遗忘权的适用"，载《学习与探索》2016 年第 4 期。

〔2〕 在行政法领域内，比例原则被称为"最小侵害原则"，其指的是行政机关采取的具体行政行为或行政措施不能超出其目的所要求的界限和范围。在预备阶段主要是明确其具体目的，在此之后则分别按照合目的性原则、必要性原则和狭义的比例原则进行审查。不仅如此，比例原则在民法领域同样可以适用。参见吴庚：《行政法之理论与实用》，中国人民大学出版社 2005 年版，第 39~40 页；陈新民：《中国行政法学原理》，中国政法大学出版社 2002 年版，第 42~45 页；纪海龙："比例原则在私法中的普适性及其例证"，载《政法论坛》2016 年第 3 期；郑晓剑："比例原则在民法上的适用及展开"，载《中国法学》2016 年第 2 期；杨登杰："执中行权的宪法比例原则：兼与美国多元审查基准比较"，载《中外法学》2015 年第 2 期。

原则的优先性顺序会因案情不同而出现位移，而其间的法益衡量有赖于"优先条件"决定支持何种权利。[1]

在被遗忘权的行使过程中，仍需确立公共利益优先的基本原则。甚至可以说，在司法实践中，公共利益仍需被置于遗忘权之上，或是对其作出适当倾斜，以此作为维护自由和秩序的社会基石。尤其是在面对涉及公共利益的现实情况时，审查机关就需要及时驳回或否定权利主体的有关申请。另外，对被遗忘权的行使不能有碍于司法公正的具体实现。再者，为更好地促进实质平等，法律制度通常会对特殊群体予以特别保护。有鉴于此，对被遗忘权的行使就不能有损于这种特殊保护的范围和力度。尽管如此，但切记不可就此否定被遗忘权所具有的价值和意义。相反，只要为被遗忘权划定合理界限，就能够在服刑人员实现再社会化的同时，不致付出高昂的成本和代价。当然，其间会涉及不同价值之间的矛盾和冲突，任何选择都会导致其在相互竞争中此消彼长。因此，既不能对被遗忘权彻底加以否定，也不能过分吹捧这项权利以致损害到其他法益，而是如何在不同价值之间做出平衡。

另外，还需要指出的是，申请封存或消除犯罪记录理应作为一项重要权利被赋予服刑人员，从而在原初仅由政府实施的基础上，将服刑人权申请的方式纳入其中。但是，最终的批准决定权仍需要由司法机关所掌握。这样不仅可以拓宽封存或消除犯罪记录的案件范围，而且能够使服刑人员由被动状态变得更加主动。此外，考虑到网络社会中信息传播的速度和范围都有显著提升。因此，对服刑人员而言，由犯罪所造成的负面影响可能会成倍扩大。如果司法机关自始就已经封存或消除犯罪记录，那么新闻媒体必然无法进行相关报道。但是，如果是在服刑人员申请封存或消除犯罪记录的情况下，那么此前的报道仍可能会对其产生负面影响。有鉴于此，则需要赋予服刑人员相应的被遗忘权，以便要求新闻媒体彻底删除在此之前的相关报道，但这必须以获得司法机关批准决

---

〔1〕　参见林来梵、张卓明："论法律原则的司法适用——从规范性法学方法论角度的一个分析"，载《中国法学》2006 年第 2 期；钱福臣："解析阿列克西宪法权利适用的比例原则"，载《环球法律评论》2011 年第 4 期。

定封存或消除犯罪记录的有效证明为基本前提。

　　一项权利的确立和发展必须同当时的社会环境相适应，服刑人员的再社会化权利同样如此。可以说，任何缺乏理性价值和经验分析的权利建构都是靠不住的，而再社会化权利作为社会变革的重要产物，如何保证其实现规范化和法治化始终都是人们需要慎重思考的关键性问题。正如罗纳德·德沃金（Ronald Dworkin）所言，"如果政府不认真地对待权利，那么它也不能够认真地对待法律"。[1] 就此而言，法治本身就会成为该项权利实现的精神核心。然而，在刑事司法领域内，关于服刑人员的再社会化，国内现有法律规定仍缺乏系统性和完整性，其充其量只是某种政策性指导，而在实践层面并不具备可操作性。更何况，服刑人员的社会化本身需要各个部门的配合与联动。当然，不管是社区矫正和行刑社会化，还是封存或消除犯罪记录，抑或是被遗忘权，这些都必须在法治原则的框架下具体展开，而法治实践必须确保对人权的有效保障。也就是说，这些重要举措均必须在法治社会的土壤中进行培育和完善，以期通过司法行政工作的规范化和专业化，更好地促成和谐社会与公正秩序的有效实现。

---

　　[1] Ronald Dworkin, *Taking Rights Seriously*, Harvard University Press, 1977, p. 205.

参考文献

一、中文著作

1. 张新宝：《隐私权的法律保护》，群众出版社 1997 年版。

2. 邱联恭：《程序制度机能论》，三民书局 1996 年版。

3. 张剑秋：《刑事被害人权利问题研究》，中国人民公安大学出版社 2009 年版。

4. 张鸿巍：《刑事被害人保护的理念、议题与趋势——以广西为实证分析》，武汉大学出版社 2007 年版。

5. 郭建安主编：《犯罪被害人学》，北京大学出版社 1997 年版。

6. 赵国玲主编：《中国犯罪被害人研究综述》，中国检察出版社 2009 年版。

7. 陈瑞华：《刑事证据法的理论问题》，法律出版社 2015 年版。

8. 宋英辉、汤维建主编：《证据法学研究述评》，中国人民公安大学出版社 2006 年版。

9. 王达人、曾粤兴：《正义的诉求——美国辛普森案与中国杜培武案的比较》，北京大学出版社 2012 年版。

10. 焦冶、笪洪杉、凌萍萍：《中国看守所的源与流》，人民出版社 2013 年版。

11. 龙宗智等：《司法改革与中国刑事证据制度的完善》，中国民主法制出版社 2016 年版。

12. 门金玲主编：《刑事辩护操作指引》，法律出版社 2015 年版。

13. 陈瑞华：《刑事辩护制度的实证考察》，北京大学出版社 2005

年版。

14. 陈兴良主编：《刑事法评论·第 6 卷（2000）》，中国政法大学出版社 2000 年版。

15. 黄立、朱永平、王水明主编：《未成年人犯罪专题研究》，法律出版社 2014 年版。

16. 张利兆主编：《未成年人犯罪刑事政策研究》，中国检察出版社 2006 年版。

17. 孙长永主编：《刑事诉讼法学》，法律出版社 2013 年版。

18. 马柳颖：《未成年人犯罪刑事处遇制度研究》，知识产权出版社 2009 年版。

19. 陈瑞华：《比较刑事诉讼法》，中国人民大学出版社 2010 年版。

20. 左卫民、周长军：《刑事诉讼的理念》，北京大学出版社 2014 年版。

21. 邓子滨：《中国实质刑法观批判》，法律出版社 2009 年版。

22. 马特：《隐私权研究——以体系构建为中心》，中国人民大学出版社 2014 年版。

23. 朱胜群编著：《少年事件处理法新论》，三民书局 1976 年版。

24. 温小洁：《我国未成年人刑事案件诉讼程序研究》，中国人民公安大学出版社 2003 年版。

25. 陈瑞华主编：《未决羁押制度的实证研究》，北京大学出版社 2004 年版。

26. 于文豪：《基本权利》，江苏人民出版社 2016 年版。

27. 林来梵：《宪法学讲义》，法律出版社 2015 年版。

28. 白俊华：《看守所论——以刑事诉讼为视角》，中国政法大学出版社 2015 年版。

29. 孙皓：《看守所规范化研究》，中国人民大学出版社 2016 年版。

30. 程雷等：《看守所立法问题研究》，中国法制出版社 2014 年版。

31. 周勇：《少数人权利的法理——民族、宗教和语言上的少数人群体及其成员权利的国际司法保护》，社会科学文献出版社 2002 年版。

32. 夏勇：《人权概念起源——权利的历史哲学》，中国政法大学出版社 2001 年版。

33. 车文博：《西方心理学史》，浙江教育出版社 1998 年版。

二、中文译著

1. ［意］贝卡利亚：《论犯罪与刑罚》，黄风译，大百科全书出版社 1993 年版。

2. ［日］中村英郎：《新民事诉讼法讲义》，陈刚、林剑锋、郭美松译，法律出版社 2001 年版。

3. ［美］米尔伊安·R. 达玛什卡：《司法和国家权力的多种面孔——比较视野中的法律程序》，郑戈译，中国政法大学出版社 2004 年版。

4. ［英］A. J. M. 米尔恩：《人的权利与人的多样性——人权哲学》，夏勇、张志铭译，中国大百科全书出版社 1995 年版。

5. ［英］奈杰尔·S. 罗德雷：《非自由人的人身权利——国际法中的囚犯待遇》，毕小青、赵保庆等译，生活·读书·新知三联书店 2006 年版。

6. ［美］Robert D. Nye：《三种心理学——弗洛伊德、斯金纳、罗杰斯的心理学理论》，石林、袁坤译，中国轻工业出版社 2000 年版。

7. ［德］黑格尔：《法哲学原理》，范扬、张企泰译，商务印书馆 1961 年版。

8. ［德］汉斯·海因里希·耶塞克、托马斯·魏根特：《德国刑法教科书·总论》，徐久生译，中国法制出版社 2001 年版。

9. ［德］汉斯·约阿希姆·施奈德：《犯罪学》，吴鑫涛、马君玉译，中国人民公安大学出版社 1990 年版。

10. ［美］克莱门斯·巴特勒斯：《矫正导论》，孙晓雳、吴培栋、张述元译，中国人民公安大学出版社 1991 年版。

11. ［英］维克托·迈克-舍恩伯格：《删除：大数据取舍之道》，袁杰译，浙江人民出版社 2013 年版。

12. ［美］约书亚·德雷斯勒、艾伦·C. 迈克尔斯：《美国刑事诉讼法精解·第一卷·刑事侦查（第四版）》，吴宏耀译，北京大学出版社 2009 年版。

13. ［英］麦高伟、杰弗里·威尔逊主编：《英国刑事司法程序》，姚永吉等译，法律出版社 2003 年版。

三、期刊文章

1. 苏力："谨慎，但不是拒绝——对判决书全部上网的一个显然保守的分析"，载《法律适用》2010 年第 1 期。

2. 叶榅平："遵循先例原则与英国法官的审判思维和方法"，载《比较法研究》2015 年第 1 期。

3. 徐显明、齐延平："'权利'进入，抑或'权力'进入——对'现场直播进法庭'的学理评析"，载《现代法学》2001 年第 4 期。

4. 施鹏鹏："为职权主义辩护"，载《中国法学》2014 年第 2 期。

5. 左卫民："职权主义：一种谱系性的'知识考古'"，载《比较法研究》2009 年第 2 期。

6. 秦小建："政府信息公开的宪法逻辑"，载《中国法学》2016 年第 3 期。

7. 陈光中："加强司法人权保障的新篇章"，载《政法论坛》1996 年第 4 期。

8. 易延友："刑事诉讼人权保障的基本立场"，载《政法论坛》2015 年第 4 期。

9. 陈卫东："'佘祥林案'的程序法分析"，载《中外法学》2005 年第 5 期。

10. 左卫民："'热'与'冷'：非法证据排除规则适用的实证研究"，载《法商研究》2015 年第 3 期。

11. 陈永生："我国刑事误判问题透视——以 20 起震惊全国的刑事冤案为样本的分析"，载《中国法学》2007 年第 3 期。

12. 龙宗智："我国非法口供排除的'痛苦规则'及相关问题"，载《政法论坛》2013 年第 5 期。

13. 熊秋红："美国非法证据排除规则的实践及对我国的启示"，载

《政法论坛》2015 年第 3 期。

14. 汪海燕："论美国毒树之果原则——兼论对我国刑事证据立法的启示"，载《比较法研究》2002 年第 1 期。

15. 易延友："非法证据排除规则的中国范式——基于 1459 个刑事案例的分析"，载《中国社会科学》2016 年第 1 期。

16. 孙长永、王彪："刑事诉讼中的'审辩交易'现象研究"，载《现代法学》2013 年第 1 期。

17. 胡铭："英法德荷意技术侦查的程序性控制"，载《环球法律评论》2013 年第 4 期。

18. 孙煜华："何谓'严格的批准手续'——对我国《刑事诉讼法》技术侦查条款的合宪性解读"，载《环球法律评论》2013 年第 4 期。

19. 陈瑞华："非法证据排除程序再讨论"，载《法学研究》2014 年第 2 期。

20. 陈瑞华："辩护权制约裁判权的三种模式"，载《政法论坛》2014 年第 5 期。

21. 陈瑞华："审判之中的审判——程序性裁判之初步研究"，载《中外法学》2004 年第 3 期。

22. 左卫民、马静华："效果与悖论：中国刑事辩护作用机制实证研究——以 S 省 D 县为例"，载《政法论坛》2012 年第 2 期。

23. 罗书平："改革裁判文书的成功尝试——评云南高院对褚时健案的刑事判决书"，载《法学家》1999 年第 5 期。

24. 汪海燕："合理解释：辩护权条款虚化和异化的防线"，载《政法论坛》2012 年第 6 期。

25. 万毅："'曲意释法'现象批判——以刑事辩护制度为中心的分析"，载《政法论坛》2013 年第 2 期。

26. 陈瑞华："案卷笔录中心主义——对中国刑事审判方式的重新考察"，载《法学研究》2006 年第 4 期。

27. 陈瑞华："法律程序构建的基本逻辑"，载《中国法学》2012 年第 1 期。

28. 韩大元："完善人权司法保障制度"，载《法商研究》2014 年第 3 期。

29. 柯良栋："谈谈修改刑事诉讼法必须高度重视的几个问题"，载《法学家》2007 年第 4 期。

30. 何挺："'合适成年人'参与未成年人刑事诉讼程序实证研究"，载《中国法学》2012 年第 6 期。

31. 李忠诚："超期羁押的成因与对策"，载《政法论坛》2002 年第 1 期。

32. 周长军："公诉权滥用论"，载《法学家》2011 年第 3 期。

33. 李哲："刑事既判力相关范畴之比较"，载《比较法研究》2008 年第 3 期。

34. 李延舜："论未成年人隐私权"，载《法制与社会发展》2015 年第 6 期。

35. 徐显明："生存权论"，载《中国社会科学》1992 年第 5 期。

36. 苗连营："公民司法救济权的入宪问题之研究"，载《中国法学》2004 年第 5 期。

37. 屈耀伦："预防与报应：刑罚目的的二元结构"，载《法学评论》2006 年第 1 期。

38. 柳忠卫："罪犯特许权论——以罪犯与其配偶同居权为分析对象"，载《法商研究》2008 年第 4 期。

39. 刘军："该当与危险：新型刑罚目的对量刑的影响"，载《中国法学》2014 年第 2 期。

四、外文文献

1. Mireille Delmas-Marty, John R. Spencer (eds.), *European Criminal Procedures*, Cambridge University Press, 2002.

2. Herbert A. Bloch and Frank T. Flynn, *Delinquency：The Juvenile Offender in America Today*, Random House, 1956.

3. Thomas Green, *Lectures on the Principles of Political Obligation*, Longmans, 1941.

4. Ronald Dworkin, *Taking Rights Seriously*, Harvard University Press, 1977.

5. *Carl Gottlieb Svarez, Vorträge über Recht und Staat, Hrsg. von Hermann Conrad und Gerd Kleinheyer, Westdeutscher Verlag · Köln und Opladen 1960, S. 486.*

6. *Rupercht v. Krauss*, Der Grundsatz der Verhältnismäßigkeit, Hamburg 1955.

7. *William Wade and Christopher Forsyth*, 4*Administrative Law*, Clarendon Press, 1994.

后 记

　　"刑事司法改革与基本权利保障"课题成果的出版被列入中国政法大学人权研究院"人权文库"丛书出版计划，课题组成员深感荣幸。在课题问题征集、开题论证过程中，时任最高人民法院应用司法研究所副所长范明志博士、最高人民检察院彭艳霞同志、山东省人民检察院研究室主任宋燕敏博士以及山东大学法学院柳砚涛教授、张海燕教授、马得华副教授、刘加良副教授等同仁提供了非常具有前瞻性和可研性的问题清单。北京理工大学法学院为本书编著出版提供了良好的科研条件，李寿平院长及诸同仁提供了大力支持。借此机会，本书编著者一并表示最诚挚的谢忱。

　　本书由齐延平教授担任主编，满洪杰教授担任执行主编，分工如下（以撰写章节先后为序）：刘军：第一章、第二章；冯俊伟：第三章；何晓斌：第四章；韩晗：第五章；张洪亮：第六章；李军海、王明敏：第七章；连雪晴：第八章；王天娇：第九章；曹晟旻：第十章。本项目阶段性成果曾发表于《刑事法评论》《东方法学》等刊物，特表感谢。

　　受编著者能力所限，本书错漏难免，不足之处，恳请各位读者批评指正。

齐延平

2021 年 3 月 6 日于北京理工大学

图书在版编目（ＣＩＰ）数据

刑事司法改革与基本权利保障/齐延平主编. —北京：中国政法大学出版社，2021.9

ISBN 978-7-5620-9821-8

Ⅰ.①刑…　Ⅱ.①齐…　Ⅲ.①刑事诉讼－司法制度－体制改革－研究－中国②刑事诉讼－人权－保障－研究－中国　Ⅳ.①D925.204

中国版本图书馆CIP数据核字(2021)第010530号

书　　名	刑事司法改革与基本权利保障 Xingshi Sifa Gaige Yu Jiben Quanli Baozhang
出 版 者	中国政法大学出版社
地　　址	北京市海淀区西土城路 25 号
邮　　箱	fadapress@163.com
网　　址	http://www.cuplpress.com (网络实名：中国政法大学出版社)
电　　话	010-58908435(第一编辑部) 58908334(邮购部)
承　　印	北京中科印刷有限公司
开　　本	650mm×960mm　1/16
印　　张	17.00
字　　数	245 千字
版　　次	2021 年 9 月第 1 版
印　　次	2021 年 9 月第 1 次印刷
定　　价	69.00 元